Inhalt

W0280982

Inhalt

Christoph Barmeyer
Stefanie von Wietersheim

Business Know-how Frankreich

So wird Ihre
Geschäftsreise zum Erfolg

REDLINE WIRTSCHAFT

Bibliografische Information der Deutschen Nationalbibliothek

Die Deutsche Nationalbibliothek verzeichnet diese Publikation in der Deutschen Nationalbibliografie.
Detaillierte bibliografische Daten sind im Internet über http://dnb.d-nb.de abrufbar.

ISBN: 978-3-636-01529-7

Unsere Web-Adresse:
www.redline-wirtschaft.de

Konzeption und Lektorat: Christoph Landgraf
Umschlaggestaltung: Eiler2 GmbH, München
Satz: M. Zech, Redline GmbH
Druck: Holzhausen, Wien
Printed in Austria

Einleitung

Frankreich und Deutschland sind seit Jahrzehnten die wichtigsten Wirtschaftspartner füreinander. Jenseits aller Statistiken, die jährlich die Spitzenumsätze in Import und Export auflisten, steht die menschliche Dimension, die den Alltag von Mitarbeitern und Managern prägt, die mit Kollegen in Straßburg, Lille, Paris oder Toulouse zusammenarbeiten. Manager in Unternehmen aller Branchen betonen die besondere Beziehung zwischen Franzosen und Deutschen: Wie im berühmten Lied von Serge Gainsbourg *»Je t'aime – moi non plus«* handelt es sich um eine Beziehung, die geprägt ist von Unterschieden und Gegensätzen, von Faszination und Frustration, von Überraschungen und Missverständnissen. Dies kann die Zusammenarbeit von Deutschen und Franzosen spannend, bereichernd und inspirierend machen – aber manchmal durch Reibungsverluste auch anstrengend gestalten. »Reibung erzeugt aber auch Energie und Wärme«, sagte uns einmal ein deutscher Manager lächelnd, als wir über interkulturelle Schwierigkeiten im Arbeitsalltag sprachen. Es sind gerade die unterschiedlichen Denk- und Arbeitsweisen, die das deutsch-französische Geschäftsleben so erfolgreich machen können, weil sich Franzosen und Deutsche sehr gut ergänzen, wenn sie es schaffen, konfliktfrei zu kommunizieren und ihre Stärken in ein gemeinsames Projekt einzubringen! Die Spitzenleistungen Tausender Unternehmen in Frankreich und Deutschland, die mit innovativen Produkten und originellen Dienstleistungen große Gewinne machen, beweisen Tag für Tag, dass einzigartige Erfolge in der Zusammenarbeit möglich sind.

Wenn Sie mit Franzosen eine solide und dauerhafte Beziehung im Geschäfts- und Managementalltag aufbauen wollen, sollten Sie über Basiskenntnisse Frankreichs – seiner Gesellschaft, Kultur, Politik und Wirtschaft – verfügen. Neben Ihrer Fachkompetenz wird Ihnen generell eine positive Grundhaltung und Toleranz gegenüber französischen Besonderheiten helfen, die ja nicht schlechter als die eigenen, sondern einfach anders sind. Unser Buch will dazu beitragen, Türen zu öffnen, Vertrauen zu schaffen und die gegenseitige Wertschätzung durch den Abbau von Vorurteilen zu erleichtern.

Wir haben für Sie außerdem besonders schöne Sehenswürdigkeiten, Geschäfte, Restaurants und Hotels in Paris ausgesucht und hoffen, dass Sie beim Entdecken dieser Adressen so viel Spaß haben, wie wir bei der Auswahl hatten.

Viel Freude bei der Lektüre und *bonne chance* im Geschäftsleben mit Franzosen!

Christoph Barmeyer und Stefanie von Wietersheim

1. Frankreich: L'Hexagon

1.1 Geografie

L'Hexagon – das Sechseck. So nennen die Franzosen ihr Land, wenn sie eine Umschreibung für *La France* suchen. Bei einem Blick auf die Landkarte lässt sich dieser Name mit etwas Fantasie tatsächlich gut nachvollziehen. Vor allem, wenn man sich den Spaß macht, die Form des Sechsecks aufzuzeichnen: Im Norden liegen die Nordseeküste und der Ärmelkanal, im Westen der Atlantik, im Osten der Rhein und die Gebirge Jura und Vogesen, im Süden begrenzen das Mittelmeer und die Pyrenäen das Land.

Mittelpunkt des Landes ist unbestritten die Hauptstadt Paris, in der sich Einwohner und Wirtschaftsmacht so stark konzentrieren wie in kaum einem anderen Land. Rund zwölf Millionen Menschen leben im Großraum der Stadt, doch innerhalb der offiziellen Stadtgrenze, *intra muros*, sind es nur zwei Millionen. Paris hat in den Bereichen Politik, Wirtschaft und Kultur unbestritten die Führungsrolle, auch wenn bereits seit den 1950er Jahren viele Anstrengungen unternommen wurden, das Land zu dezentralisieren. Seit der Verfassungsreform, die im Jahr 2003 unter Premierminister Jean-Pierre Raffarin verabschiedet wurde, ist Frankreich offiziell ein dezentral organisiertes Land, das auch von lokalen Machtzentren aus regiert werden soll. In der französischen Sprache wird das Gefälle Hauptstadt-Provinz sehr schön in dem Ausdruck *»limoger«* deutlich: *»être limogé«*, nach Limoges versetzt zu werden, bedeutet für einen Hauptstädter so viel wie: nach Sibirien geschickt zu werden. Mit dem Unterschied, dass die Stadt Limoges geografisch genau in der Mitte des Landes liegt. Doch hier ist es schwer, Karriere zu machen, solange die wirklich wichtigen Entscheidungen in Paris getroffen werden!

Frankreich in der Welt

Um sich die Dimensionen und die Stellung Frankreichs in der Welt zu verdeutlichen, bietet sich der Vergleich mit den Nachbarländern an. Das französische Hexagon nimmt auch in der erweiterten **EU** mit ihren 27 Mitgliedern in vieler Hinsicht eine Spitzenstellung ein, denn es ist der **flächenmäßig größte Staat**. Das Territorium umfasst rund 550.000 Quadrat-

2. Geschichte und Politik

2.1 Historischer Überblick

Zeittafel

800	Karl der Große wird in Rom zum Kaiser gekrönt
843	Die Enkel Karls des Großen teilen ihr Herrschaftsgebiet im Vertrag von Verdun in ein Westfränkisches und ein Ostfränkisches Reich auf; aus dem Ostfränkischen Reich entsteht Deutschland, aus dem Westfränkischen Reich Frankreich
1309–1376	Avignon wird Sitz der Päpste
1360	Einführung des Franc
1515–1547	Regierungszeit Franz' I.: Blütezeit der französischen Renaissance, Bau zahlreicher Schlösser
1539	Edikt von Villers-Cotterêts: Französisch wird Amtssprache
1562–1598	Religionskriege zwischen Katholiken und Hugenotten
1572	Ermordung von Tausenden Protestanten (Bartholomäusnacht)
1589–1610	Regierungszeit des Bourbonen Heinrichs IV.
1598	Im Edikt von Nantes beendet Heinrich IV. die Hugenottenkriege
1610	Ermordung Heinrichs IV., Ludwig XIII. folgt ihm nach
1624–1642	Kardinal Richelieu leitender Minister Ludwigs XIII.
1643–1715	Regierungszeit Ludwigs XIV.
1648	Im Westfälischen Frieden erzielt Frankreich Territorialgewinne
1665–1683	Colbert als Generalkontrolleur der Finanzen, Entwicklung des Merkantilismus
1677	Verlegung des Hofes nach Versailles
1715–1774	Regierungszeit Ludwigs XV.
1756–1763	Im Siebenjährigen Krieg kämpft Frankreich erfolglos gegen Preußen. Es verliert seine Kolonien in Kanada und Louisiana sowie Gebiete in Indien
1774–1792	Ludwig XVI.

1787	Das Pariser Parlament opponiert gegen die Krone und fordert die Einberufung der Generalstände; öffentliche Solidarisierung mit dem Parlament, Aufstände in Paris
1789	Beginn der Französischen Revolution; Sturm auf die Bastille am 14. Juli; Suspendierung des Königtums; Erklärung der Menschen- und Bürgerrechte
1792	Gründung der Ersten Republik
1793	Ludwig XVI. und seine Frau Marie-Antoinette werden enthauptet
1793/94	Terreur – Schreckensherrschaft in Frankreich; Hinrichtung Robespierres
1795	Der 1792 in Straßburg komponierte »Kriegsgesang für die Rheinarmee« wird unter dem Titel »*Marseillaise*« am 14. Juli die Nationalhymne Frankreichs
1799	Staatsstreich. Ernennung von drei neuen Konsuln, darunter Napoleon Bonaparte
1804	Proklamation Napoleons zum Kaiser, Selbstkrönung
1805	Napoleon besiegt die Österreicher und Russen bei Austerlitz
1815	Napoleons Niederlage bei Waterloo und Verbannung nach St. Helena; Beginn der Restauration
1824	Karl X. übernimmt nach dem Tod Ludwigs XVIII. die Regierung
1830	Julirevolution in Paris
1830–1848	Regierungszeit von Louis-Philippe
1848	Wahlen zur Nationalversammlung, Barrikadenkämpfe in Paris
1851/52	Staatsstreich durch Napoleon III. und Wiedererrichtung des Kaisertums
1870/71	Deutsch-Französischer Krieg; Napoleon III. dankt ab
1870–1944	Dritte Republik
1894–1906	Dreyfus-Affäre
1905	Gesetz über die Trennung von Kirche und Staat
1914–1918	Erster Weltkrieg: Frankreich kämpft gegen Deutschland
1919	Versailler Vertrag: Elsass-Lothringen kommt an Frankreich zurück

1939	Beginn des Zweiten Weltkrieges; nach dem deutschen Einmarsch in Polen erklärt Frankreich Deutschland den Krieg
1940	Die französische Befestigung der Maginot-Linie wird von den Deutschen umgangen; Besetzung Frankreichs durch deutsche Truppen
1944	Die Alliierten landen in der Normandie; Befreiung Frankreichs
1945	7. Mai deutsche Kapitulation in Reims; Ende des Zweiten Weltkrieges in Europa
1946–1954	Indochina-Krieg; Kapitulation der Franzosen und Abzug aus dem Land
1947	Das Saarland wird wirtschaftlich an Frankreich angeschlossen
1958	Fünfte Republik; Charles de Gaulle Staatspräsident
1962	Vertrag von Evian: Algerien wird unabhängig
1963	Deutsch-französischer Freundschaftsvertrag
1966	Frankreich verlässt das gemeinsame Oberkommando der NATO
1968	Mai-Revolten in Paris und in der Provinz
1969	Georges Pompidou Staatspräsident
1974	Valéry Giscard d'Estaing Staatspräsident
1981	François Mitterrand Staatspräsident
1983	Politik der *rigeur*: Preis- und Lohnstopp, zwei Millionen Arbeitslose
1984	Symbol deutsch-französischer Versöhnung: Kohl und Mitterrand stehen Hand in Hand bei einer Feierstunde auf dem Soldatenfriedhof in Verdun
1995	Abkommen von Schengen; Jacques Chirac siegt bei den Präsidentschaftswahlen über Lionel Jospin
1999	Einführung der 35-Stunden-Woche
2002	Der Euro löst den Franc als neues Zahlungsmittel ab
2003	40. Jahrestag des deutsch-französischen Freundschaftsvertrages
2005	EU-Verfassung wird von der Bevölkerung per Referendum abgelehnt
2007	Nicolas Sarkozy Staatspräsident

2.2 Politisches System

»Frankreich ist eine unteilbare, laizistische, demokratische und soziale Republik.« So steht es in Artikel 1 der Verfassung aus dem Jahr 1958. In Reden, Kommentaren und Analysen wird in schöner Regelmäßigkeit immer wieder auf diese staatlichen Grundsätze verwiesen, sie gelten als Leitlinien für das politische Handeln aller Parteien. *La France* ist mehr als ein Lebensraum. **Frankreich wird als große politische Idee begriffen**, als Zukunftsort gesehen, in dem verschiedene Lebensentwürfe realisiert werden können, in dem Gesellschaftsmodelle ausprobiert werden und man auf einer demokratischen Grundlage immer wieder neue Formen des Zusammenlebens konstruiert. So lautet zumindest die Rhetorik. Typisch für das Empfinden des Vaterlandes ist die Personifizierung Frankreichs, das wie eine geliebte (weibliche!) Person in Reden wortreich umschrieben wird. Nicolas Sarkozy sprach im Präsidentschaftswahlkampf 2007 davon, Frankreich zu lieben wie einen verehrten Menschen *(»J'aime la France comme un être cher!«)*, und rief alle Franzosen öffentlich dazu auf, die »alte, schöne, große Nation zu beleben«. Häufig tauchen neben dem viel beschworenen Oberbegriff *La France* auch die Schlüsselwörter *Action* und *Rassemblement* (»Sammlungsbewegung«) auf. Die schillernde Bedeutung des Wortes Action interpretieren Politiker immer wieder neu: Sie versprechen, ein Kandidat der sozialistischen, ökologischen oder konservativen *Aktion* zu sein, der direkt handelt, Konzepte umsetzt und das Land bewegt – was dann nicht immer geschieht. Um diese Action umsetzen zu können, werden die Bürger von politischen Leitfiguren aufgefordert, sich hinter eine Idee zu stellen, Kandidaten zu unterstützen, ihre Meinung einzubringen – sich als Wahlvolk hinter ein *mouvement*, eine Bewegung, zu stellen. Die Versammlung und Einigung, das *rassemblement* der Bürger um politische Leitfiguren, ist ein weiter zentraler Begriff. Dieses Spannungsfeld von Führungsfiguren und wahlberechtigten Bürgern ist sicher auch deswegen stark, da der Staatspräsident alle fünf Jahre direkt gewählt wird und in persönlicher Form um Anhänger werben muss. Auch gibt es durch das zweistufige Mehrheitswahlsystem für viele Parlamentskandidaten zwei Wahlgänge, für die sie die Bürger mobilisieren müssen. Die hohe Wahlbeteiligung bei der Präsidentschaftswahl des Jahres 2007 hat deutlich gezeigt, dass sich die Bürger für die politischen Auseinandersetzungen interessieren. Le *débat d'idées*, **die Ideendebatte, hat im Land der Literatur und Sprache einen hohen Stellenwert**, und an ihr nehmen nicht nur Politiker und Journalisten, sondern auch Künstler, Philosophen, Mediziner und Juristen teil.

Die französische Republik ist seit 1958 ein **parlamentarisches Präsidentialsystem**. In der Verfassung der Fünften Republik vom Oktober 1958 und durch Änderungen von 1962 sind Prinzipien verankert, die die parlamentarische Zersplitterung und politische Instabilität – wie in der Vierten Republik – eindämmen sollen. Im Unterschied zu anderen Demokratien, in denen der Premierminister oder Kanzler als vom Parlament gewählter Regierungschef die faktisch wichtigste Stellung innehat, teilen sich in Frankreich Premierminister und Staatspräsident den Primat der Politik. Die Arbeitsteilung zwischen Präsident und Premierminister ist theoretisch klar umrissen, praktisch ist sie jedoch stark abhängig vom Durchsetzungswillen des Präsidenten, der bestimmen kann, wie viel Handlungsspielraum er seinem Premierminister lässt. In den vergangenen Jahrzehnten kam es immer wieder zu der politischen Konstellation der *cohabitation*, dem Zusammenspiel von Präsident und Premierminister, die gegnerischen Parteien angehörten. Dies war von 1986 bis 1988 und von 1993 bis 1995 der Fall unter der Präsidentschaft von François Mitterrand und schließlich von 1997 bis 2002 unter der Präsidentschaft Jacques Chiracs.

Der Präsident wird seit 2001 für fünf Jahre (zuvor für sieben Jahre) direkt vom Volk gewählt. Er ernennt den Premierminister, stellt auf dessen Vorschlag die Mitglieder der Regierung zusammen, führt außerdem den Vorsitz im Ministerrat – ein starkes Machtinstrument –, verkündet die Gesetze und ist Oberbefehlshaber der Streitkräfte. Auch auf dem Gebiet der Außen- und Sicherheitspolitik hat der Präsident die Prärogative. Eines seiner Machtmittel ist das Recht, die Nationalversammlung, eine der beiden Kammern des Parlaments, auflösen und dem Volk Referenden vorlegen zu können. Die Regierung wird vom Premierminister geführt, sie bestimmt und leitet die Politik der Nation und ist der Nationalversammlung gegenüber verantwortlich. Der Premierminister leitet die Amtsgeschäfte der Regierung und gewährleistet die Ausführung der Gesetze. Das Parlament besteht aus zwei Kammern: der *Assemblée nationale*, der Nationalversammlung (577 Abgeordnete), deren Vertreter in allgemeiner direkter Wahl für fünf Jahre gewählt werden, und dem Senat (331 Senatoren), der für sechs Jahre in allgemeiner indirekter Wahl bestimmt wird. Die *Assemblée nationale* ist im Palais Bourbon am linken Seineufer untergebracht, deshalb spricht man vom Parlament auch vom Palais Bourbon. Die Abgeordneten werden nach einem zweistufigen Mehrheitswahlrecht gewählt und haben die Möglichkeit, sich zu einer *groupe parlementaire*, einer Parlamentsgruppe, zusammenzuschließen. Dafür brauchen sie mindestens 20 Abgeordnete.

Bei den Parlamentswahlen vom Juni 2007 erhielt die konservative Präsidentenpartei UMP 314 der 577 Sitze – eine bequeme Mehrheit für den ehrgeizigen Nicolas Sarkozy, der eine neue Generation von Politikern vertritt. Die sonstigen bürgerlichen und rechten Parteien wie Philippe de Villiers national-konservative Bewegung (MPF) und die Unabhängigen Konservativen kamen auf 10 Sitze. Die neue Formation *Mouvement Démocrate* (MoDem) des Zentristen François Bayrou erhielt nur 3 Sitze (ihr schloss sich ein Abgeordneter aus den Überseegebieten an) – eine große Enttäuschung, denn er hatte nach der Präsidentenwahl aus der UDF heraus seine neue eigene Partei gegründet. Das ebenfalls aus der UDF hervorgegangene *Nouveau Centre* (»Neues Zentrum«) um Hervé Morin erreichte mit 22 Sitzen Fraktionsstärke und schloss sich dem Präsidentenlager an.

Die Sozialistische Partei erhielt nach einer enttäuschenden ersten Wahlrunde im zweiten Wahlgang immerhin 185 Sitze, das waren 48 Abgeordnete mehr als in der Wahlperiode zuvor. Wie in den vergangenen Jahrzehnten hielten sich auch die Kommunisten und linken Splitterparteien – die mit marxistisch inspirierten Parolen argumentieren und offen unternehmerfeindlich sind – im Parlament. Die Kommunisten und die Unabhängige Linke bekamen je 15 Sitze, die Grünen schickten 4 Abgeordnete in die Assemblée. Die Linksrepublikaner sind mit 7 Parlamentariern vertreten, die Regionalisten mit einem. Eine Überraschung war, dass die national-konservative Partei des *Front National* diesmal nicht den Einzug ins Palais Bourbon schaffte.

Die Rekrutierung des politischen Personals erfolgt in Frankreich weniger über die Ochsentour in Ortsverbänden wie in Deutschland. **Viele Führungskräfte sind vielmehr Absolventen der Elitehochschulen, der Grandes Ecoles**. Sie treten mit Mitte 20 in den Staatsdienst ein und schmieden dort Allianzen, die sie bis in die höchsten Staatsämter führen können. Seiteneinsteiger aus Wirtschaft, Kultur oder Justiz sind rar, jedoch nicht ungewöhnlich. So wurde der Schriftsteller André Malraux Kultusminister unter Charles de Gaulle, Thierry Breton, der Ex-Chef von France Télécom, sah sich unter Premierminister Raffarin ins Wirtschaftsministerium berufen, und im Mai 2007 wurde die Chefin des Schlosses von Versailles, Christine Albanel, Kulturministerin. Christine Lagarde, Spitzenanwältin und ehemalige Chefin einer der weltgrößten Anwaltskanzleien, Baker&McKenzie, wechselte ihren Job im Juni 2007 und stieg zur Wirtschaftsministerin auf.

Die Wahl Nicolas Sarkozys zum neuen Staatspräsidenten im Mai 2007 bedeutete einen Neubeginn nach der zwölfjährigen Führung der Amtsgeschäfte durch Jacques Chirac, als dessen Protegé Sarkozy galt, bis er sich zu seinem Erzrivalen entwickelte. Seit kurzem ist deutlich zu sehen, dass sich das politische Personal Frankreichs verjüngt und eine neue Führungsriege bereit ist, die Geschicke des Landes zu lenken.

2.3 Weltsicht und Selbstverständnis des Landes

In der französischen Außenpolitik spielt die Zusammenarbeit mit den anderen EU-Staaten eine wichtige Rolle. Diese steht ganz in der diplomatischen Tradition, die nach dem Zusammenbruch Europas im Zweiten Weltkrieg begann: Die **Verständigung der Völker**, die **Sicherung eines dauerhaften Friedens**, die **intensive wirtschaftliche Zusammenarbeit** für die Schaffung von Prosperität und die **Sicherung der Demokratie** sind wichtigste Ziele des Landes. Die Präsidenten Charles de Gaulle, Georges Pompidou, Valéry Giscard d'Estaing, François Mitterrand und Jacques Chirac haben mit ihren europäischen Partnern trotz zwischenzeitlicher atmosphärischer Störungen immer in diesem Sinne gearbeitet. Frankreich war mit Deutschland, Italien und den Benelux-Staaten **Gründungsmitglied der Europäischen Gemeinschaft**, führte den Euro ein und schloss sich dem Schengen-Abkommen an. Das Land hat einen **ständigen Sitz im Sicherheitsrat der UNO, ist Mitglied der NATO, der OECD**

und der G8-Staaten. In der Europapolitik zeichneten sich französische Beamte in den vergangenen Jahrzehnten immer wieder als selbstbewusste Vertreter ihrer Nationalinteressen aus. Ein großer Rückschlag für die europäische Einigung war das *Non à l'Europe*, die gescheiterte Volksabstimmung zum europäischen Verfassungsvertrag am 29. Mai 2005, in der 55 Prozent der Franzosen ihre Ablehnung bekundeten. Nach diesem Nein des Wahlvolkes gibt es nun aber verschiedene Ansätze auf höchstem politischen Niveau, dennoch zu einem Verfassungsvertrag zu kommen. Frankreich stellte sich dabei besonders auch als Vermittler zu Polen dar, das gegen eine Neuordnung der Mehrheitsbeschlüsse im Ministerrat war. Der aktuellen konservativen Regierung gelten die weitere Einigung der EU und die Verabschiedung einer europäischen Verfassung als vorrangige Ziele. Auch die Aufrechterhaltung der Freundschaft mit den USA, der Kampf gegen die Erderwärmung und die Schaffung einer Mittelmeerunion unter Einbeziehung Afrikas wurden als essenzielle Elemente von Sarkozys Politik angekündigt. Der von der Öffentlichkeit spöttisch *Club Med* genannte Verbund der Mittelmeerländer wird eines der interessantesten Projekte der kommenden Jahre sein, denn er soll ein Instrument werden, um die Einwanderung nach Europa kontrollieren zu können.

Frankreich propagiert weltweit immer wieder seine humanistischen Verfassungsideale und engagiert sich auf dem Gebiet der humanitären Hilfe: Das Land gab im Jahr 2003 rund 6,4 Milliarden Euro für Entwicklungshilfe aus. Besonders in den **ehemaligen Kolonien** ist diese Zusammenarbeit intensiv, wo Frankreich über die **Frankofonie** privilegierte Beziehungen unterhält.

2.4 Beziehungen zu Deutschland

Politik wird von Menschen gemacht, die Ziele haben und Strategien umsetzen. Von Menschen, die sich mögen oder dulden, die lediglich ihre Vorteile suchen oder sich ineinander verlieben. So geht es auch Deutschen und Franzosen. Egal, ob sie bei einem deutsch-französischen Musikertreffen in einem kleinen Dorf der Bretagne bei einem Aperitif zusammenstehen oder in einem vergoldeten Pariser Salon wichtige Verträge unterschreiben. Heute sind die **deutsch-französischen Beziehungen eng und stabil** – und gehen zumindest auf oberster politischer Ebene wie in einer längeren Ehe durch Phasen der Ermüdung, um dann wieder plötzliche Hochstimmungen zu erfahren. Die offiziellen Beziehungen wurden in der Vergangenheit auf höchster Ebene stark vom politischen Willen deutscher Bundeskanzler und französischer Präsidenten geprägt. Im **Elysée-Vertrag 1963** wurde die deutsch-französische Freundschaft von **Charles de Gaulle und Konrad Adenauer** als politischer Wille bekräftigt und die Zusammenarbeit festgelegt. Helmut Schmidt und Giscard d'Estaing, dann Helmut Kohl und François Mitterrand arbeiteten auch in Krisenzeiten des Kaltes Krieges und der europäischen Auseinandersetzungen weiter an einer Festigung der Beziehungen. Unvergessen bleibt das Foto von **Kohl und Mitterrand** aus dem Jahr **1984**, auf dem man sie bei einer Feierstunde **Hand in Hand auf dem Soldatenfriedhof von Verdun** stehen sieht, ein Sinnbild der Versöhnung. Seit den 1960er Jahren wurden auf vielen Politikfeldern Kooperationen institutionalisiert. Heute gibt es einen deutsch-französischen Finanz- und Wirtschaftsrat, einen gemeinsamen Verteidigungs- und Sicherheitsrat, einen gemeinsamen Umweltrat und einen Kulturrat. Aus den halbjährlich stattfindenden deutsch-französischen Regierungskonsultationen (Gipfeln) gingen deutsch-französische Ministerräte hervor, bei denen beide Kabinette in Berlin oder Paris zu einer Sitzung zusammenkommen und ein gemeinsames Programm abarbeiten. In regelmäßigen Abständen finden im elsässischen Örtchen Blaesheim bei Straßburg Gespräche zwischen dem französischen Staatspräsidenten, dem deutschen Bundeskanzler und beiden Außenministern statt, die von Gerhard Schröder und Jacques Chirac im Jahr 2001 initiiert wurden. Und: **Der erste Antrittsbesuch im Ausland führt die französischen Präsidenten traditionell nach – Deutschland.** Abgesehen von diesen offiziellen Begegnungen existieren zwischen deutschen Bundesländern und französischen Regionen viele gut funktionierende Partnerschaften. Rund 2.200 Städte und Gemeinden haben *Jumelages* im anderen Land, und Projekte des Deutsch-Französischen Jugendwerks bringen die junge Generation dazu, länderübergreifende Kontakte zu knüpfen. Baden-Württemberg ist das Bundesland, das die längste gemeinsame Außengrenze mit Frankreich hat; hier sind die Wirtschaftsbeziehungen zum Nachbarn besonders intensiv, Berufspendler und Warenaustausch sind so eng verwoben wie in keinem anderen Land (siehe Kapitel 4). Doch auch im Südwesten ist noch viel zu verbessern, denn zu wenige Deutsche beherrschen die Sprache ausreichend, um im Grenzgebiet mit ihren Nachbarn zusammenarbeiten zu können. Inzwischen aber hat der baden-württembergische Kultusminister Helmut Rau (CDU) angeregt, Französisch als erste Pflichtsprache an den Schulen einzuführen. Der Blick in dieses Bundesland zeigt, dass die deutsch-französischen Beziehungen vor allem an der Basis und nicht nur auf hoher politischer Ebene gelebt werden. Und dass die Sprache des Nachbarn und das Wissen um seine Geschichte der Schlüssel zu den Herzen der Menschen und zum gemeinsamen wirtschaftlichen Erfolg sind. **Seit** Juli **2006 gibt es nun ein offizielles deutsch-französisches Geschichtsbuch**, das als gemeinsames Historikerprojekt für den Schulunterricht entwickelt wurde. Das Buch wird heute in den Abiturklassen beider Länder eingesetzt, Deutsche und Franzosen lernen aus dem gleichen Buch europäische Geschichte. Wenn Franzosen in ihrer Histoire auch die Geschichte der deutschen Nachbarn wiederfinden und Deutsche in ihrem Geschichtsbuch viele *Histoires* entdecken, erhält das Bild von Mitterrand und Kohl, die sich auf dem Soldatenfriedhof von Verdun die Hand reichen, eine wunderbare Zukunftsdimension.

3. Gesellschaft und Kultur

3.1 Bevölkerungsstruktur und -entwicklung

Das dritte Jahrtausend hat für Frankreich unter positiven Vorzeichen begonnen: Die 63,4 Millionen Einwohner[1] haben eine überdurchschnittliche Lebenserwartung, profitieren von einer exzellenten medizinischen Versorgung und die Bevölkerung verjüngt sich zum Neid der kinderarmen Nachbarländer mit Rekord-Geburtenraten. Die Franzosen stellen **13 Prozent der EU-Bevölkerung** und sind damit zur Zeit das zweitgrößte Volk der Europäischen Union nach Deutschland, vor Großbritannien (60,4 Millionen) und Italien (58,8 Millionen). Sieht man sich die französische Gesellschaft näher an, so sind 32 Prozent der Franzosen Familien mit Kindern, 27 Prozent leben als Paare ohne Kinder, 7 Prozent sind Alleinerziehende, 31 Prozent Singles und 2 Prozent Mischhaushalte. Das Durchschnittsalter beträgt 39 Jahre.

Das Land erscheint aus dem Ausland betrachtet als ein Erfolgsmodell für seine Bevölkerungspolitik. Denn die Nation ist **Rekordhalter bei Lebenserwartung und Kinderzahl**: die Franzosen leben im Schnitt ein Jahr länger als ihre europäischen Nachbarn. Im Durchschnitt werden die Männer 77 Jahre, die Frauen 84 Jahre alt, mit steigender Tendenz. Damit leben die Bürgerinnen im Schnitt zwei Jahre länger als die europäischen Durchschnittsfrauen. Vor allem haben die Franzosen mit zwei Kindern pro Frau überdurchschnittlich viele Nachkommen. Mit diesen Kennzahlen erweist sich das Land als ideales Umfeld sowohl für junge als auch für alte Menschen, da sich die Bürger theoretisch in einer kinderfreundlichen Gesellschaft mit langer Lebenserwartung entfalten können. Die Gründe für diesen Erfolg sind vielfältig. Da ist erstens das von der WHO als weltbestes Modell gepriesene staatliche Gesundheitssystem, in das 10,5 Prozent des Bruttoinlandsprodukts investiert werden; manche Studien führen auch das berühmte **French Paradox**, die traditionelle Ernährung mit Rotwein, Gänseleberpastete, Olivenöl und frischem Gemüse an. Diese Theorie erhielt erst vor Kurzem neue

[1] Alle Zahlen stammen von: INSEE, 2007.

Unterstützung durch das zum Bestseller avancierte Buch der in den USA lebenden Veuve-Cliquot-Chefin Mireille Guiliano mit dem Titel *»French women don't get fat«*, in dem die Champagner-Managerin die traditionelle französische Küche als nachweislichen Garanten für Gesundheit und ein ideales Gewicht pries.

Internationale Schlagzeilen macht aber seit dem Jahr 2006 vor allem die seit 25 Jahren nicht mehr erreichte hohe französische Geburtenrate, mit der das Land an der europäischen Spitze steht. Allein im Jahr 2006 wurden im Mutterland 796.000 Kinder und in den überseeischen Départements 34.100 Kinder geboren, was einer Steigerung von 2,9 Prozent im Vergleich zum Vorjahr entspricht. Der EU-Schnitt lag im Jahr 2005 bei 1,5 Kindern pro Frau. Als Begründung für die Bereitschaft der Franzosen, überhaupt Kinder und dann noch mehrere zu bekommen, gibt es verschiedene Erklärungen. Sicher ist, dass das sehr gut ausgebaute System der Kinderbetreuung durch Krippen, Horte und Ganztagsschulen den Müttern eine relativ unkomplizierte Weiterführung ihres Berufs ermöglicht und sie auch in der Familienphase eher in Führungspositionen aufsteigen können als in anderen Ländern. Ergänzt wird dieses zum Großteil kostenfreie Angebot durch ein echtes Familiensplitting und die 50-prozentige Absetzbarkeit von Haushaltshilfen und Kinderfrauen in der Steuererklärung. Hinzu kommt, dass Kinder grundsätzlich von der Mehrheit der Bürger als unverzichtbarer Teil eines gelungenen Lebens angesehen und als quasi öffentliche Aufgabe betrachtet werden. Sie gehören viel weniger in den privaten Verantwortungsbereich als in deutschsprachigen Ländern – was wiederum eine große psychische Last von den Eltern nimmt. Gerade kinderreiche Familien mit drei, vier oder fünf Töchtern und Söhnen haben in der französischen Gesellschaft ein hohes Ansehen. Nicht selten arbeiten die Mütter dieser *Familles nombreuses* auch noch außerhalb des Hauses in ihren erlernten Berufen; und wenn man in der Presse die Lebensläufe von erfolgreichen Geschäftsleuten, Professoren und Politikern verfolgt, stellt man fest, dass der Großteil von ihnen häufig vier oder mehr Kinder hat. Denn Kinder gelten nicht nur als Bekenntnis eines Paares zur Zukunft und zur Liebe zum Leben, sondern auch als Zeichen der persönlichen Leistungsfähigkeit, zu erziehen, zu formen und Schwierigkeiten durchzustehen. Doch Familie bedeutet im heutigen

Frankreich nicht mehr unbedingt Ehe, denn Familie ist da, wo Kinder sind: Die Hälfte der Kinder wird unehelich geboren und die Zahl der Eheschließungen geht in Frankreich generell zurück (274.400 waren es im Jahr 2006, 8.800 weniger als im Vorjahr). Damit wurde eine Tendenz, die sich seit Jahren abzeichnet, bestätigt. Die Franzosen heiraten wie ihre Nachbarn in Europa in immer späteren Jahren: die Frauen sind rund 29 Jahre alt, die Männer 31 Jahre. Steigender Beliebtheit erfreut sich die seit 1999 mögliche eingetragene Lebensgemeinschaft namens *PACS (Pacte Civil de Solidarité)*: im Jahr 2005 wurden 60.500 solcher Verbindungen geschlossen, das waren 50 Prozent mehr als im Jahr 2004.

Die steigende Bevölkerungszahl ist aber nicht nur auf die vermehrten Geburten, sondern auch auf die **zunehmende Lebenserwartung** zurückzuführen: Wie in Deutschland sieht sich Frankreich insgesamt einer alternden Bevölkerung gegenüber: 10,3 Millionen Bürger sind älter als 65 Jahre, das sind 16,2 Prozent der Bevölkerung. 25 Prozent der Bevölkerung waren zur selben Zeit jünger als 20 Jahre. Trotz der relativ hohen Geburtenrate geht der Anteil der jungen Leute zurück: 1994 lag er noch bei 26,7 Prozent. Welche neuen gesellschaftlichen Probleme damit entstehen, zeigen die französischen Überlegungen über eine Reform der Rentenfinanzierung. Auch das gut ausgestattete öffentliche Gesundheitssystem scheint unter der Last einer zunehmend älteren, pflegebedürftigen Bevölkerung trotz Zuzahlung bei Zahnersatz, Brillen und Medikamenten nicht mehr im bisherigen Stil finanzierbar.

Ethnische Gruppen

Der Blick in ein Metroabteil genügt, um zu sehen: Frankreich besitzt eine sehr bunt gemischte, kosmopolitische Gesellschaft, in der der polnischstämmige Monsieur Ostrowski neben der senegalesischen Madame Camara, dem algerischen Herrn Boubakeur und dem portugiesischen Monsieur Ribeiro sitzt – die allesamt französische Pässe haben. Frankreich versteht sich als **traditionelles Einwanderungsland** und definiert sich als *Terre d'Asile*, die Lebensraum für Asylanten bietet. Wenn man die Stammbäume der Franzosen betrachtet, sieht man, dass **rund ein Drittel der Bevölkerung in dritter oder vierter Generation von Immigranten abstammt.** Nur wenigen ist bewusst, dass Frankreich ab dem 19. Jahrhundert das wichtigste Einwanderungsland nach den USA und Kanada darstellte. Von 1850 bis 1914 zog es Gastarbeiter aus Belgien und Italien hierher, in der Zwischenkriegszeit kamen viele Polen und Spanier als Arbeitskräfte für die Landwirtschaft und Industrie, da im Ersten Weltkrieg ein Großteil der jungen Männer auf den Schlachtfeldern gefallen war. Nach dem Zweiten Weltkrieg folgten Einwanderer aus den ehemaligen Kolonien: aus Algerien, Marokko, Tunesien, Senegal, Mali, Vietnam und Kambodscha. Hinzukamen Portugiesen, Spanier und Bürger aus den Überseegebieten der Antillen, dem Indischen und Pazifischen Ozean. 1974 wurde die bis dahin großzügig gehandhabte Einwanderung wegen der einsetzenden Arbeitslosigkeit erschwert, 1995 unter den Innenministern Charles Pasqua und Jean-Pierre Chevènement nochmals reduziert. Die Mehrzahl der Asylanträge wird heute abgewiesen, aber die Immigration ist nicht beendet. Im Rahmen der Familienzusammenführung und des Zuzugs politischer Asylanten gibt es nach wie vor eine kontrollierte Einwanderung. Das traditionelle *Droit du sol*, das Bodenrecht, das den in Frankreich geborenen Kindern automatisch die Staatsangehörigkeit sicherte, wurde im Vergleich zu früher eingeschränkt, aber Kinder ausländischer Eltern haben die Möglichkeit, auf Antrag die französische Staatsbürgerschaft zu erwerben.

Viele Immigranten arbeiten im Dienstleistungssektor und in der Industrie und üben einfache Tätigkeiten aus, vor allem in den Ballungszentren. Beispiele für gelungene Karrieren sind der aus einer algerischen Familie stammende Fußballer Zinedine Zidane, die Justizministerin Rachida Dati, Tochter eines marokkanischen Vaters und einer algerischen Mutter, der armenische Sänger Charles Aznavour und nicht zuletzt Staatspräsident Nicolas Sarkozy, dessen Vater Pál Sárközy von Nagybócsa aus Ungarn einwanderte.

Trotz aller positiven Effekte, die das Zusammenleben von Menschen verschiedener Herkunft hat, zeigen sich in der Praxis **große Integrationsprobleme**, die den sozialen Frieden im Land belasten. Denn die alleinige Anwesenheit in Frankreich führt nicht automatisch zu einer kulturellen, sozialen und wirtschaftlichen Integration. *Exclusion sociale*, sozialer Ausschluss, ist an vielen Orten an der Tagesordnung. Dazu trägt der schlechte Zustand von Sozialwohnungen bei, eine traditionelle Gettoisierung der Einwandererfamilien in Vorstädten auch in zweiter und dritter Generation und ein relativ niedriger Lebensstandard durch den ungenügenden Zugang zu Bildung. Immer wieder kommt es in den sozialen Brennpunkten der Großstädte zu Gewaltausbrüchen, die von Sicherheitskräften und Sozialarbeitern nur schwer zu stoppen sind, wie im Winter 2005, als in Paris, Straßburg, Toulouse und anderen Städten wegen der unsicheren Situation Ausgangssperren im Rahmen einer Notstandsgesetzgebung verhängt wurden. Die Unruhen sind zum Teil auch eine Reaktion der Enttäuschung auf die sichtbare Ausländerfeindlichkeit, Diskriminierung und die hohe Jugendarbeitslosigkeit, die an manchen Orten bis zu 30 Prozent beträgt.

3.2 Das Bildungssystem

Das Bildungssystem ist ein Schlüssel, um französische Geschäftspartner und ihre Denk- und Arbeitsstile zu verstehen. In Schule und Hochschule werden typische Werte, Haltungen und Verhaltensweisen, also Kultur und Mentalität erworben. Gerade in Frankreich hat das Bildungssystem eine große Bedeutung, da alle Franzosen, ob in Paris, Korsika oder La Réunion dasselbe System durchlaufen. Die *Education nationale*, die größte französische Behörde, begleitet jeden Franzosen beginnend von der *Ecole maternelle*, der Vorschule, im Alter von 2 bis 3 Jahren bis zum Schulabschluss; für 64 Prozent der Franzosen bis zum *Baccaulauréat*, dem Abitur. Ebenso ist die Zeit, die junge Franzosen in der Schule verbringen, wesentlich länger als in Deutschland: Während ein siebenjähriges deutsches Kind an 195 Tagen zur Schule geht und 570 Stunden präsent ist, besucht ein französisches Kind gleichen Alters an 175 Tagen die Schule mit 950 Stunden.

Das französische Bildungssystem gliedert sich in fünf Bereiche: 1. freiwillige Vorschule *(Ecole maternelle)*, 2. fünfjährige Grundschule *(Ecole primaire)*, 3. vierjährige Sekundarstufe I *(Collège)*, 4. zwei- bis dreijährige Sekundarstufe II (berufsbildender und allgemeinbildender Zweig), 5. Universitäten und *Grandes Ecoles*.

Vorschulbildung und Schulbildung

Während ein deutsches Kind im Alter von drei oder vier Jahren in einen Kindergarten geht und dort spielt, kann ein französisches Kind bereits im Alter von zwei Jahren eine Ecole maternelle besuchen, eine Vorschule. Fast alle dreijährigen

Franzosen, etwa 99 Prozent, erhalten eine Vorschulerziehung, die auf die *Ecole élémentaire* (Grundschule) vorbereitet. Die Ecole maternelle vermittelt Wissen – Lesen und Schreiben –, auch wenn es spielerisch geschieht. Sie untersteht der Education nationale, der staatlichen Erziehungsbehörde, die einheitliche Lehrpläne der Ecoles maternelles für die 26 Wochenstunden Unterricht erstellt.

Bereits im frühen Kindesalter wird versucht, intellektuelle Leistungen zu fördern, die mit Noten bewertet werden, was zu einem individualistischen, wettbewerbsorientierten Verhalten der Schüler untereinander führen kann. Es entsteht ein produktiver Wetteifer, die *Aemulation*. Dieses enzyklopädische Wissen lässt sich in landesweit organisierten Prüfungen, den *Concours*, abfragen. Im Vordergrund steht dabei **die Fähigkeit zu systematischem, strukturiertem Denken, zu Rhetorik und Argumentation**, nicht unbedingt zu Tiefe und Präzision.

Wie in Deutschland unterteilt sich das französische Bildungssystem in Primarschulen *(Enseignement primaire)* und Sekundarschulen *(Enseignement sécondaire)*. Die Grundschule, Ecole élémentaire, nimmt Kinder im Alter von 6 bis 11 Jahren auf und ist ebenso wie Ecole maternelle, Collège und Lycée eine **Ganztagsschule**. Im Alter von 11 Jahren besuchen Schüler das auf die Ecole élémentaire folgende Collège, das sie im Alter von 16 Jahren beenden. Das Collège ist in gewisser Weise das Sorgenkind der schulischen Ausbildung, da bereits hier ein Teil der Schüler in den vorberuflichen Zweig abwandert. Nach dem Collège können die Schüler entweder das drei Jahre dauernde Lycée besuchen oder ins zwei Jahre dauernde *Lycée professionnel* wechseln, das auf Berufabschlüsse wie das *CAP (Certificat d'Aptitude Professionnelle)*, das *BEP (Brevet d'Etudes Professionnelles)* oder das *Baccalauréat professionnel*, vorbereitet, die im folgenden Abschnitt behandelt werden.

Neben den von der Education nationale unterhaltenen staatlichen Schulen, die für eine einheitliche Umsetzung des Bildungskanons sorgen, existieren ebenso private Schulen, *Ecoles privées* (auch *Ecoles libres* genannt), die meist von der katholischen Kirche getragen werden. 1995 nahmen die privaten Schulen 2,1 Millionen Schüler und damit 17 Prozent der gesamten Schülerzahl auf. Anders als in Deutschland haben die von Rudolf Steiner gegründeten Waldorfschulen als private Schulen nur wenig Erfolg in Frankreich. Während in Deutschland derzeit 180 Waldorfschulen existieren, gibt es in Frankreich nur 15 *Ecoles Steiner*, gerade so viele wie im Bundesland Hessen.

In der Sekundarstufe II sieht das französische Schulsystem drei typische Bildungswege vor:

- *Voie professionnelle:* Berufsausbildung bis zum Niveau des »Berufsabiturs«, *Baccalauréat professionnel.*
- *Voie technologique:* allgemein-berufliches Abitur, *Baccalauréat technologique*, und zweijährige berufsbezogene Ausbildung.
- *Voie générale:* allgemeinbildendes Abitur mit anschließendem Hochschulstudium.

Das allgemeinbildende Baccalauréat wird in drei Bereichen abgelegt: *Littéraire* (L), *Scientifique* (S) und *Economique et Sociale* (ES), wobei die beiden letzteren die beste Voraussetzung für den Königsweg der Grandes Ecoles bilden. Jean-Pierre Chevènement formulierte 1984 als Bildungsminister das Ziel einer demokratischen Bildungspolitik: 80 Prozent der Schüler sollten im Jahre 2000 das Baccalauréat bestehen. Die Quote betrug dann zwar nur 35 Prozent, tatsächlich wurden 2006 immerhin 64 Prozent erreicht.

Berufsbildung

Die Berufsbildung und die Vergabe von Diplomen in Frankreich obliegt der Education nationale. Im Interesse der Wertneutralität und der nationalen Bildungsaufgabe schaffte der französische Staat im Jahre 1791 mit dem Gesetz *»Le Chapelier«* die Zünfte ab, die für die Berufsbildung zuständig waren, und verhinderte die Bildung von dezentralen privatwirtschaftlichen Institutionen. Somit konnte die Berufsausbildung nicht denselben Stellenwert wie in Deutschland erreichen, wie sie etwa durch die Industrie- und Handelskammern oder die Handwerkskammern befördert wird.

In Frankreich wird eine Berufsausbildung im Regelfall nach dem Erreichen der Schulpflichtgrenze mit 16 Jahren in der Sekundarstufe II begonnen. So vollzieht sich der größte Teil der beruflichen Ausbildung, *Enseignement professionnel,* außerhalb einer dualen Berufsausbildung, das heißt meist innerhalb einer schulischen Vollzeitausbildung und nicht im

Betrieb. Die meisten praxisorientierten beruflichen Ausbildungen sind vor allem im Handwerk angesiedelt und versprechen wenig berufliche Aufstiegsmöglichkeit. Der Eintritt in die beruflichen Zweige des französischen Bildungssystems wird oft als schulischer Misserfolg, *Echec scolaire*, gewertet.

Es existieren verschiedene Diplome beruflicher Bildung, von denen drei wichtige genannt werden:

- Das *CAP (Certificat d'Aptitude Professionnelle)* ist der niedrigste Berufsabschluss. Das CAP entspricht dem deutschen Facharbeiter- beziehungsweise Gesellenbrief. Es ist ein berufsqualifizierender Abschluss, der nur für einen bestimmten Beruf gilt. Aufbauend auf dem CAP kann im Rahmen der Weiterbildung der Abschluss eines *Brevet de Maîtrise* erlangt werden, der mit dem deutschen Meistertitel vergleichbar ist.
- Das *BEP (Brevet d'Etudes Professionnelles)* ist nicht so spezialisiert wie ein CAP und ist oft eine Etappe vor dem Erwerb des sogenannten berufsvorbereitenden Abiturs *(Baccalauréat professionnel)*. Das BEP lässt sich mit dem deutschen Berufsfachschulabschluss vergleichen und hat stark an Bedeutung gewonnen.
- Das Bac Pro *(Baccalauréat professionnel)*, das berufsvorbereitende Abitur, bereitet auf den unmittelbaren Einstieg in das Berufsleben vor. Es kann im Anschluss eines BEP vorbereitet werden, um eine höhere Qualifikation in einem bestimmten beruflichen Bereich zu erlangen.

Hochschulbildung

Das französische Hochschulsystem ruht auf zwei Säulen. Zum einen die Universitäten sowie die ihnen angeschlossenen *IUTs (Institut Universitaire de Technologie)*. Letztere bieten berufsbezogene Studiengänge mit Eingangsselektion an und führen zu einem höheren Technikerabschluss, dem *DUT (Diplôme Universitaire de Technologie)*. Die *IUTs* haben ein gutes Ansehen, stark verschulte Studienpläne und bilden Spezialisten aus. Die Universitäten sind überfüllt und verfügen über wenig finanzielle Mittel. Der Fokus liegt auf kurzen Studienzeiten – je schneller studiert wird, desto besser. Die andere Säule des Hochschulsystems sind die **Grandes Ecoles** (siehe Kapitel 4), die ihre Studierenden durch den *Concours*, einen strengen schulischen Aufnahmewettbewerb, der die intellektuelle Leistungsfähigkeit bewertet, auswählen. Die Grandes Ecoles sind den Universitäten übergeordnet mit Ausnahme von Ausbildungen, die sie nicht anbieten, wie Rechtswissenschaften, Medizin und Pharmazie. Ganz im Sinne der *Aemulation*, des Wetteifers, stehen auch die Grandes Ecoles untereinander in starkem Wettbewerb und **landesweite Rankings haben eine hohe Bedeutung**; schließlich wollen sie die besten Studierenden und Lehrenden anziehen. Insofern ist es verständlich, dass – auch aufgrund dezentraler Strukturen und einer großen Autonomie – die Grandes Ecoles innovativere Studiengänge, modernere Lehrmethoden, engeren Praxisbezug sowie eine internationalere Ausrichtung aufweisen als die staatlichen Universitäten, die – immer noch – in den zentralistischen bürokratischen Strukturen verhaftetet sind.

Ein Blick in die Wirtschaftspresse bestätigt: **Absolventen einer Grande Ecole haben nach wie vor wesentlich bessere Berufschancen** und Aussichten auf höhere Gehälter als ihre Universitätskommilitonen. Hierfür sind nicht nur die strenge Selektion und die fundierte praxisbezogene Ausbildung verantwortlich, sondern auch die effektiven Ehemaligen-Netzwerke jeder Schule, die durch jährlich erweiterte Adressbücher und gemeinsame Aktivitäten für das nötige »Vitamin B« sorgen. Bezeichnend ist, dass auf Diplomen keine Noten angegeben werden, das Prestige der Institution ist entscheidend.

Die Besonderheiten des Bildungssystems erklären auch Eigenarten des französischen Managementstils: **Viele Führungskräfte in Spitzenpositionen sind Generalisten.** Sie begeben sich selten auf die operative Ebene des Unternehmensalltags. Dagegen sind **Eloquenz, Durchsetzungsfähigkeit, analytisches und strategisches Denkvermögen, hohe Anpassungsfähigkeit sowie konkrete Problemlösungsfähigkeiten** Eigenschaften, die Verantwortliche aufweisen sollten; bei Fachfragen können sich die Führungskräfte schließlich auf die Ratschläge der Spezialisten verlassen. **Nicht das Detail oder eine Struktur, sondern vielmehr Prozesse, Beziehungen und ihre Wirkungen stehen im Vordergrund.**

3.3 Werte, Traditionen und Eigenarten

Frankreich gilt für viele Deutsche als ein Land der Traditionen, des Lebensgefühls und der Freiheit. Seine Menschen verkörpern damit Eigenschaften, die man sich in Deutschland manchmal gerne wünscht. Frankreich kann aber auch bürokratisch, starr und verschlossen wirken. Wie jede Gesellschaft verfügt Frankreich aber auch über ein spezifisches Wertesystem, das sich aus Gewohnheiten und Erfahrungen entwickelt hat. Werte sind subjektiv, sie schreiben bestimmten Dingen oder Verhaltensweisen Bedeutung und Wertigkeit zu – wie »gut« oder »schlecht«, »schön« oder »hässlich« – und beeinflussen somit menschliches Verhalten. Die französische Gesellschaft und damit auch die Wirtschaft, ihre Unternehmen, das Verhalten von Mitarbeitern und Managern lassen sich durch die Kenntnis des Wertesystems besser verstehen. Im Folgenden werden einige wichtige Werte vorgestellt.

L'honneur – Ehre und Ehrbeziehungen

Ein typisch französischer Wert ist *Honneur*, die Ehre. Sie beeinflusst seit Jahrhunderten die Alltags- und Arbeitsbeziehungen, weist jedem Menschen einen sozialen Status, einen Rang mit bestimmten Rechten und Pflichten in der Gesellschaft zu. Honneur, schon im Mittelalter wichtig, wurde zum Grundprinzip der höfischen Gesellschaft des 17. und 18. Jahrhunderts. Die höfische Gesellschaft aus Adel und aufstrebendem Bürgertum zeigte **stilvolle Umgangs- und Konsumformen, die sich in Sprache, Literatur, Kunst und Architektur ausdrückten**, eben im **Savoir-vivre**. Vorbild war der *Honnête Homme*, der Edelmann, der die Etikette der höfischen Gesellschaft einhielt und als Lebensstil in ganz Frankreich verbreitete. Der Honnête Homme stellt den Typus des gebildeten Weltmannes dar, der die sittlichen Tugenden *Politesse* (Höflichkeit), *Galanterie* (Galanterie) und *Honnêteté* (Rechtschaffenheit) in sich vereinigt. Dazu gehörte auch die Lebenshaltung, möglichst wenig und vor allem nicht mit den Händen zu arbeiten. Das ehrhafte, ehrenvolle Verhalten wurde vom Bürgertum übernommen und ist bis heute ein ungeschriebenes Gesetz des französischen Verhaltens: Wer etwas auf sich hält, ob **Politiker, Manager oder Künstler**, legt **Wert auf höflich-formelle Umgangsformen,** Begeisterung für die eigene Sprache und Literatur, aber auch die Liebe zu guter Gastronomie.

Honneur wird sichtbar in Herausforderung, *Défi*, und Wettbewerb, *Compétition*, in Bereichen, in denen Wissen und Kompetenz gebraucht werden, ob im Sport mit der *Tour de France*, in der Architektur mit großen Bauprojekten, *Grands Projets*, oder in der weltweiten Frankofonie-Politik. Auch die einzigartigen Elite-Ausbildungsinstitutionen, die *Grandes Ecoles*, basieren auf der Idee der Ehre. In der Industrie manifestiert sich die Ehre in prestigeträchtigen Projekten mit großer Außenwirkung, wie *Airbus*, *Ariane*-Rakete, *Concorde*, *TGV*. Auch die Arbeitsbeziehungen sind von Honneur bestimmt. **Jeder Mitarbeiter und Manager besitzt einen Rang mit bestimmten Privilegien und Pflichten und nimmt Aufgaben wahr, die ihm sein Rang zuschreibt.** Er wird sich nicht unbedingt an das halten, was ihm gesagt wird. Die Ehre hat also ihre eigenen Regeln ... und das müssen nicht unbedingt die »offiziellen« sein.

Honneur hat auch eine negative Seite, dann nämlich, wenn eine Person die »Ehre verliert«, sich also blamiert. Extremfälle von Ehrverlust sind in Frankreich bekannt. So erschoss sich im Mai 1993 François Mitterrands Premierminister Pierre Bérégovoy aufgrund eines Politikskandals. Auch der *Patron* des Drei-Sterne-Restaurants *Côte d'Or* in Burgund, Bernard Loiseau, nahm sich im März 2003 das Leben, nachdem der *Gault Millau*, neben dem *Guide Michelin* einer der einflussreichsten französischen Restaurantführer, ihm von der höchsten Wertung mit 19 Punkten 2 aberkannt hatte.

Individualismus

Die französische Gesellschaft wird gerne als **individualistisch** und **freiheitsliebend** bezeichnet. In der Tat ist *Liberté* einer der drei Werte der Französischen Revolution. **Als Individualist kann der Franzose seine Persönlichkeit erfahren und seine Freiheit ausleben,** die sonst einem starken Konformitätsdruck ausgesetzt ist und gesellschaftlichen Regeln und Konventionen gehorchen muss: Dann wird geraucht, wo es verboten ist, die Warteschlange elegant umgangen und die Anweisungen des Chefs werden eigenwillig interpretiert.

Das *Village Gaullois*, das gallische Dorf, eignet sich gut als Bild für den französischen Individualismus. **Nach innen**

zerstritten und im Wettbewerb miteinander stehend, zeigen sich die Mitglieder der Gemeinschaft **nach außen als solidarisch gegen den Einfluss fremder Interessen**. Liberté, Unabhängigkeit und Rechte werden mit aller Kraft verteidigt. Dafür gibt es genug Beispiele, etwa bei bestimmten Berufsgruppen wie LKW-Fahrern, Lokführern, Briefträgern oder Ärzten, die durch Streiks auf Missstände aufmerksam machen wollen und ganze Städte, teils das ganze Land, blockieren.

Allerdings greift die vorübergehende Geschlossenheit vor allem bei externer »Bedrohung«. Nach innen weisen die Franzosen ein ausgeprägtes individualistisches Dissens-Verhalten auf: Die von der Autorität erlassenen Regeln und Gesetze werden hinterfragt, auch konkurrieren Franzosen miteinander. **Wettbewerb wird schon von Kindesbeinen an in der Schule erlernt.** Es gilt, schlauer, schneller und effizienter zu sein als die anderen. Die Noten, die eine große Bedeutung haben, fördern eher Konkurrenzverhalten als Teamarbeit. Die Zersplitterung französischer Gewerkschaften, ein System der Einzelgewerkschaften mit wenigen Mitgliedern, zeigt dies genauso wie der Pluralismus politischer Parteien mit starken Führungspersönlichkeiten. Beim Präsidentschaftswahlkampf 2007 traten mehr als zwölf Kandidaten an, die teilweise jedoch nur auf ein Prozent der Wählerstimmen kamen.

Typisch für den französischen Individualismus ist also das kämpferische Protestverhalten. Es ist die Antwort auf eine übermächtige Autorität – wie die Unternehmensleitung oder der Staat –, der mit Misstrauen begegnet wird. Protestiert wird gegen Bevormundung, gegen Begrenzung von Rechten, aber auch gegen soziale Ungerechtigkeit, wie im Falle von Massenentlassungen. Frankreich ist bekannt als das Land der Revolutionen und Streiks, die das öffentliche Leben empfindlich treffen, wie es die Protestaktionen im Frühling 2006 gegen das Gesetz zur Lockerung des Kündigungsschutzes des *CPE (Contrat Premier Embauche)* zeigten. »*Nous sommes des râleurs*«, »Wir sind Meckerer«, sagen Franzosen von sich selbst.

Rationalismus

Frankreich wurde stark von der Aufklärung, den *Lumières* (wörtlich: »Lichter«), geprägt, die Licht und Klarheit in die

Dunkelheit bringen sollte. Die Intellektuellen, allen voran Voltaire (1694–1778), sprachen der mächtigen Kirche, die die Verhaltensweisen und den Moralkodex bestimmte, ihre Führungsrolle ab, machten in ihren Werken Kleriker lächerlich, da diese die Repräsentanten einer überkommenen Ordnung darstellten. Die Welt der Lumières wurde ohne die religiöse Autorität der Kirche erklärt: Die *Raison*, die menschliche Vernunft und das rationale Denken, trat an die Stelle des Glaubens. Der französische Rationalismus neutralisierte sozusagen die Werte Honneur, Ehre, und Individualismus.

Der Rationalismus basiert auf dem Kartesianismus. Das 1637 veröffentlichte Werk *»Discours de la méthode«* des französischen Philosophen René Descartes (1596–1650) beeinflusste maßgeblich den französischen Denkstil. Descartes' Ausgangspunkt ist, dass logisches, kognitiv-orientiertes Zweifeln den methodischen Ansatz bildet, um durch deduktive Verfahren zu Ergebnissen und damit zur Vernunft zu gelangen. Im 17. und 18. Jahrhundert wurden physikalische, chemische und mathematische Gesetzmäßigkeiten der Naturwissenschaften auch auf das menschliche Denken und Handeln übertragen. Dieses sollte ebenso klar und deutlich erfassbar gemacht werden wie die Materie. Die Problemlösung orientiert sich an der Mathematik: Sie liefert eindeutige und immer wieder aufs Neue nachvollziehbare Ergebnisse. In Frankreich gilt die Mathematik als *Matière noble*, als edles Fach, und ist im französischen Bildungssystem Selektionskriterium für die angesehensten Schulen und Grandes Ecoles. **Zentralismus, französische Strategien in Wirtschaft und Politik, langfristige Planung und Industriepolitik sind Ausdruck des Rationalismus.**

Humanismus

Menschlichkeit ist ein bedeutender Wert in Frankreich und steht der *Fraternité*, Brüderlichkeit, nahe. Weil staatliche soziale Maßnahmen zur sozialen Gerechtigkeit immer weniger greifen, wird die Zivilgesellschaft in Frankreich aktiv. Begriffe wie *Exclusion sociale* (soziale Ausgrenzung) und *Nouvelle pauvreté* (neue Armut) verweisen auf die schwierige Situation von einigen französischen Bürgern. **Der französische Humanismus zeigt sich in zahlreichen Initiativen und Vereinigungen der Zivilgesellschaft,** von denen nur wenige so bekannt sind wie die von dem Schauspieler Michel

Joseph Coluche 1985 gegründeten *Restos du Cœur* (Restaurants des Herzens), die es sich zur Aufgabe gemacht haben, bedürftigen Menschen Essen auszugeben. Im Dezember 1985 wurden mithilfe von 5.000 ehrenamtlichen Helfern 8,5 Millionen Mahlzeiten verteilt, im Jahre 2004 65 Millionen. Diese Zahlen verweisen auf das bedeutende Ausmaß humanistischer Initiativen. Auch außerhalb Frankreichs findet sich organisierte Menschlichkeit durch die Aktivitäten humanitärer Vereinigungen wie Terre des Hommes (1963), Médecins sans Frontières (1971) und Médecins du Monde (1980) und weiterer Menschenrechtsbewegungen auf der ganzen Welt.

Umweltverhalten und Naturverständnis

Das französische Verhältnis zur Natur unterscheidet sich grundlegend vom »romantischen« deutschen. In Frankreich gab es immer eine skeptische, wenn nicht ironische Haltung gegenüber dem deutschen Naturkult. Die höfische Gesellschaft hat die Natur »zivilisiert«, wie es die geometrisch großflächig angelegten französischen Schloss- und Gartenanlagen und Parks des Barocks zeigen. Exemplarisch ist hier der Garten von Versailles, der Ende des 17. Jahrhunderts von dem Landschaftsarchitekten André Le Nôtre gestaltet wurde. Der Raum wird mathematisch-rational geplant und für den Menschen nutzbar gemacht. Die Anlage entstand durch Einebnung von Hügeln, Rodung des Waldes und Zerstörung eines Bauerndorfes.

In Frankreich scheint es einen rationaleren Umgang mit Natur zu geben und auch die Beherrschung der Natur wird in Frankreich als normal angesehen. Sie ist Ausdruck wirtschaftlichen Fortschritts. In der heutigen Zeit findet die Nutzung der Natur bei städtebaulichen Maßnahmen in den französischen Alpen, zum Beispiel in Ferienskianlagen, ihren Ausdruck, ebenso im Bau des Schienennetzes des Hochgeschwindigkeitszugs TGV, bei dem insbesondere auf der Linie Paris-Marseille *(TGV Sud)* zugunsten einer schnurgeraden Trasse zahlreiche natürliche landschaftliche Hindernisse wie Berge und Hügel, Wälder und Weinberge beseitigt wurden. Für den Produktionsstandort des PKWs SMART im französischen Dorf Hambach wurden zwar nicht Berge versetzt, aber ein ganzer Wald gefällt. Auch die Zersiedelung französischer Großstädte mit ihren *Banlieues*, Vorstädten, oder die Ansiedlung von großen *Hypermarchés* (Großsupermärkte) illustrieren das technokratisch geprägte Naturverständnis.

Wie lässt sich diese aus deutscher Sicht naturfeindliche Haltung verstehen? Hier steht der *Intérêt général*, **das Interesse der Nation, das dem Wohl des Volkes dient, über individuellen Einzelinteressen:** Infrastrukturelle Maßnahmen und Sicherheit (TGV), die Schaffung von Arbeitsplätzen (SMART) oder die Trinkwasserversorgung, die die wirtschaftliche Basis von Tausenden von Menschen über Jahrzehnte sichert (EDF) haben Vorrang vor dem Schutz der Natur.

Wenn Deutsche Franzosen mangelndes Umweltbewusstsein vorwerfen, dann kontern diese mit Gegenargumenten und verweisen auf die deutsche Luftverschmutzung durch fehlende Tempolimits auf Autobahnen und Kurzurlaube mit *Low-Cost*-Fluglinien. Die öffentliche Statistik weist auch nicht darauf hin, dass Frankreich für weniger Umweltverschmutzung verantwortlich ist als Deutschland. Während Deutschland 2004 etwa eine eine Milliarde Tonnen Kohlendioxid-Ausstoß produzierte, verzeichnete Frankreich »nur« 562 Millionen Tonnen, also etwa die Hälfte. **In den letzten Jahren gibt es ein wachsendes Umweltbewusstsein in Frankreich**; zum ersten Mal wurde im Jahr 2007 ein Umweltministerium eingerichtet; die grüne Partei, *Les Verts*, bleibt jedoch eine Randerscheinung.

3.4 Religion

In der Wahrnehmung vieler Ausländer erscheint Frankreich immer noch als stark katholisch geprägtes Land, obwohl der Staat streng laizistisch ist und die **Trennung von Kirche und Staat** immer wieder vehement verteidigt. »Frankreich ist eine unteilbare, laizistische, demokratische und soziale Republik. Sie gewährleistet die Gleichheit aller Bürger vor dem Gesetz ohne Unterschied der Herkunft, Rasse oder Religion. Sie achtet jeden Glauben«, lautet Artikel 1 der Verfassung der Fünften Republik von 1958. Der Begriff **Laizismus**, *Laïcité*, wurde 1882 im Rahmen des religionsfreien und kostenlosen Schulunterrichts geschaffen und hat bis heute einen sehr hohen Stellenwert bei den französischen Bürgern. Laizismus bedeutet zum einen die Trennung von Staat und Kirche, woraus sich die strikte Neutralität des Staates gegenüber allen Religionen ableitet. Zum anderen die Freiheit des Einzelnen, sich öffentlich zu keiner Religion bekennen zu müssen, was dem Verbot jeglicher religiöser Betätigung außerhalb eines engen, privaten Bereiches gleichkommt. Der Laizismus gipfelte 1905 im Gesetz zur Trennung von Staat und katholischer Kirche und war die Antwort auf die Übermacht der katholischen Kirche, die über Jahrhunderte, so am Königshof Ludwigs XIV. und unter Napoleon, einen großen Einfluss auf die Regierungsaktivitäten besaß und andere Religionen gewaltsam unterdrückte. Das Gesetz sollte den französischen Werten *Egalité* und *Liberté* stärkeren Ausdruck verleihen.

Im heutigen französischen Verständnis ist Laizismus zu einem politischen Ideal geworden, das die Grundsätze der Neutralität des Staates gegenüber Religionen, deren Gleichbehandlung sowie die Glaubensfreiheit zum Ziel hat. Somit sieht der Staat es als seine Aufgabe an, seine Bürger gegen religiöse Praktiken, die der öffentlichen Ordnung oder den Rechten des Einzelnen zuwiderlaufen, zu schützen. **In öffentlichen Gebäuden, und dazu gehören Ämter, Schulen und Universitäten, ist es seit 2004 verboten, religiöse Symbole, wie etwa Kreuz oder Schleier, zu zeigen. Religionsausübung ist Privatsache.** Eine Kirchensteuer gibt es – außer im Elsass – nicht. Die Aufgabe, Geld zu beschaffen, obliegt den Pfarreien selbst, die als Kultusvereine organisiert sind.

Da die offiziellen Bevölkerungszählungen keinen Eintrag über die Religionszugehörigkeit enthalten, gibt es nur Meinungsumfragen zum Thema Religion und Konfession. Eine Umfrage von *Le Monde* zeigt, dass sich etwa 75 Prozent der Franzosen einer Religion zugehörig fühlen, dabei ist der **Katholizismus mit über 62 Prozent am stärksten vertreten,** gefolgt vom Islam mit 6 Prozent und dem Protestantismus mit nur 2 Prozent. Dabei geht der Katholizismus immer mehr zurück, wogegen der Islam immer stärker zunimmt.

Interessant ist insbesondere die Stellung der **Protestanten** in einer überwältigenden Mehrheit von Katholiken. Der Protestantismus nimmt in Frankreich nach dem Katholizismus und dem Islam nur noch den dritten Platz ein. Vielleicht wird gerade deswegen den Protestanten in der Gesellschaft häufig ein elitärer Zug unterstellt, denn überdurchschnittlich viele Protestanten sind in der hohen Beamtenschaft, in der Großindustrie und auch in der Politik anzutreffen, wie die ehemaligen Premierminister Michel Rocard und Lionel Jospin. Andererseits erscheint ihre Konfession manchen in einem rein katholischen Milieu lebenden Bürgern sogar etwas suspekt – was deutsche Besucher, die an eine paritätisch gelebte Ökumene gewöhnt sind, zeitweise mit Verwunderung feststellen müssen.

Frankreich besitzt rund **1.500 Moscheen**, die überwiegend aus dem Ausland finanziert werden. Seit dem Jahr 2002 vertritt der *Conseil Français du Culte Musulman*, der Französische Rat des Muslimischen Glaubens, die Belange der auf 3,7 bis 4,1 Millionen geschätzten französischen Muslime. Er wurde auf Anregung des Innenministeriums geschaffen, um ein gesellschaftliches Repräsentationsorgan als Gesprächspartner und Berater zu haben.

Eine besondere Stellung nehmen die *Franc-Maçons*, die **Freimaurer**, ein mit ihren ältesten Logen *Grand Loge de France* (1728) und *Grand Orient de France* (1773). Die Freimaurerei versteht sich als eine philanthropische, philosophische und zukunftsgerichtete Institution, die sich an den Idealen der Aufklärung und der Demokratie orientiert. Die Revolutionsdevise *»Liberté, Egalité, Fraternité«*, die zu den Werten der Französischen Republik wurde, ist freimaurerischen Ursprungs. Der Einfluss der Freimaurer war insbesondere in der Dritten Republik (1870–1940) groß, Politiker wie Jules Ferry gehörten ihnen an. Auch heute noch sind die Logen, die etwa 135.000 Mitglieder zählen und über die in Frankreich viel berichtet wird, in der Politik beratend aktiv.

3.5 Kultur, Sport und Medien

Wie verbringen Franzosen ihre Freizeit? Welchen Stellenwert haben die schönen Künste im Leben der heutigen Bevölkerung? Ein Blick in die Statistiken verrät, dass Franzosen laut Angabe des Außenministeriums im Durchschnitt jährlich 1.075 Euro für Kultur, Freizeit, Sport und Spiele ausgeben, das sind 3,5 Prozent ihres Budgets. Hinter diesen oberflächlichen Konsumziffern stehen ganz eigene Freizeitverhalten vor dem Hintergrund einer großen nationalen Geschichte und einer tief verwurzelten Kulturtradition. Frankreich, das der Welt mit seinen Philosophen und Literaten die Aufklärung gebracht hat, die Idee der Freiheit, Gleichheit und Brüderlichkeit postulierte, hat nach wie vor ein **starkes kulturelles Sendungsbe-**

wusstsein. In der Heimat der Dichter Molière, Victor Hugo und Marcel Proust, der Musiker Lully, Rameau und Ravel dokumentieren Vertreter der Politik immer wieder selbstbewusst, dass die Nation den Anspruch hat, eines der großen Kulturländer der Welt zu sein. Diese *Exception culturelle* beschert dem kulturellen Sektor einen Sonderstatuts, der in der liberalisierten Weltwirtschaft als schützenswert gilt (bei Steuern und Zöllen) und der zu Großteilen ganz selbstverständlich subventioniert wird wie im Film- und Musikbereich. Diese Kulturpolitik steht in einer langen Tradition. Sie begann im 17. Jahrhundert mit der Gründung der *Académie Française* (1635) und der *Comédie Française* zur Stärkung der Sprache und Kultur und wurde am Königshof fortgesetzt. Durch den Erwerb der Kolonien gelangte die französische Sprache und Kultur in viele Länder Asiens und Afrikas, wurde als Transportmedium für europäische und französische Kulturinhalte eingesetzt, nicht zuletzt in frankofonen Schulen. Im 20. Jahrhundert wurde unter Charles de Gaulles **ein eigenes Kulturministerium** gegründet, dem so profilierte Minister wie André Malraux, Jack Lang und Jacques Toubon vorstanden. Spektakuläre Projekte wie der Bau des *Centre Pompidou*, die Bastille-Oper und die neue große Nationalbibliothek in Bercy waren Vorhaben, die auf oberster politischer Ebene von Staatspräsidenten entschieden und verfolgt wurden.

Literatur, Kunst, Musik, Sport und Medien sind unter Franzosen beliebte Gesprächsthemen, auch im Geschäftsleben. Es ist nützlich, darüber etwas zu wissen oder zumindest den einen oder anderen Namen schon einmal gehört zu haben.

Literatur und Sprache

Kultur beginnt in Frankreich bei der Sprache, die geliebt, verehrt, geschützt wird. Mit ihr wird in einem Ausmaß geistreich gespielt und argumentiert, wie es deutschsprachige Bürger kaum kennen. Das Französische, das als Nationalsprache stark zur Einigung des Landes beigetragen hat (im Edikt von Villers-Cotterêts aus dem Jahr 1539 wurde die Abfassung von Dokumenten auf Französisch geregelt), galt bis zur Ablösung durch das Englische als die Sprache der Diplomatie und der gebildeten Stände überhaupt. Heute sprechen 122 Millionen Menschen weltweit Französisch, außer im Hexagon selbst vor allem in Teilen Kanadas, in Afrika und Südostasien. Eine staatlich geförderte Frankofonie-Politik sorgt für den Erhalt einer weltweiten französischen Sprachgemeinschaft, fördert die frankofone Kultur und ist in gewissem Maße auch politisches Mittel. Verschiedene französische Regierungen hatten sogar einen Minister für Frankofonie. Das selbstverständliche und selbstbewusste Verankertsein in der Muttersprache hat den Nachteil, dass viele Franzosen – von rühmlichen Ausnahmen abgesehen – im internationalen Vergleich nicht unbedingt begeisterte Fremdsprachenschüler sind. Gerade diese Tatsache stellt international operierende Unternehmen bei der Personalsuche immer wieder vor Probleme.

Das Französische bietet den Bürgern nicht nur eine starke Identität und dient als Ausweis von Kultur und Bildung. Als Mitglied der Eliten gehört es zum guten Ton, zu dichten oder mindestens seine Erinnerungen zu schreiben. Gerade Politiker profilieren sich häufig mit historischen Biografien oder Essays, manche auch mit Gedichten. Ein berühmtes Beispiel aus der jüngeren Zeit ist der ehemalige Chirac-Berater und Außenminister Dominique de Villepin, der zwischen flammenden Redeauftritten vor der UNO und Krisenmissionen im Nahen Osten die Zeit fand, die Bücher *»Eloge des voleurs de feu«* (2003) und *»Le requin et la mouette«* (2004) zu schreiben, in dem er über Macht und Anmut, Himmel und Erde, Poesie und die gemeinsame Bestimmung von Menschen philosophiert. Auch andere zahlreiche in der Öffentlichkeit stehende Persönlichkeiten, wie Unternehmenschefs und Schauspieler, verfassen Bücher. Der Nachrichtenmoderator Patrick Poivre d'Arvor, der seit 1975 die französischen Fernsehnachrichten präsentiert, hat über zehn Romane veröffentlicht. Bernard Tapie, Unternehmer, Minister, Sänger, Schauspieler, Autor und Präsident des Fußballclubs Olympique Marseille schreibt ebenso Bücher wie der Peugeot-Citroën-Chef Christian Streiff.

Einen wichtigen Stellenwert im Jahresrhythmus der Franzosen haben auch die mit Spannung erwarteten Verleihungen der **Literaturpreise**, die unterhaltsamer als Soap-Operas sind. Wer gewinnt den *Prix Goncourt*, wer den *Prix Gallimard*, wer den *Prix Femina*, wer den *Prix Medicis* oder den *Prix de Flore*? Gibt es Mauscheleien in den Komitees oder Bevorzugungen bestimmter Verlage? Wird es einen überraschenden Shootingstar wie den Autor Jonathan Littel geben, der im Jahr

2006 mit dem schwer zu lesenden Wälzer »*Les Bienveillants*« quasi über Nacht auf Platz eins der Bestsellerlisten stand und sowohl den *Prix Goncourt* als auch den Preis der *Académie française* gewann? Um eine Vorstellung dieses großen Sektors zu geben: Im Jahr 2002 wurden 60.258 Bücher verlegt; der Umsatz der Verlage belief sich auf 2,7 Milliarden Euro und insgesamt wurden 401 Millionen Exemplare von 350 Verlagen verkauft. Darunter sind neben Sachbüchern und Romanen von zeitgenössischen berühmten Autoren wie Eliette Abécassis, Marc Lambron, Eric-Emmanuel Schmitt, Frédéric Beigbeder und Michel Houellebecq auch zahlreiche Schlüsselromane der Pariser Gesellschaft und historische Romane.

Die außergewöhnliche Rolle der französischen Literatur geht auf die Tatsache zurück, dass sie eine wichtige Säule der europäischen Kultur ist, die auch außereuropäische Gesellschaftsdiskurse beeinflusst hat, und dass ihre Bühnenstücke seit Jahrhunderten weltweit aufgeführt werden. Darunter sind zum Beispiel die Schriften von Rabelais und Montaigne aus dem 16. Jahrhundert und die Theaterstücke Corneilles aus dem 17. Jahrhundert; René Descartes legte mit seinen Schriften einen neuen Ausgangspunkt für die moderne Philosophie fest. Molière, Protegé des Königs und Gründer der *Comédie Française*, schrieb Theaterstücke, die bis heute Regisseure großer Bühnen zu neuen Inszenierungen anregen. Das 18. Jahrhundert stand ganz im Zeichen der Aufklärung, der rationalen Durchdringung der Welt durch den Verstand, befreit von Einflüssen der Kirche und des Adels. Zu dieser Zeit verbreiteten sich in den gebildeten Kreisen Europas die Ideen Montesquieus über die Gewaltenteilung, die er 1748 in »*De l'esprit des lois*« (»Vom Geist der Verträge«) vorlegte. Sie stehen noch heute auf dem Programm jedes politikwissenschaftlichen Seminars. Auch die Werke Voltaires und Diderots und die Demokratietheorien Rousseaus prägten das 18. Jahrhundert als Zeitalter der Aufklärung. Im 19. Jahrhundert gestalteten die Autoren François-René Chateaubriand, Alphonse de Lamartine und Victor Hugo die französische Literatur. **Besonders der Roman wurde zu einer herausragenden Gattung:** Honoré de Balzac, George Sand, Gustave Flaubert und Stendhal schufen eindrucksvolle Bilder einer neuen Gesellschaft. Das 20. Jahrhundert war ebenso reich an genialen Autoren. Von Guillaume Apollinaire, Paul Claudel und Marcel Proust, André Gide, André Malraux, Colette und Jean

Giono, Louis Aragon und André Breton wurden neue ästhetische, gesellschaftliche und politische Ideen in die Welt getragen. Nach 1945 beeinflussten die Werke von Jean-Paul Sartre, Simone de Beauvoir und Albert Camus die Philosophie als Repräsentanten des Existenzialismus. Vertreter des *Nouveau Roman* waren Alain Robbe-Grillet, Georges Bataille, Nathalie Sarraute und Marguerite Duras, das *Nouveau Theatre* wurde von Eugène Ionesco, Jean Genet und Boris Vian geprägt. Auch heute noch sind viele Schriftsteller im öffentlichen Leben sehr präsent, beziehen Stellung zu ästhetischen, sozialen und politischen Fragen, haben Kolumnen in angesehenen Zeitungen und nehmen an Demonstrationen teil.

Eine typische zeitgenössische Besonderheit ist die Vorliebe der erwachsenen Franzosen für Comics, die Bandes Dessinées, kurz BD. Außer dem auch im Ausland bekannten Asterix und den Hergé-Helden Tim und Struppi gibt es eine Vielzahl von Comic-Zeichnern, die Geschichten in ganz unterschiedlichen Stilen erzählen. Man findet etwa Abenteuergeschichten, Detektivromane, moderne Märchen, erotische Geschichten und gezeichnete Science-Fiction-Literatur. Jedes Jahr findet seit 1974 in Angoulême ein großes *BD*-Festival statt, das Zehntausende von Besuchern anzieht. Die großen Medienkaufhäuser wie die *FNAC* und *Virgin Megastore* besitzen riesige Abteilungen für diese illustrierte Literatur, die meist von probelesenden Kunden bevölkert sind, auch wenn in den anderen Abteilungen gähnende Leere herrscht.

Kunst

Wenn man sich auf begrenztem Raum ganz sinnlich mit der Geschichte der bildenden Kunst Frankreichs vertraut machen möchte, nimmt man sich am besten ein paar Tage in Paris Zeit, um die französischen Abteilungen des *Louvre*, die Sammlungen des *Musée d'Orsay* und des *Centre Pompidou* mit den Werken der klassischen Moderne zu besuchen. Ein solcher Spaziergang durch die Jahrhunderte führt Besucher vom Bildnis des Königs Johann II. aus dem 14. Jahrhundert bis zu den abstrakten blauen Leinwänden eines Yves Klein. Man wandelt durch die kleinformatige Galerie der französischen Königsfamilie, die von Jean und François Clouet im 16. Jahrhundert gemalt wurde, zu den Stillleben und Genrebildern von Jean Siméon Chardin und von Jean-Baptiste Greuze. Man findet die Porträts von Jean-Marc Nattier und Szenen von

Maurice Quentin de la Tour, die leichten, bisweilen erotisch inspirierten Rokokobilder von Antoine Watteau, François Boucher und Jean-Honoré Fragonard. Die Neoklassizisten Jacques-Louis David und Jean-Auguste-Dominique Ingres sind hier mit vielen Helden- und Historiengemälden zu sehen, wie der Krönungsszene Napoleons aus dem Jahr 1804. Die Realisten und Impressionisten ab der Mitte des 19. Jahrhunderts findet man im *Musée d'Orsay*: die Landschaftsansichten der Maler von Barbizon um Jean-François Millet und Théodore Rousseau, die Werke von Monet, Degas, Sisley sind hier in Fülle zu studieren. Die Kunst des 20. Jahrhunderts mit ihren neuen Formen der Darstellung ist im *Centre Pompidou* ausgestellt, die Vertreter der Fauvisten, Kubisten, der Dada-Bewegung, der Surrealisten und die Vertreter der abstrakten Malerei fanden hier ein einmaliges Ausstellungszentrum für ihre Werke.

Bildende Kunst stand in Frankreich von Anfang an nicht nur im Dienst der Illustration christlicher Themen, sondern wurde bewusst durch ein prestigeförderndes Mäzenatentum unterstützt und als edle Form der Öffentlichkeitsarbeit eingesetzt, in der Schlachten, Krönungen und wichtige historische Ereignisse verewigt wurden. Gerade im 17. und 18. Jahrhundert wurde die Kunst stark durch den Staat geprägt: Ab dem Jahr 1648 baute der Hofmaler des Sonnenkönigs, Charles Le Brun, eine Königliche Akademie für Malerei und Skulptur auf, in der Künstler ausgebildet und im klassizistischen Stil geschult wurden, der sich schnell in ganz Frankreich und in Europa verbreitete. Mitglieder der Akademie konnten im Louvre ausstellen und bekamen königliche Aufträge.

Nicht nur in Paris, auch in vielen anderen französischen Großstädten gibt es wichtige Museen. Die meisten Ausstellungshäuser haben exzellente Didaktikprogramme, mit denen Kinder ab der *Ecole maternelle* bereits an die Kunst herangeführt werden. Die französischen Hochschulen für bildende Kunst sind begehrte Zentren für die Ausbildung von Künstlern und Kuratoren. Kunstgeschichtsstudenten und interessierten Laien bietet die *Ecole du Louvre* in Paris eine Vielzahl von Kursen. Die Beschäftigung mit Kunst ist auch in der breiten Bevölkerung ein beliebtes Hobby: Die rund 1.200 französischen Museen ziehen jährlich über 70 Millionen Besucher an. Zu den Kunstschätzen des Landes, dem *Patrimoine national*, gehören auch die rund 38.000 Gebäude, die unter Denkmalschutz stehen. Viele von ihnen werden im September zum Tag des Offenen Denkmals, der *Journée du Patrimoine*, unentgeltlich geöffnet. Schlösser, Kirchen, Landhäuser und Ministerien erleben an diesem Tag einen wahren Besucherboom, der zeigt, welch hohen Stellenwert Kunst und Geschichte im Leben der Bevölkerung haben. Das zeigt sich auch in der **Sponsortätigkeit vieler französischer Unternehmen, die beträchtliche Summen für die Organisation von großen Ausstellungen und die Restaurierung von Schlössern spenden** (zum Beispiel ließ das Parkhausunternehmen VINCI den Spiegelsaal von Versailles für 10 Millionen Euro restaurieren). Sie erhalten dadurch nicht nur einfach Aufmerksamkeit als Marke, sondern ein positives Image als Mäzene, deren Vertreter bei den viel beachteten Vernissagen eine mächtige Position in der französischen Gesellschaft einnehmen.

Musik

Französische Harmonien sind aus der europäischen Musik nicht wegzudenken. Komponisten wie Jean-Philippe Rameau, Jean-Baptiste Lully, Hector Berlioz, Maurice Ravel, Edgar Fauré, Erik Satie und Francis Poulenc stehen für eine große Musiktradition, die lange mit dem Königshof, später dann mit der lebendigen Pariser Musikszene verbunden war. Von Italien inspiriert entwickelte sich auch hier eine Opern- und Operettenwelt, in der Hector Berlioz, Jacques Offenbach und Georges Bizet Triumphe feierten. Im 20. Jahrhundert schrieben zahlreiche französische Komponisten viel gespielte Werke, unter ihnen Marcel Dupré, Maurice Duruflé, César Franck und Jacques Ibert. Die Musikausbildung der Kinder beginnt meist über das dichte Netz an straff organisierten Musikschulen auf lokaler und regionaler Ebene, in denen Instrumentenspiel und Musiktheorie gelehrt werden. Es folgen Kurse an Konservatorien, an denen Berufsmusiker ausgebildet und in *Master Classes* von Stars der Szene unterrichtet werden.

In den Sommermonaten erklingt das ganze Land, denn während dieser Zeit werden zahlreiche Festivals organisiert. In *La Roque d'Anthéron* und im Rahmen des *Piano aux Jacobins* in Toulouse gibt es Klaviermusik, in Aix-en-Provence Musiktheater, bei *Le printemps de Bourges* kommt zeitgenössische Musik mit Hip Hop, Chanson, World Music und Elektro zu Gehör, auf dem *Festival Interceltique* in Lorient wird irische, bretonische und gallische Musik vorgestellt. **Fast jeder Ort hat heute sein Musikfestival.** Seit dem Kinoerfolg des Films *Les choristes* (deutscher Titel: *Die Kinder des Monsieur Mathieu*), der alleine in Frankreich mehr als acht Millionen Zuschauer in die Kinos zog, haben auch die Chöre neuen Zulauf bekommen. Viele Chorvereinigungen sind dem Verein *A coeur joie* angeschlossen, der auf internationaler Ebene eng mit Deutschland zusammenarbeitet und regelmäßig in *Vaison la Romaine* in der Provence ein großes Musikfestival veranstaltet. Leider fehlt in Paris bis heute ein Konzerthaus, das der Stadt würdig ist. Zwar gibt es die renovierte *Salle Pleyel*, die Bastille-Oper, das *Théâtre du Chatelet* und das *Théâtre des Champs-Elysées*, in denen Weltstars auftreten – aber gerade wenn man die Vielfalt der Konzerthäuser in Deutschland, Österreich und der Schweiz kennt, wirkt dies zuerst überraschend. Doch mit der *Cité de la Musique* besitzt die Stadt ein modernes Kulturzentrum für Konzerte, Vorträge und Symposien mit einem großen Instrumentenmuseum. In kleineren Privattheatern wird die beliebte Chansonmusik in der Tradition von Edith Piaf, Georges Brassens und Charles Aznavour weitergeführt und Sänger wie Patrick Bruel, Patricia Kaas, Carla Bruni und andere Sänger treten regelmäßig im ganzen Land auf. Auch die durch afrikanische und amerikanische Einflüsse geprägte französische Soul- und Rapmusik ist äußerst beliebt. Höhepunkt des klingenden Jahres ist der Tag des Sommeranfangs, der 21. Juni. Dann wird im ganzen Land die ausgelassene *Fête de la Musique* veranstaltet, zu der auf Plätzen, Gärten, Parks und Kirchen, in Schlössern und Ställen professionelle Musiker und Laienensembles zum Vergnügen der ganzen Nation bis in die Nacht musizieren.

Sport

Im Sport haben Deutsche und Franzosen eines gemeinsam: Sie lieben Fußball! *Le ballon rond* begeistert auch jenseits des Rheins Woche für Woche Millionen Zuschauer und hat sich vor allem seit dem Sieg der französischen Nationalmannschaft bei der Fußball-Weltmeisterschaft im Jahr 1998 als Band zwischen unterschiedlichen ethnischen Gruppen und sozialen Schichten herausgestellt. Bekannte Vereine wie *Olympique Marseille, PSG (Paris Saint-Germain), Stade Rennes* oder *Olympique Lyon* ziehen während der französischen Meisterschaft der *Ligue 1* viele Zuschauer in die Stadien und vor die Fernsehschirme. Abgesehen von diesen Medienereignissen gibt es viele aktive Hobbysportler in Vereinen. **Fast zehn Millionen Franzosen sind als Mitglied in einem Sportverein aktiv,** Fußball- und Tennisvereine haben die meisten Anhänger. Auch Judo, Boule, Reiten, Badminton und Golf sind sehr beliebt. Im Südwesten hat das Rugbyspiel einen ähnlich wichtigen Stellenwert wie in Großbritannien. Seit den Dopingskandalen ist der Radsport und die berühmte *Tour de France* etwas in Zwielicht geraten, aber nichtsdestotrotz lieben viele Franzosen das sportliche Radeln mit Freunden und Bekannten und an den Wochenenden sieht man viele kleine Gruppen auf technisch ausgefeilten Rädern über die Landstraßen des Landes sausen. Die Zahl der Fitnessclubs ist in den vergangenen Jahren durch die Expansion von Kettenunternehmen wie *Club Med Gym* gestiegen und das Angebot vor allem im urbanen Milieu beliebt, in dem von der wohlhabenden Schicht auch gerne die Dienste eines persönlichen Coaches in Anspruch genommen werden. Mit der zum Alltag gehörenden amerikanischen oder auch deutschen Fitnesskultur kann man diese Bewegung jedoch nicht vergleichen, da gerade viele Frauen eher auf gute Ernährung und die Segnungen der Kosmetika vertrauen als regelmäßig beim Sport zu schwitzen.

Medien

La télé, das Fernsehen, nimmt im Alltag der Franzosen einen wichtigen Platz ein. In den französischen Haushalten verbringen die Familienmitglieder im Durchschnitt 3,15 Stunden am Tag damit und sie haben über Kabel und Satellit die Auswahl aus bis zu 180 Fernsehsendern. Die Medienlandschaft ist wie in den meisten westlichen Ländern sowohl in privater als auch in staatlicher Hand. Frankreich besitzt vier staatliche Fernsehkanäle: *France 2, France 3, France 5* und den deutsch-französischen Sender *ARTE*. Der Sender *TV 5* strahlt französische und französischsprachige Fernsehprogramme anderer Länder weltweit aus. Die private Konkurrenz ist vor allem durch die großen Sender *TF1* und *M6* vertreten, erfolgreich ist auch der Pay-TV-Sender *Canal Plus* mit 6,4 Millionen Abonnenten im Inland und 6,7 Millionen Kunden im Ausland. Hinzu kommen viele kleinere Pay-TV-Kanäle über Kabel, Satellit und Internet. 40 Prozent der Haushalte sind an ein Kabel angeschlossen und 7,5 Prozent haben dort ein Abonnement. *Radio France* sendet unter anderem über die Sender *France Inter, France Culture, France Musiques, France Info, Radio Bleue,* hinzu kommen rund 50 Lokalstationen. France Info liefert rund um die Uhr aktuelle Nachrichten und Reportagen. Seit dem Jahr 1982, in dem die Liberalisierung des Medienmarktes geregelt wurde, sind viele Privatantennen entstanden wie der am meisten gehörte Sender *RTL, Radio Monte Carlo, Europe 1* und *Radio Nostalgie, NRJ, Chérie FM* und *Fun Radio*. Für das Ausland sendet *Radio France Internationale (RFI)*. Seit der Verbreitung des Internets spielt auch dieses Medium eine zunehmende Rolle im Alltag der Franzosen. 17 Millionen Menschen nutzen es im Büro, zu Hause oder in der Schule. Fast alle Unternehmen, Verwaltungen, Schulen und Vereine haben heute ihre eigenen Homepages – beliebt sind vor allem die Seiten der französischen Ämter, auf denen man sich wichtige Dokumente herunterladen kann.

Wer in einer französischen Stadt zum ersten Mal in einen gut sortierten Zeitungsladen tritt, kommt aus dem Staunen nicht mehr heraus, denn die **außerordentlich bunte Presselandschaft** bietet für jeden Leser die passende Lektüre. **Mit 1.354 verkauften Zeitschriften pro 1.000 Einwohner lesen die Franzosen weltweit die meisten Zeitschriften.** Es gibt gut aufgemachte Magazine für Angler, Antiquitätensammler, Computerfachleute oder Swinger, Zeitschriften für Alte Geschichte, Mode, Fotografie oder Dinosaurier. Sechs der 100 größten Zeitschriften haben sogar eine Auflage von mehr als einer Million! Beliebte Magazine sind *Paris Match, L'Express, Le Nouvel Observateur, Le Point, Marie Claire* und *Elle*, aber auch Filmzeitschriften wie die *Cahiers du Cinéma* oder Geschichts- und Politikhefte wie *L'Histoire, Esprit* und *Le Débat*. Auch Lokalzeitungen besitzen einen großen Verbreitungsgrad. Die auflagenstärkste Tageszeitung ist die Lokalzeitung *Ouest-France* (600.000). Die **wichtigen überregionalen Tageszeitungen** sind der konservative *Le Figaro*, der linksliberale *Le Monde*, die linke *Libération* und *France-Soir*. **Wichtige Wirtschaftstageszeitungen** sind *Les Echos* oder *La Tribune*, die Wirtschafts- und Managementzeitschriften *Capital, Challenges* oder *L'Expansion*. Hinzu kommt die äußerst beliebte und auflagenstarke Sportzeitung *L'Equipe* und der satirische *Canard enchaîné*, ein unverzichtbares Blatt, das in schöner Regelmäßigkeit politische Skandale aufdeckt. Wie in anderen Ländern auch ist im Zeitalter des zunehmenden Fernsehkonsums der Anteil der Zeitungen zurückgegangen. Lasen 1967 noch 60 Prozent der Franzosen eine Zeitung, so sind es heute nur noch 30 Prozent. Es gibt 10 überregionale und 65 regionale Titel. Die jährliche Gesamtauflage beträgt 2,3 Milliarden Exemplare. In den vergangenen fünf Jahrzehnten ist es auf Verlagsseite immer wieder zu Konzentrationsschüben gekommen. Große Konzerne wie Hersant (*Figaro* und *Figaro Magazine, Le Midi Libre, Les Dépêches* etc.), Filipacchi Hachette (*Elle, Paris Match, Ici Paris, Parents* etc.) besitzen Dutzende von gut gehenden Titeln und haben sich auch in anderen Medienbereichen finanziell engagiert.

Kino

Frankreich ist neben den USA und Indien eine der großen Kinonationen, die viele Produktionen hervorbringt und diese **Kunstform als wichtigen Teil ihrer Kultur** betrachtet. Französische Produktionen haben ein weites Spektrum an Themen und Stilen. Beispiele sind so unterschiedliche Filme wie »Der Liebhaber« nach dem Buch von Marguerite Duras, *»Les nuits fauves«* von Cyril Collard, der dramatische *»Cyrano de Bergerac«* und die poetische »Fabelhafte Welt der Amelie«. Seit im Jahr 1895 die Brüder Lumière in Lyon den Kinematografen erfanden, hat sich eine eigene Industrie mit berühmten Regisseuren wie Jacques Tati und Roger Vadim, Jean-Luc Godard, Claude Chabrol, François Truffaut, Alain Resnais, Agnès Varda und Eric Rohmer entwickelt. Schauspieler wie Simone Signoret, Coluche, Bouvil oder Louis de Funès prägten nach dem Zweiten Weltkrieg mehrere Generationen von Zuschauern. Alain Delon, Gérard Depardieu, Catherine Deneuve, Jean Reno, Philippe Noiret, Isabelle Adjani, Juliette Binoche und Jeanne Moreau sind auch in Hollywood gefragt, und Stars wie Fanny Ardant, Ludivine Saigner, Audrey Tatou und Pierre Arditi prägen heute den nationalen Geschmack. Hinzu kommt, dass man die meisten bekannten Schauspieler auch auf den Pariser Bühnen von Privattheatern sehen kann, da sie neben dem Film immer den direkten Kontakt mit dem Publikum suchen. Neben der kulturellen Dimension des Kinos ist die Filmbranche auch ein wichtiger Wirtschaftsfaktor: Frankreich steht bei den Investitionen in der Filmbranche weltweit auf dem zweiten Platz. Die Kinoszene ist nach wie vor sehr aktiv und **große Festivals sorgen für das Rayon-**

nement, die Attraktion der Filmindustrie: In **Cannes** werden seit 1946 jährlich die legendären Filmfestspiele ausgerichtet, in Deauville ein Filmfestival gefeiert und bei der jährlichen Verleihung der französischen Filmpreise, der *Césars*, werden seit 1975 die besten Kinofilme ausgezeichnet und Schauspieler, Regisseure, Drehbuchautoren und Dokumentarfilmer in einer prestigeträchtigen Zeremonie geehrt.

4. Wirtschaft

4.1 Wirtschaftssystem und -struktur

Viele Deutsche bewundern das französische *Savoir-vivre*, jedoch nicht die französische Wirtschaft. Zu Unrecht. Frankreich gehört seit Jahrhunderten zu den leistungsfähigsten Volkswirtschaften im internationalen Vergleich, das Land ist heute die **fünftgrößte Wirtschaftsmacht mit einem großen Industrie- und Dienstleistungssektor** und entwickelte innovative Produkte wie die Flugzeuge der Airbus-Familie (unter ihr den A 380), den Hochgeschwindigkeitszug TGV und das mittlerweile aus dem Verkehr genommene Überschallflugzeug Concorde. Dennoch existiert immer noch das deutsche Bild eines rückständigen ländlichen Frankreichs mit maroden Staatsbetrieben und streikenden Angestellten. Dies entspricht nicht der Realität! Dennoch spielt die französische Wirtschaft als *Exception française* in Europa immer noch eine Sonderrolle, denn **Staat, Unternehmer, Manager, Mitarbeiter, Gewerkschaften und Konsumenten gehen Herausforderungen des Marktes anders an als in Deutschland. Der französische Staat macht aktive Industrie- und Kulturpolitik** und die französische Wirtschaft ist durch viele Gegensätze und Extreme gekennzeichnet: das Gefälle von Paris und Provinz bestimmt die lokale Konzentration von Wirtschaftsbranchen; Groß- und Kleinunternehmen arbeiten auf sehr unterschiedliche Weise; Arbeitsplätze in Landwirtschaft und Hightech-Firmen existieren wie selbstverständlich nebeneinander. *Savoir-vivre* im Alltag und das ehrgeizige Streben nach Wettbewerbsfähigkeit schließen sich nicht aus.

Zentralismus

Frankreich ist ein seit Jahrhunderten zentralistisch organisiertes Land. Alle Verkehrswege führen strahlenförmig in die Hauptstadt Paris, und Franzosen aus der *Province* sagen *»Je monte à Paris«* (»Ich fahre nach Paris hoch«), gleich ob sie vom südlichen Marseille oder vom nördlichen Lille anreisen. Das Zentrum ist der Peripherie übergeordnet und beherrscht das Land. Dieses Merkmal trifft auch auf die französische Wirtschaft zu. **Paris mit der Region Île-de-France erwirtschaftet mit 430 Milliarden Euro fast ein Drittel des**

französischen Bruttosozialproduktes.[1] Die wirtschaftsstärksten Regionen *Rhône-Alpes* (Lyon und Grenoble) und *Provence-Alpes-Côte-d'Azur* (Marseille und Nizza) erwirtschaften hingegen nur je 9 beziehungsweise 7 Prozent. Auch die wichtigsten Bildungsinstitutionen und Forschungszentren, Medienkonzerne und die höchsten politischen Ebenen befinden sich im Großraum Paris – wie die meisten französischen Großunternehmen. Insgesamt sind 688.000 Unternehmen hier angesiedelt, mehr als doppelt so viele wie in der zweitwichtigsten Technologieregion *Rhône-Alpes*. Nichts deutet darauf hin, das sich die regionale Ungleichheit in Frankreich mittelfristig ändern wird, denn der französische Zentralismus hat sich über Jahrhunderte hinweg bewährt, um dieses Land erfolgreich zu regieren.

Einfluss des Staates

Ein nach wie vor wichtiges Merkmal der französischen Wirtschaft ist, dass **das Ökonomische sich dem Politischen unterzuordnen hat und dennoch das marktwirtschaftliche System unumstritten ist.** Der Zentralstaat beeinflusst die Wirtschaft gleichzeitig als Unternehmer, Regelersteller, Geldgeber und Kontrolleur. Dieses Konzept hat eine lange Tradition: Die staatliche Wirtschaftslenkung wurde von Jean-Baptiste Colbert (1619–1683) unter Ludwig XIV. eingeführt. Der »Colbertismus« steht für einen Staat, der sich aktiv am Wirtschaftsgeschehen beteiligt, um die Wirtschaftskraft und damit die politische Macht des Landes zu stärken und zu erhalten. Frankreichs Wirtschaft zeichnete sich seit dem 17. Jahrhundert durch enge Beziehungen zwischen Staat und privatwirtschaftlichen Unternehmen aus. Das Streben des Landes nach Unabhängigkeit zeigte sich auch nach dem Zweiten Weltkrieg in der **Schaffung von staatlichen Großkonzernen unter Präsident de Gaulle:** in der Energieversorgung, Luft-, Raumfahrt- und Automobilindustrie, in der Militärtechnik, Landwirtschaft, Konsumgüterproduktion und auf dem Bausektor. In den vergangenen zehn Jahren war das Land zunehmend gezwungen, sich durch die europäischen Liberalisierungsvorschriften der Märkte der Privatwirtschaft zu öffnen, wie im Bereich der Telekommunikation oder des

[1] Falls nicht anders angegeben, stammen alle Zahlen vom staatlichen französischen Statistikamt INSEE.

Energiesektors. Der Staat betreibt eine bewusste »Raumordnungspolitik« durch die Behörde *DATAR (Délégation à l'Aménagement du Territoire et à l'Action Régionale)* für die wirtschaftliche Entwicklung der Regionen. Ebenso nutzt er zur Modernisierung der Wirtschaft die *Planification*, die Wirtschaftsplanung, die der Regierung vor allem strategische Entscheidungshilfen gibt. Sie ist auch Ort des – in Frankreich oft schwierigen – sozialen Dialogs zwischen Unternehmen und Arbeitnehmern.

Der französische Staat hat eine starke soziale regulierende und schützende Funktion. Sein Ziel ist es, gerade in Zeiten, in denen *Shareholder-Value* für Anleger wichtig ist, eventuelle Arbeitslosigkeit und soziale Ungerechtigkeit als Folgen eines straffen Managements abzumildern. Die Vertreter der französischen Politik versuchen, einen Mittelweg zwischen kapitalistischem Liberalismus und sozialer Verantwortung zu gehen – so wie es der ehemalige sozialistische Premierminister Lionel Jospin 1999 zum Ausdruck brachte: »Der Markt ist ein Instrument, das wirksam und wichtig ist, aber nicht mehr als ein Instrument.« Auf dieser Haltung basiert auch der *Patriotisme économique*, der »wirtschaftliche Patriotismus«, der sich gegen den Kauf französischer Unternehmen durch ausländisches Kapital stellt. Dies war etwa der Fall im Jahr 2005, als Pepsi-Cola Interesse am Nahrungsmittelhersteller Danone zeigte. Auch bei der Besetzung von Führungspositionen des europäischen Luftfahrtkonzerns EADS kommt es regelmäßig zu Interventionen durch französische Politiker. Ausdruck des *Patriotisme économique* ist weiterhin, dass der französische Staat mehr Beamte als jedes andere europäische Land beschäftigt: **Mehr als 20 Prozent aller Beschäftigten sind Staatsdiener!**

Auch wenn der Staat sich immer stärker aus den Unternehmen und damit aus der Wirtschaft zurückzieht, greift er heute noch als Regulator ins Wirtschaftsgeschehen ein. Entweder gesetzgeberisch wie durch die Einführung der 35-Stunden-Woche oder industriepolitisch durch die Schaffung von regionalen Innovations- und Wirtschaftszentren, den *Pôles de compétitivé*. Der französische Staat reglementiert auch die Kundentarife für Strom und Gasversorgung, weil die Unternehmen EDF und GDF einen Vertrag zur Grundversorgung mit Energie abgeschlossen haben. Dahinter steckt auch die Befürchtung, dass die Marktenergiepreise nach einer Liberalisierung höher sind als die regulierten Preise, wie es in Deutschland der Fall ist.

Erstaunlich für deutsche Beobachter ist auch, dass der damalige Wirtschaftsminister Nicolas Sarkozy im Jahr 2005 die Vorstände der großen Einzelhandelskonzerne Auchan, Carrefour, Casino, Leclerc, Intermarché zu sich rief und sie im Interesse der Bevölkerung aufforderte, die Preise für Markenprodukte zu senken – was dann tatsächlich geschah. Bezeichnend ist ebenso, dass das französische Wirtschaftsministerium, nach seinem Sitz im östlichen Pariser Stadtviertel *Bercy* benannt, das einzige in Europa ist, das mit extrem vielen verschiedenen Kompetenzen ausgestattet ist, nämlich mit der Wirtschafts-, der Finanz-, der Steuer- und der Industriepolitik. Dort hat auch die Agentur für Staatsbetriebe ihren Sitz, die Unternehmensbeteiligungen verwaltet, also Unternehmen direkt oder indirekt kontrolliert. Wie sehr der französische Staat sich mittlerweile aus der Wirtschaft zurückzieht, wird an diesen Unternehmensbeteiligungen deutlich: Im Jahr 1985 kontrollierte er noch über 3.000 Unternehmen mit über 2,3 Millionen Beschäftigten; Ende des Jahres 2005 waren es nur noch etwas über 1.000 Unternehmen. Unternehmensprivatisierungen, wie im Fall des Stromgiganten EDF, führen jedoch regelmäßig zu Demonstrationen und Streiks.

Jahr	Anzahl Unternehmen	Beschäftigte in 1.000
1985	3.275	2.354
1995	2.691	1.455
2005	1.143	864

Unternehmen im Staatsbesitz

Wirtschaftssektoren

Nicht umsonst hat die Welt ein Bild von Frankreich als Land, in dem Wein und Cognac fließen, Artischocken und Trüffel auf das Schönste gedeihen und die prachtvollsten Hühner der Welt gezüchtet werden. Denn tatsächlich war Frankreich lange ein ausgesprochenes Agrarland. Bis zum Zweiten Weltkrieg arbeitete ein Drittel der französischen Beschäftigten in der Landwirtschaft, ebenso viele wie in Industrie und Dienstleistung. Diese Gleichverteilung wandelte sich in den letzten Jahrzehnten zugunsten des Dienstleistungssektors, während der Anteil des Industriesektors gleich blieb und die Aktivitäten in der Landwirtschaft stark abnahmen.

Landwirtschaft

Die Landwirtschaft mit ihren verschiedenen Sektoren hat eine tief verwurzelte Tradition im *Hexagon* und spielt bis heute politisch und in der Selbstwahrnehmung der Bürger eine wichtige Rolle. **Frankreich ist nach den USA der größte Exporteur von landwirtschaftlichen Produkten und Nahrungsmitteln** und nimmt in der EU eine führende Rolle ein: 20 Prozent der gesamten landwirtschaftlichen Wertschöpfung kommen aus Frankreich (Deutschland: 7 Prozent). Der Rückgang der Landwirtschaft ist allerdings deutlich sichtbar: 1946 war es der Wirtschaftssektor, in dem die meisten Franzosen beschäftigt waren: 7,5 Millionen Menschen, was 36 Prozent der Erwerbstätigen entsprach. **Heute arbeitet nur noch etwa eine Million Franzosen (4 Prozent der Erwerbstätigen)** in 700.000 Betrieben **in der Landwirtschaft.** Zu den bedeutenden Agrarprodukten gehören Getreide, Ölsaaten, Gemüse, Obst, Fleisch sowie Milchprodukte und Wein. Die Weinbranche mit ihren traditionellen Anbaugebieten wie Burgund, Bordeaux, Beaujolais, Elsass oder dem Loire-Tal erwirtschaftet einen jährlichen Umsatz von 11 Milliarden Euro. Mit 20 Prozent der jährlichen Weltweinernte ist Frankreichs Europas größter Weinerzeuger. Einen besonderen Platz nimmt auch die Käseproduktion ein – legendär ist die Aussage des Staatspräsidenten de Gaulle geworden, wie man denn ein Land regieren solle, in dem es über 400 Käsesorten gibt? So viele gibt es nach wie vor und sie verkaufen sich bestens auch ins Ausland, selbst wenn die Amerikaner einen großen Respekt vor ungewohnten Rohmilchkäsen haben und diese dort nur beschränkt eingeführt werden dürfen. Der größte Käseproduzent der Welt ist das französische Unternehmen Bongrain.

Industrie

Frankreich industrialisierte sich im internationalen Vergleich erst relativ spät. Nach wie vor ist der Wertschöpfungsanteil der Industrie relativ gering im Vergleich zu Deutschland, Großbritannien oder Italien. Trotzdem hat **Frankreich nach den USA, Japan, China und Deutschland die fünftgrößte Industrieproduktion der Welt.** Etwa 3,8 Millionen Franzosen arbeiten in der Industrie, was 16 Prozent der Erwerbstätigen entspricht. Die meisten Arbeitsplätze sind in den Dienstleistungssektor abgewandert. Große umsatzstarke Unternehmen finden sich in der Luft- und Raumfahrt- sowie der Rüstungsindustrie wie Lagardère, Dassault, SNECMA und der europäische Konzern EADS. Der große Schienenfahrzeugbauer Alstom produziert den schnellsten Hochgeschwindigkeitszug der Welt: den TGV. Auch in der Chemie und Pharmazie gibt es wettbewerbsfähige Global Players wie Total, Rhodia und Sanofi-Aventis. Die Automobilindustrie mit Renault und Peugeot-Citroën ist ein ebenso wichtiges Standbein des Industriesektors wie die Luxusgüterindustrie mit den großen Gruppen LVMH und PPR. Die Mode- und Parfumindustrie ist mit einem jährlichen Umsatz von fast 30 Milliarden Euro an der Wertschöpfung beteiligt. Schwächen zeigt die französische Industrie im traditionellen Konsumgüterbereich (Leder, Textil, Möbel, Haushalts- und Elektrowaren), aber auch bei Investitionsgütern des Maschinen- und Werkzeugmaschinenbaus.

Dienstleistung

Wie in vielen Ländern beschäftigt der Dienstleistungssektor in Frankreich die meisten Menschen: etwa 18 Millionen – was 73 Prozent der Erwerbstätigen entspricht. Während Landwirtschaft und Industrie immer mehr schrumpfen, entstehen im Dienstleistungssektor seit den 1970er Jahren viele Arbeitsplätze: Frankreich ist nach den USA der zweitgrößte Exporteur von Dienstleistungen. Im Land haben viele international arbeitende Großbanken ihren Sitz, wie der Crédit Agricole, BNP-Paribas oder die Société Générale. Auch der französische Einzelhandel mit seinen *Hypermarchés* (Supermärkte mit über 2.500 Quadratmetern Verkaufsfläche) haben einen großen Anteil am Dienstleistungssektor: Auchan, Carrefour, Casino, Leclerc und Intermarché haben einen Umsatzanteil von über 50 Prozent am Einzelhandel. Auch der Tourismus ist mit 66 Milliarden Euro Umsatz ein wichtiger Wirtschaftsfaktor, der in den letzten Jahren um jährlich 5 Prozent gewachsen ist. **Frankreich ist seit Jahrzehnten weltweit Urlaubsland Nummer eins** und empfing im Jahre 2005 75 Millionen Touristen.

Frankreich nimmt im Bereich Forschung und Innovation einen erstklassigen Platz ein: 33,4 Milliarden Euro wurden 2006 in die Forschung investiert, was 2,3 Prozent des Bruttoinlandprodukts entspricht. Das Land rangiert hinsichtlich der Anzahl wissenschaftlicher Veröffentlichungen an fünfter Stelle hinter den USA, Japan, Großbritannien und Deutschland. Im Jahr 2003 waren 193.000 Forscher tätig (Deutschland 265.000), dabei wurden die meisten Forschungsgelder in die Automobilindustrie, in die Pharmaindustrie und in die Luft- und Raumfahrtindustrie investiert. Seit 2005 unterstützt der Staat die Bildung und Kooperation von Forschungseinrichtungen, Universitäten und Unternehmen mit der Schaffung von rund 66 regionalen Kompetenzzentren, *Pôles de compétitivité*.

4.2 Wirtschaftliche Entwicklung

In wenigen Jahrzehnten hat sich Frankreich zur fünftgrößten Wirtschaftsmacht der Welt entwickelt. Insbesondere nach dem Zweiten Weltkrieg hat Frankreich – parallel zum »deutschen Wirtschaftswunder« – eine von 1945 bis 1973 dauernde Zeit des wirtschaftlichen Aufschwungs erfahren, die auch die »Dreißig Glorreichen«, »*Trente glorieuses*«, genannt werden. **In dieser Zeit entwickelte sich das stark ländlich geprägte Frankreich zu einer Wirtschaftsnation mit Industrie- und Hightech-Unternehmen.** Nach den krisenreichen 1980er und 1990er Jahren stand die französische Wirtschaft zu Beginn des neuen Jahrtausends mit wettbewerbsfähigen Unternehmen international sogar als Musterschüler dar. Von 1995 bis 2005 wuchs Frankreichs Wirtschaft schneller und hatte eine niedrigere Inflationsrate als die deutsche. Die Inflation wurde zu Beginn der 1980er Jahre unter Staatspräsident François Mitterrand mit einer Politik des »*Franc fort*«, des harten Francs, bekämpft und betrug im Jahr 2006 nur 1,8 Prozent. Das französische Bruttoinlandsprodukt erreichte im Jahr 2006 450 Milliarden Euro und ist von 1997 bis 2007 um 45 Prozent gestiegen (Deutschland: 590 Milliarden, 20 Prozent Steigerung). Das Bruttoinlandsprodukt pro Einwohner der Pariser Region wuchs von 1990 bis 2002 um 42 Prozent und erreichte 2006 38.739 Euro. **Damit ist die Pariser Region laut dem europäischen Statistikamt *Eurostat* die produktivste und reichste in Europa, vor der Lombardei und London.** Allerdings war Frankreich vor 25 Jahren Nummer sieben beim weltweiten Pro-Kopf-Einkommen, heute steht es nur noch auf Rang 17.

	2002	2003	2004	2006
Frankreich	1,2	0,8	2,3	2,0
Deutsch-land	0,2	0,0	1,0	2,7

Wirtschaftswachstum (Bruttoinlandsprodukt) in Prozent

Seit 2005 jedoch hat die französische Wirtschaft, die weniger als Deutschland vom Export abhängig ist, wieder mit strukturellen Problemen zu kämpfen und ist hinter die Wirtschaftsleistung von Deutschland zurückgefallen. Gründe hierfür sind unter anderem die nicht umgesetzten wirtschaftspolitischen Reformen, die für mehr Flexibilität der Wirtschaft und des Arbeitsmarktes sorgen sollten.

Erwerbstätigkeit und Arbeitslosigkeit

Im Jahr 2005 hatten 25 Millionen – 63 Prozent der erwerbsfähigen Franzosen – einen Arbeitsplatz. Das entspricht in etwa der Situation in Deutschland. **Auffallend im Vergleich zu Deutschland ist die hohe Frauenerwerbsquote, die einhergeht mit einem hohen Bildungsgrad von weiblichen Studierenden und einer leistungsfähigen staatlichen Infrastruktur zur Kindererziehung und -betreuung.** Frankreich weist jedoch seit der Öl- und Wirtschaftskrise 1973 eine hohe strukturelle Arbeitslosigkeit auf, die als *Fléau*, als Seuche, bezeichnet wird. Bereits 1981 gab es 1,8 Millionen französische *Chômeurs*, Arbeitslose; im Jahre 1991 sogar 2,7 Millionen. Im Juni 2000 sank die Arbeitslosigkeit zum ersten Mal seit 1991 unter 10 Prozent. Im Jahre 2007 waren zwei Millionen Franzosen arbeitslos gemeldet, die Arbeitslosenquote von 8,2 Prozent war damit die höchste der Länder der Eurozone. Besonders betroffen von Arbeitslosigkeit sind Unqualifizierte, Jugendliche und Frauen. Bei Jugendlichen im Alter von 15 bis 24 Jahren ist jeder vierte ohne Arbeit (in Deutschland: 15 Prozent). Oft handelt es sich um unqualifizierte Franzosen maghrebinischer Herkunft der *Banlieues*, der Vorstädte, die ihre Hilflosigkeit und Verbitterung in Gewaltakten ausdrücken. **Ein Grund für die hohe Jugendarbeitslosigkeit liegt in der im Verhältnis zu Deutschland schwach ausgeprägten dualen Berufsbildung,** die zudem ein schlechtes Ansehen hat. Verschiedene Politiker haben in den letzten Jahrzehnten vergeblich versucht, die duale Berufsausbildung nach deutschem Muster in Frankreich einzuführen (siehe Kapitel 3).

	Arbeits-losenzahl	Arbeitslosenquote in Prozent		
	In Tausend	Gesamt	Männer	Frauen
Frankreich	2.499,2	9,0	8,2	10,0
Deutschland	3.431,8	8,4	7,7	9,2
Europäische Union (25 Staaten)	17.291,9	7,9	7,0	8,9

Arbeitslosigkeit im Jahr 2006 (Quelle: Eurostat)

Der internationale Konkurrenzdruck führte und führt immer noch zu Rationalisierungsmaßnahmen in Unternehmen, der Verlagerung der Produktion nach Osteuropa und Asien und damit zu Sozialplänen und Entlassungen in Frankreich. Seit Jahrzehnten kämpfen die Regierungen mit einer aktiven Beschäftigungspolitik, strengem Kündigungsschutz oder staatlich finanzierten Wiedereingliederungsmaßnahmen gegen die Arbeitslosigkeit an. Hierzu gehörte auch die Einführung der umstrittenen 35-Stunden-Woche im Jahr 2000 unter Lionel Jospin.

Einkommen und Mindestlohn

Im Jahr 2004 lag das durchschnittliche Monatsgehalt eines Angestellten in privaten Unternehmen bei 2.440 Euro brutto und 1.849 Euro netto. Bei den französischen Nettojahresgehältern muss berücksichtigt werden, dass sich zum einen der französische Nettolohn aus dem Bruttolohn minus den Sozialabgaben zusammensetzt, die Einkommensteuer also keine Quellensteuer ist, die direkt vom Arbeitgeber abgeführt wird, sondern vom Steuerzahler selbst. Französisches Nettogehalt, *Salaire net*, entspricht deshalb nicht dem deutschen Nettogehalt, sondern ist um den Einkommensteuerabzug höher. Staatspräsident Nicolas Sarkozy möchte diese Steuerpraxis jedoch ändern und der der anderen Länder angleichen. Zum anderen zahlen nur wenige Arbeitnehmer tatsächlich Einkommensteuer.

Führungskräfte	43.653
Freiberufliche	22.504

Angestellte	15.576
Arbeiter	16.337
Durchschnitt	22.193

Monatliche Nettojahresgehälter in Euro (2004)

Seit den 1980er Jahren wird das Aufkommen einer neuen Armut, *Nouvelle pauvreté*, festgestellt. 2001 lebten in Frankreich etwa 4,2 Millionen Personen unterhalb der Armutsgrenze, was 7 Prozent der Bevölkerung entsprach. Aus diesem Grund führte Frankreich, wie viele europäische Länder, einen Mindestlohn ein, den *SMIC (Salaire Minimum Interprofessionel de Croissance)*, der 2007 1.280 Euro im Monat betrug (8,44 Euro pro Stunde). Etwa zwei Millionen Franzosen erhalten den SMIC, dessen Höhe branchenübergreifend gesetzlich geregelt ist und jährlich am 1. Juli der Inflation angepasst wird.

Der prozentuale Arbeitgeberanteil bei den Sozialabgaben ist höher als in Deutschland. Im Durchschnitt liegen die Ausgaben für ein französisches Unternehmen bei 2.000 Euro, damit ein Arbeitnehmer (vor Steuer) 1.200 Euro erhält, für ein deutsches Unternehmen bei etwa 1.800 Euro. Die Lohnnebenkosten sind also höher als in Deutschland und bestehen aus Arbeitslosen-, Renten-, Kranken-, Pflegeversicherung und einer Vielzahl von Beiträgen an Versicherungen und Kassen, wie einer Hinterbliebenenrente.

Die Einkommensverteilung weist eine größere Ungleichheit zwischen oberen und unteren Lohngruppen und eine höhere Lohnhierarchie auf als in Deutschland. Dies hat mit starken Qualifikationsunterschieden der Mitarbeiter und einer ausgeprägten Unternehmenshierarchie zu tun. Das Gehalt der Führungskräfte, *Cadres*, wird häufig von der Geschäftsleitung festgesetzt und ist nach oben sehr flexibel; das Gehalt der Angestellten und Arbeiter, der *Non-Cadres*, richtet sich nach den Gehaltsvereinbarungen der Tarifparteien.

4.3 Wichtige Branchen und bedeutende Unternehmen

Die französische Wirtschaftsstruktur weist eine ausgeprägte Zweiteilung auf: Zum einen gibt es einige große, moderne

Konzerne, die weltweit erfolgreich sind, zum anderen viele kleine, regional arbeitende und traditionelle Klein- und Mittelbetriebe mit wenigen Beschäftigten, meist im Familienbesitz. **Einen wirtschaftlich bedeutenden, hoch spezialisierten Mittelstand mit internationalen Aktivitäten wie in Deutschland gibt es in Frankreich nicht.** Mittelgroße französische Unternehmen sind meist Lieferanten von Großunternehmen oder sogar deren Tochtergesellschaften. Etwa 80 Großunternehmen mit jeweils mehr als 10.000 Angestellten gestalten maßgeblich die Arbeitsbedingungen und die französische Wirtschaft, weil sie den größten Umsatz machen und die meisten Arbeitnehmer beschäftigen.

Frankreich verfügt über eine bedeutende Anzahl international erfolgreich agierender *Global Player*. Viele von ihnen gehören zu den 100 größten Unternehmen der Welt. Bei den umsatzstärksten Unternehmen nimmt der Dienstleistungssektor eine bedeutende Rolle ein. Dazu gehören die großen Einzelhandelsunternehmen, die *Grande Distribution*, und andere Dienstleistungsunternehmen wie der Energieversorger EDF oder das Wasser-, Energieversorgungs- und Abfallentsorgungsunternehmen Suez. Unternehmen wie Bouygues und Louis Dreyfus sind Konglomerate aus Dienstleistung und Industrie.

	Anzahl	**Beschäftigte in Tausend**	**Umsatz in Milliarden Euro**
Kleinunternehmen: 1 bis 499 Angestellte	32.668	2.105	528
Kleine Mittlere Unternehmen: 500 bis 1.999 Angestellte	1.316	1.194	309
Große Mittlere Unternehmen: 2.000 bis 9.999 Angestellte	399	1.477	468
Großunternehmen: über 10.000 Beschäftigte	84	3.051	969
Gesamt	34.467	7.827	2.274

Französische Unternehmen nach Größe geordnet (2005)

Auch die **Automobilindustrie** trägt erheblich zur Wertschöpfung bei und nimmt insofern – wie in Deutschland – eine herausragende Position ein. Frankreichs Autohersteller, PSA (Peugeot und Citroën) und Renault-Nissan, die vor wenigen Jahren noch als Übernahmekandidaten gehandelt wurden, sind heute erfolgreich, insbesondere mit Modellen der Kleinwagen- und Mittelklasse. Die Unternehmensberatung McKinsey fand heraus, dass die französischen Automobilbauer von 1996 bis 1999 ein Produktivitätswachstum von 14,7 Prozent verzeichneten, die deutschen jedoch nur von 1,5 Prozent. Frankreich exportierte im Jahr 2004 mehr Autos als Deutschland.

Besonders erfolgreich – und das selbst in Krisenjahren – ist die französische **Luxusgüterindustrie**: Unternehmen wie Cartier, Chanel, Hermès, LVMH, PPR sind Weltmarktführer und Marken wie Dior, Guerlain, Christian Lacroix und Yves Saint-Laurent bringen Konsumenten aus der ganzen Welt zum Träumen, die gerne bereit sind, die berühmten Produkte mit hohen Gewinnspannen zu bezahlen. Ein Großteil des weltweiten Umsatzes der Luxusgüterindustrie wird von 68 französischen Unternehmen erwirtschaftet. Mit einem Jahresumsatz von fast 14 Milliarden Euro und einem Gewinn von 2,7 Milliarden Euro im Jahre 2006 ist LVMH der größte Luxushersteller der Welt. Der Unternehmensname setzt sich aus den Produktanfangsbuchstaben der Firmen zusammen: aus den Namen des Taschenherstellers Louis Vuitton, des Champagnerhauses Moët und der Cognacbrennerei Hennessy. Heute gehören unter anderem auch die Modemarken Bottega Veneta, Celine, Loewe, Kenzo, Marc Jacobs, Pucci und Fendi zum Reich des Unternehmers Bernard Arnault – sowie die Uhren von TAG Heuer, der Schmuckhersteller Chaumet und zahlreiche Weinhäuser.

Rang	Unternehmen	Sektor	Umsatz in Millionen Euro	Nettogewinn in Millionen Euro	Beschäftigte
1	Total	Energie (Erdöl)	132.689	11.768	95.070
2	Carrefour	Handel	77.901	2.269	456.295
3	EDF	Energie	58.932	5.605	155.968
4	PSA Peugeot Citroën	Automobil	56.594	176	211.800
5	France Télécom	Telekommunikation	51.702	4.139	191.036
6	Suez	Energieversorgung	44.289	3.606	138.678
7	Saint Gobain	Baustoffe	41.596	1.637	206.940
8	Renault	Automobil	41.528	2.869	128.893
9	EADS	Flugzeugbau	39.434	99	116.805
10	Auchan	Handel	34.990	746	174.644
11	ITM-Intermarché	Handel	31.550	n.v.	112.000
12	Leclerc	Handel	29.375	n.v.	85.000
13	Veolia Environnement	Wasserversorger	28.620	759	260.088
14	Sanofi-Aventis	Pharma	28.373	4.006	100.289
15	Gaz de France	Versorger	27.642	2.298	50.244
16	Bouygues	Mischkonzern	26.408	1.246	122.561
17	Vinci	Bau	25.634	1.270	138.524
18	Rallye	Handel	23.281	147	136.931
19	Air France-KLM	Verkehr	23.077	891	103.050
20	SNCF	Verkehr	21.874	652	162.600

Die 20 größten Unternehmen in Frankreich 2006 (Quelle: Handelsblatt, 03.07.2007)

Strategie und Unternehmensführung

Französische Großunternehmen verfolgen häufig eine Strategie externen Wachstums und der Diversifizierung: Der Erfolg der Industriekonglomerate wie des unter Ludwig XIV. gegründeten Saint-Gobain-Konzerns (Baustoffe und Glas), aber auch von Bouygues (Bau- und Medien), Lagardère (Luft- und Raumfahrt) oder Suez (Wasseraufbereitung, Abfallentsorgung, Energieerzeugung) zeigen, wie erfolgreiche Unternehmensdiversifizierung funktionieren kann. Nicht die einseitige Beschränkung auf wenige Geschäftsbereiche oder ein Kerngeschäft bringt hier den Erfolg, sondern die **kontrollierte Vielfalt geschäftlicher Aktivitäten**. Solange Geschäftsbereiche rentabel sind, werden sie unter dem Dach französischer Konzerne gehalten. Insbesondere die Strategien der französischen Konzernlenker erstaunen ausländische Beobachter immer wieder aufs Neue. Unerwartet landen französische Unternehmen Überraschungscoups mit innovativen Produkten und flexiblen Dienstleistungen, einfallsreicher Verhandlungstaktik, knapper Preiskalkulation, durchdachter und effizienter Vertriebsorganisationen, internationaler Präsenz und schnell eingefädelten Unternehmenskäufen, wie etwa bei der feindlichen Übernahme von Aventis durch Sanofi.

Französische Unternehmensstrategien lassen sich durch die Besonderheit der *Corporate Governance* verstehen: Der französische PDG verfügt über einen größeren Handlungsspielraum als sein deutscher Konterpart. **In den meisten Fällen hat der PDG zugleich den Vorsitz – und damit das letzte Wort – im Verwaltungsrat,** dem einzigen Kontrollorgan des Unternehmens. Die kaum vorhandene Kontrollfunktion ermöglicht es dem PDG, großen Einfluss zu entfalten und relativ schnell zu agieren, ohne andere Manager oder Ratsmitglieder zu konsultieren. **»Macht« ist in Frankreich neutral, eher positiv besetzt. Sie ist ein Zeichen für Freiheit. Die französische Machtausübung ist selbstverständlicher und in das Alltagsleben integrierter als in Deutschland.** Der in Frankreich weniger tabuisierte Umgang mit Macht hat – auch hier im Gegensatz zu Deutschland – historische Gründe und ist eine Fortsetzung des monarchischen oder demokratischen Zentralismus.

Managerkarrieren und Grandes Ecoles

Das französische Hochschulsystem weist einen **Dualismus** von Bildungsinstitutionen und Ausbildungswegen auf: Dem egalitären System der Universitäten, das jedem Abiturienten die Aufnahme eines Studiums ermöglicht, steht das elitäre System der Grandes Ecoles gegenüber. Es handelt sich um angesehene öffentliche oder private Hochschulen, die der Ausbildung der nationalen Elite dienen. Die Grandes Ecoles, die ihre Kandidaten erst nach einem strengen Zulassungswettbewerb, dem *Concours*, aufnehmen, sind hinsichtlich ihrer gesellschaftlichen Hierarchie und ihres sozialen Prestiges den Universitäten übergeordnet und international den amerikanischen *Ivy-League*-Hochschulen vergleichbar. Sie stellen ein **einzigartiges System von Bildungsinstitutionen und Beziehungen** dar, das in keinem anderen Land der Welt in diesem Maße anzutreffen ist, und tragen maßgeblich **zur Netzwerkbildung zwischen Staat und Unternehmen** bei. Zu den bekannten öffentlich-rechtlichen Grandes Ecoles, die den jeweiligen Ministerien unterstehen, zählen die *Ecole Normale Supérieure* (*ENS*, gegr. 1794) für die Ausbildung hochrangiger Lehrberufe, die *Ecole Nationale d'Administration* (*ENA*, 1945), die die politische und wirtschaftliche Elite der Nation formt, die *Ecole Polytechnique* (*X*, 1794), die Prestige-Ingenieurschule, und das *Institut d'Etudes Politiques (Sciences Po*, 1871). Den Studierenden wird vor allem generalistisches Wissen vermittelt, das sie befähigt, strategisch und in großen Zusammenhängen zu denken. **Nicht das Detail oder eine Struktur, sondern vielmehr Prozesse, Beziehungen und ihre Wirkungen stehen im Vordergrund**. Spezialistentum kann dazu führen, sich im Detail zu verlieren, Generalistentum dagegen hilft, den Überblick zu behalten. Private Grandes Ecoles, die den Industrie- und Handelskammern unterstehen, sind in der Regel Ingenieurhochschulen oder Wirtschaftshochschulen, wie die *Ecole des Hautes Etudes Commerciales* (*HEC*, 1881). Insbesondere die letztgenannten Bildungsinstitutionen stehen untereinander in starkem Konkurrenzkampf und müssen sich regelmäßig veröffentlichten Rankings stellen, die von Studierenden und Personalmanagern sehr beachtetet werden. Den großen Einfluss bestimmter Grandes Ecoles hat eine Studie in den 1990er Jahren bestätigt: **Über 70 Prozent der französischen Unternehmensleiter der 200 größten**

französischen Unternehmen sind Absolventen einer Grande Ecole.

Ecole Polytechnique (Ingenieur)	**27%**
Ecole Nationale d'Administration (Verwaltung)	**19%**
Andere *Grandes Ecoles*	**19%**
Autodidakten	**16%**
Universitäten	**12%**
Ecole des Hautes Etudes Commerciales (BWL)	**7%**

Herkunft der Vorstandsvorsitzenden der 200 größten französischen Unternehmen

Karrierewege verlaufen in Deutschland und Frankreich sehr unterschiedlich. Während in Frankreich nur 27 Prozent der Unternehmensleiter intern Karriere gemacht haben, sind es in Deutschland 46 Prozent. **Französische Manager wechseln aufgrund ihrer generalistischen Ausbildung und ihrer Netzwerke häufiger Unternehmen, Branchen und sogar Funktionen** als deutsche, die häufig eine »Kaminlaufbahn«, also eine Karriere in derselben Funktion, durchlaufen. So wird der deutsche Manager auch als »Bergsteiger« bezeichnet, der französische Manager als »Fallschirmspringer«. Für einen ausländischen Manager ist der Weg an die französische Unternehmensspitze eine Seltenheit. **Sprachliches und kulturelles Wissen sind hier wichtiger als Fachkenntnisse und Kompetenz.** Rühmliche Ausnahmen sind Deutsche, die sich gut in die französische Kultur und ihre Netzwerke integriert haben, wie der Modeschöpfer Karl Lagerfeld oder Axel Ganz, Leiter von Prisma Press in Frankreich und Vorstandsmitglied von Gruner + Jahr.

Unternehmenshierarchien und Cadres

Strukturen und Prozesse in französischen Unternehmen unterscheiden sich wesentlich von deutschen. Während sich die Unternehmensorganisation in Deutschland hauptsächlich mit der Verteilung von Funktionen, Aufgaben und Verantwortlichkeiten befasst, stehen **in Frankreich Beziehungen, Hierarchien und Machtfragen im Vordergrund.** Französische Großunternehmen werden auch als **»menschliche Pyramide«** bezeichnet, also als ein hierarchisches Gebilde, in dem zwischenmenschliche Beziehungen sich entwickeln und reguliert werden müssen und die Beziehungen zwischen Vorgesetzten und Mitarbeitern bestimmen, während man in Deutschland die Organisation als »gut geölte Maschine« ansieht. Die Prioritäten bei der Diskussion zwischen deutschen und französischen Managern können demnach nicht die gleichen sein: Die einen möchten zuerst den Prozess und die Aufgaben gemeinsam gestalten, die anderen möchten primär die Macht- und Hierarchiebeziehungen beziehungsweise die Frage der zentralen Strategie- und Entscheidungsbefugnisse klären.

Auch die soziokulturelle Kategorie der **Cadres** trägt zu einer starken »Vertikalisierung« der französischen Arbeitsbeziehungen und Unternehmenshierarchien bei. Eine einheitliche Definition von Cadres, die sich sowohl im öffentlichen Dienst wie in der Privatwirtschaft finden, gibt es nicht. Je nach politisch-ideologischer Gesinnung werden sie mal der oberen Mittelschicht zugeordnet, die den Kapitaleignern nahesteht, mal gehören sie zu der Elite der Werktätigen oder sind technokratische Experten. Es werden *Cadre dirigeant* oder *Cadre supérieur* (leitende Angestellte), *Cadre moyen* (mittlere Angestellte) und *Cadre* unterschieden. Es sind oft leitende Angestellte, die einen bestimmten Ausbildungsweg (Hochschule) beschritten und einen Status haben, der ihnen bestimmte Rechte und Privilegien, aber auch Verantwortlichkeiten und Pflichten gibt. Durch diese unterscheiden sie sich von den *Employées*, Angestellten, und *Ouvriers*, Arbeitern.

Les Réseaux – Netzwerke der Macht

»Les réseaux, c'est ce qu'il vaut« (»das, was zählt, sind die Netzwerke«) lautet ein Sprichwort in Kreisen von Führungskräften. ***Réseau*, Netzwerk, ist ein Schlüsselwort**. Schon sehr früh, spätestens ab dem Studium an einer elitären Grande Ecole, werden Beziehungen geknüpft. Beziehungen zu seinesgleichen, zu Unternehmen und zum Staat stellt man im Rahmen von Praktika her. So kommt es, dass Absolventen einer Grande Ecole meist relativ schnell in verantwortliche und einflussreiche Positionen gelangen. Dabei bestehen besonders enge Verbindungen zwischen Absolventen derselben Grande Ecole – womöglich desselben Jahrgangs. Sie kennen sich persönlich und fühlen sich in der Zugehörigkeit zu bestimmten *Corps* verbunden, was zu engen **Verflechtun-**

gen zwischen Politik, Verwaltung und Privatwirtschaft führt und den *Pantouflage*, den Wechsel von Positionen in Unternehmen und Staat, begünstigt. Die vor allem in Paris stattfindende Ausbildung der Elite führt auch zu einer geografischen Machtkonzentration: So wurden im Jahr 2002 160 Mandate in den Verwaltungsräten der französischen Großunternehmen im Aktienindex CAC 40 von nur 30 Managern ausgeübt.

Die Netzwerke sind zahlreich: ob Arbeitgeberverband, Gewerkschaften, politische Parteien, die Katholische Kirche oder Freimaurerlogen, die teilweise mit-, neben- oder gegeneinander arbeiten, wie es die Abbildung am Beispiel der Stadt Lyon zeigt. Natürlich bildet auch die Gastronomie ein Netzwerk.

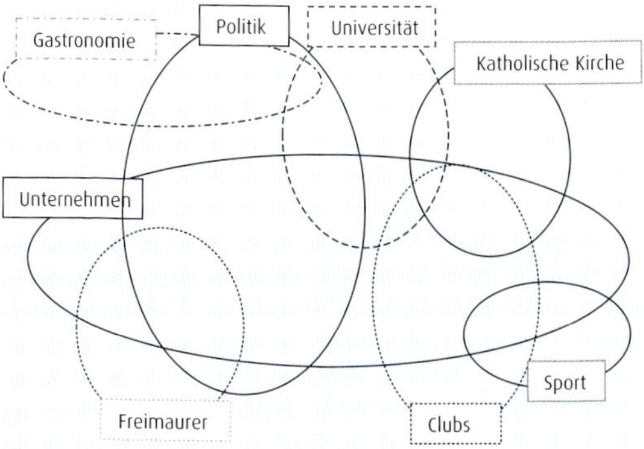

Netzwerke der Macht, am Beispiel der Stadt Lyon (Barmeyer, Schlierer, Seidel 2007)

Anders als in Deutschland ist das Réseau nicht an eine Branche oder ein Unternehmen gebunden, sondern agiert institutionenübergreifend: **Die Elite definiert ihre Zugehörigkeit nicht über Fachkompetenz und Erfolg, sondern über ihren Habitus, der sich durch eine ähnliche soziale oder eine durch ein Diplom verbriefte Herkunft entwickelt hat.** Viele wichtige Mitglieder von Netzwerken findet man in den Nachschlagewerken *»Who is who«*, dem *»Bottin Mondain«* oder dem *»Rotary*-Verzeichnis«. Insofern ist es für einen Ausländer, der nicht in Frankreich ausgebildet wurde, schwer, in einflussreiche Netzwerke aufgenommen zu werden. Eine gute Möglichkeit, dennoch Eingang darin zu finden, ist, wenn man durch berufliche und private Kontakte eine Art informellen Paten findet, der einen in die entsprechenden Kreise einführt. Dafür ist das Beherrschen der französischen Sprache fast immer unerlässlich, da diese sich als Schlüssel für die gelungene Kommunikation erweist. Bei längeren Aufenthalten in Frankreich kann es auch nicht schaden, wenn auch die Ehepartner versuchen, eigene Netzwerke aufzubauen. Oft sind diese wiederum mit anderen Einflusssphären verbunden, sodass sich immer wieder überraschende Synergieeffekte ergeben können.

Persönliche Kontakte und Sympathien bestimmen oft viel mehr als industrielle Logik die französische Wirtschaft.

Arbeitsbeziehungen und Gewerkschaften

Obwohl französische Beschäftigte einen weitgehenden Kündigungsschutz genießen, sind die Arbeitsbeziehungen in Frankreich häufig gespannter und konfliktreicher als in Deutschland. Gründe hierfür sind eine quasi fehlende Mitbestimmung nach deutschem Verständnis wie auch die starke ideologische Polarisierung zwischen Kapital (Arbeitgeber) und Arbeit (Angestellte und Arbeiter), was zu einem hohen gegenseitigen Misstrauen der Sozialpartner führt. Es gibt **keine Tarifautonomie wie in Deutschland**, sondern der **Staat ist regulierender Sozialpartner der Tarifbeziehungen.** Die Umsetzung gesetzlicher Auflagen und die Einhaltung der Arbeitsbedingungen werden von *Inspecteurs du travail*, Arbeitsinspektoren, überwacht. **Auch existiert keine Friedenspflicht.** Frankreich hat deshalb im internationalen Vergleich eine relativ hohe Streikhäufigkeit, insbesondere im öffentlichen Dienst. Streiks in privaten Unternehmen sind seltener und betreffen vor allem den Transportsektor.

	1999	2001	2003	2005
Private Unternehmen	422	463	224	224
Transportunternehmen	194	288	505	415
Öffentliche Unternehmen	580	926	3.660	1.116

Arbeitskonflikte: Anzahl der Streiktage in Tausend in Frankreich (Quelle: Arbeitsministerium)

Die hohe Streikhäufigkeit hat verschiedene Gründe: Zum einen die schon erwähnte ideologische Kluft zwischen Arbeitern sowie Arbeitgebern und die gesetzlichen Bestimmungen wie die fehlende Friedenspflicht. Der Streik dient auch dazu, Arbeitgeber zu Verhandlungen zu zwingen, weil die kaum vorhandene innerbetriebliche Mitbestimmung oft nicht zielführend ist und von mehreren Gewerkschaften übernommen wird. **Tarifverträge nach Branchen, wie in Deutschland, gibt es in Frankreich eigentlich nur im öffentlichen Dienst.** Da Gewerkschaften in Frankreich nicht nach Branchen, sondern politisch orientiert sind, verhandeln in einem Unternehmen manchmal verschiedene konkurrierende Gewerkschaften, die nicht unbedingt dieselben Ziele haben, mit dem Arbeitgeber. Nur 8 Prozent der Franzosen, etwa zwei Millionen, sind gewerkschaftlich organisiert (Deutschland: 28 Prozent, USA: 15 Prozent), davon etwa die Hälfte in öffentlichen Unternehmen. Damit bildet Frankreich das Schlusslicht aller OECD-Länder. Bekannte Gewerkschaften, *Syndicats*, die übrigens über keinen Dachverband wie in Deutschland verfügen, sind die älteste und kommunistische *CGT* (*Confédération Générale du Travail*), die sozialistische *FO* (*Force Ouvrière*), die sozialistisch-demokratische *CFDT* (*Confédération Française Démocratique du Travail*) sowie die christliche *CFTC* (*Confédération Française des Travailleurs Chrétiens*). Eine weitere berufsspezifische Gewerkschaft, die *CGC* (*Confédération Générale des Cadres*), vertritt die Anliegen der *cadres*, der höheren und leitenden Angestellten. Französischen Gewerkschaften haftet das Bild verstaubter Ideologien und unproduktiver Arbeitskämpfe an.

Die Arbeitgeber sind in einem 1919 gegründeten Zentralverband organisiert, der sich heute *MEDEF (Mouvement des Entreprises de France)* nennt und 750.000 Mitglieder zählt. Der MEDEF hat eine starke Lobby und nimmt aktiv an der öffentlichen wirtschaftspolitischen Diskussion teil, unter anderem mit der Hilfe von nahestehenden Umfrageinstituten und Expertisen zu aktuellen Themen.

Unternehmen	**Mitarbeiter**	**Mittel des Comité d'entreprise in Euro**	**Mittel je Mitarbeiter in Euro**
BNP (Bank)	37.518	57.150.000	1.523

Airbus (Luftfahrt)	10.500	15.244.902	1.452
La Poste (Postdienste)	320.000	300.000.000	938
Renault (Automobil)	48.086	29.161.623	606
Michelin (Reifen)	29.150	9.000.000	309
Casino (Lebensmittel-einzelhandel)	44.384	2.3000.000	52

Budgets von Betriebsauschüssen französischer Unternehmen 2003 (Barmeyer, Schlierer, Seidel 2007)

In Frankreich gibt es keine Mitbestimmung deutscher Art. Die Rechte der Arbeitnehmer im Unternehmen werden von drei Instanzen vertreten: den von den Gewerkschaften entsandten *Délégués syndicaux*, den von der Belegschaft gewählten *Délégués du personnel* und durch das *Comité d'entreprise*, den Betriebsausschuss (bei mehr als 50 Beschäftigten). Das *Comité d'entreprise*, deren Vorsitz der Unternehmensleiter (!) einnimmt, entspricht nicht dem deutschen Betriebsrat. Es ist nur ein Konsultations- und Informationsorgan, in dessen Zuständigkeit vor allem Arbeitsbedingungen, Arbeitszeitordnung und betriebliche Sozialleistungen fallen. Zu den betrieblichen Sozialleistungen gehören etwa Betriebsfeiern, Geschenke, vergünstigte Reisen sowie Sport- und Kulturangebote (etwa Kino- und Theaterbesuche) sowie die *Chèques restaurant*, Essensgutscheine, die die Angestellten in Restaurants einlösen können. Das Budget des Betriebsausschusses orientiert sich gesetzlich an der Lohnsumme, die vom Jahresgewinn abhängt und sich dann auf die Mitarbeiterzahl verteilt. Es gibt große Unterschiede, wie viel Geld einem Mitarbeiter zusteht: Ein Mitarbeiter von Airbus verfügt über 1.452 Euro pro Jahr, derjenige von Michelin über 309 Euro und derjenige der Einzelhandelskette Casino über nur 52 Euro. Die ursprüngliche Idee sozialer Gleichheit konkurriert heutzutage mit ungleich verteilten Privilegien in den jeweiligen Unternehmen.

4.4 Außenhandel und Wirtschaftsbeziehungen zu Deutschland

Frankreich und Deutschland bilden als Tandem seit Jahrzehnten den Kern der Europäischen Union und erwirtschaften zusammen fast 50 Prozent des Bruttosozialprodukts der Eurozone. Es gibt kein anderes Duo zweier Volkswirtschaften, das so intensive Handelsbeziehungen und Verflechtungen wie die beiden Länder am Rhein aufweist. Denn beide Volkswirtschaften sind als Wirtschaftsraum eng miteinander verflochten. Diese Verflechtungen gehen weit über reine Export- und Importbeziehungen hinaus und schließen insbesondere gegenseitige Direktinvestitionen und Unternehmenskooperationen ein. Deutschlands Unternehmen sind mit 20,9 Prozent der größte Investor in Frankreich, **Frankreichs Unternehmen sind mit 16,2 Prozent in Deutschland vertreten und damit der wichtigste Auslandsinvestor in Deutschland.** Es wird geschätzt, dass etwa 2.700 deutsche Unternehmen in Frankreich und etwa 1.400 französische Unternehmen in Deutschland aktiv sind und direkt und indirekt mehrere Hunderttausend Mitarbeiter beschäftigen.

Seit den 1950er Jahren ist die französische Wirtschaft internationaler geworden, der Protektionismus wurde abgebaut, die Unternehmen haben sich ausländischem Kapital geöffnet. Durch die Liberalisierung des Kapitalmarktes ist ein beachtlicher Prozentsatz des Kapitals börsennotierter Unternehmen (CAC 40) im Jahr 2007 in den Händen ausländischer Anleger: 63 Prozent (Deutschland: 66 Prozent). Ebenso investieren französische Unternehmen im Ausland. Im Jahr 2002 arbeiteten bereits 64 Prozent der Mitarbeiter der großen börsennotierten französischen Unternehmen im Ausland.

Frankreich ist ein beliebter Standort für Auslandsinvestitionen und rangiert weltweit auf Platz sechs hinter den USA, Großbritannien, Belgien, Deutschland und China. Von den 115.809 französischen Unternehmen gehören 18.000 zu ausländischen Konzernen. Diese Tochtergesellschaften beschäftigen 1,9 Millionen Mitarbeiter (amerikanische Unternehmen: 23 Prozent der Mitarbeiter, deutsche Unternehmen: 15 Prozent der Mitarbeiter). Faktoren für Investitionsentscheidungen sind die geografische Lage in

Europa, eine ausgebaute Infrastruktur, gut ausgebildete Mitarbeiter und die hohe französische Lebensqualität. Allerdings stehen diesen positiven Faktoren auch negative gegenüber wie hohe Steuerbelastungen, ein relativ unflexibler Arbeitsmarkt und sehr bürokratische administrative Strukturen.

Der Außenhandel hat beständig zugenommen. Noch bis in die 1950er Jahre gingen mehr Exporte in die Kolonialmärkte als nach Europa. **Nach den USA ist Frankreich weltweit der zweitgrößte Exporteur von Dienstleistungen und von Agrarprodukten.** Die französische Exportquote liegt bei 27 Prozent. Halbfertige Erzeugnisse stellen den größten Anteil der Ausfuhren dar, gefolgt von Investitions-, Konsum- und Automobilgütern. Jedoch weist die Außenhandelsbilanz ein chronisches Defizit auf, wie etwa 2005 mit 24,2 Milliarden Euro (2004: 6,1 Milliarden Euro). Einer der Gründe ist die französische Abhängigkeit von ausländischen Energieimporten (Rohöl- und Gaseinfuhr), ebenso werden mehr Konsumgüter und halbfertige Erzeugnisse importiert. Dies mag an fehlenden Innovationen und preislich zu hoch angesiedelten Produkten liegen. Die deutsch-französischen Wirtschaftsbeziehungen nehmen seit den 1960er Jahren eine herausragende Stellung ein, dabei besteht jedoch ein Außenhandelsdefizit mit dem wichtigsten Wirtschaftspartner Deutschland. In den Jahren nach der deutschen Wiedervereinigung hatte sich das Außenhandelsdefizit verringert, teilweise hatte Frankreich einen Außenhandelsüberschuss gegenüber Deutschland. Im Jahre 2006 erreichten die französischen Exporte 386,9 Milliarden Euro, was einem Zuwachs von 8,6 Prozent im Verhältnis zu 2005 entspricht. Eine Zunahme der Exporte in die Länder der Europäischen Union ist ebenso festzustellen. **Deutschland ist mit Abstand der wichtigste Kunde,** gefolgt von Spanien und Italien. Frankreich exportiert nach Deutschland vor allem Agrarprodukte, Kraftfahrzeuge, chemische und parachemische Produkte, Elektrizität sowie Dienstleistungen. Im Jahr 2006 betrugen die französischen Importe 416,1 Milliarden Euro, was eine Steigerung von 9,8 Prozent im Verhältnis zu 2005 bedeutet. Die meisten Importe stammen aus Europa. Mit 61,1 Milliarden Euro ist Deutschland mit Abstand Frankreichs wichtigster Lieferant, gefolgt von Italien und Spanien. Deutschland exportiert nach Frankreich vor allem Kraftfahrzeuge, Produkte des Maschinen- und Anlagenbaus und pharmazeutische Produkte.

Kunden	Exporte in Milliarden Euro	Lieferant	Importe in Milliarden Euro
Deutschland	51,0	Deutschland	61,1
Spanien	34,4	Italien	32,5
Italien	30,7	Spanien	26,5
Großbritannien	29,9	Belgien	25,8
Belgien	25,8	Großbritannien	23,6
USA	24,3	USA	23,5
Niederlande	14,3	China	21,8
Schweiz	9,5	Niederlande	15,7
China	7,3	Japan	9,6
Polen	6,5	Russland	9,1

Frankreichs zehn wichtigste Exportländer und Importländer (2006)

Ausblick: Kontinuität und Entwicklung

Die französische Wirtschaft wird zurzeit von einem tief greifenden Wandel erfasst, weist jedoch trotz Globalisierung immer noch historisch bedingte Besonderheiten auf, die typisch für den französischen Sonderweg sind: **Interventionen des Staates sowie einflussreiche Netzwerke spielen nach wie vor eine Rolle und bilden ein bedeutendes Gegengewicht zum Kräftespiel des freien Markts.** Externes Unternehmenswachstum durch Aufkäufe hat sich internationalisiert und soziale Aspekte der Globalisierung werden in der Politik und in der Zivilgesellschaft thematisiert. US-amerikanische Finanz- und Managementpraktiken werden häufig kritisch aufgenommen und den französischen Gegebenheiten angepasst, auch wenn Skeptiker immer wieder das Ende des französischen Modells voraussagen. **Frankreichs Staatskapitalismus wandelt sich immer mehr zu einem »Allianz-Kapitalismus« von Partnerschaften,** wie es die Unternehmen Air-France-KLM und Renault-Nissan zeigen. Es scheint, als würden die Franzosen den Herausforderungen komplexer werdender Situationen und Systeme – wie im Falle der Globalisierung – effizient und flexibel begegnen. Allerdings muss Frankreich um seine globale Wettbewerbsfähigkeit kämpfen, die gebremst wird von schwacher Innovationstätigkeit, teilweisen Qualitätsproblemen von Produkten und Dienstleitungen, bürokratischen administrativen Strukturen und sozialen Spannungen.

Wie wird sich die wirtschaftliche Lage Frankreichs in den nächsten Jahren entwickeln? Wie unternehmerfreundlich, wie innovativ wird sich das Land im internationalen Umfeld zeigen? Die Antwort auf diese Fragen wird nicht nur von der weltwirtschaftlichen Lage abhängen, sondern auch davon, wie schnell die Bevölkerung bereit sein wird, notwendige Reformen zu akzeptieren, die im Sommer 2007 vom neuen Staatspräsidenten Nicholas Sarkozy angekündigt wurden. Denn Frankreich hat ähnlich wie Deutschland Probleme bei der Finanzierung des Sozialsystems: Die Renten-, Gesundheits- und Arbeitslosenversicherung muss angesichts der steigenden Lebenserwartung und trotz der relativ hohen Geburtenrate reformiert werden. Auch die Staatsschulden müssen sinken: Sie betrugen im Jahr 2006 stolze 1.221 Milliarden Euro – rund 20.000 Euro pro Bürger.

5. Verhalten und Besonderheiten im französischen Geschäftsleben

»Vérité en deçà des Pyrénées, erreur au-delà«
»Wahrheit auf der einen Seite
der Pyrenäen ist Irrtum auf der anderen Seite«
Blaise Pascal (1588–1651)

Viele Deutsche denken beim Stichwort Frankreich an Einwohner, die das Lebensmodell des *Savoir-vivre* und des *Laisser-faire* zur Vollendung gebracht haben, die bei jeder politischen Auseinandersetzung streiken und im Geschäftsleben unzuverlässig erscheinen. Das sind Vorurteile, die kaum etwas mit der Realität zu tun haben. Zu selten wird erfasst, dass die französische Wirtschaft über Jahre hinweg leistungsfähiger war als die deutsche, dass **viele französische Unternehmen extrem produktiv und innovativ sind und französische Manager als ganz hervorragende Strategen weltweit Erfolg haben.** Diese Ignoranz aus deutschen Reihen verstimmt die französischen Nachbarn. Vor allem dann, wenn deutsche Muttergesellschaften gegenüber der Niederlassung in Frankreich Vorbehalte haben, was vermeintliche »deutsche Standards« in Sachen Qualität, Organisation oder Kostenkontrolle betrifft, die angeblich nicht eingehalten werden. Ein typisches Beispiel: Vor kurzer Zeit stieß der Geschäftsführer eines deutschen Automobilzulieferers, der in Frankreich ein Werk besitzt, die französischen Kollegen vor den Kopf: Er teilte ihnen mit, dass sie von nun an für den europäischen Markt forschen und entwickeln dürften, jedoch mit Ausnahme des deutschen, denn dieser schwierige Premiummarkt könne nur von Deutschen bearbeitet werden! Das Klischee vom alleskönnenden »deutschen Oberlehrer« und vom unberechenbaren »französischen Filou«, ein Klassiker unter deutsch-französischen Managern, war wieder einmal perfekt.

Verhalten und Besonderheiten

Diese Szene spiegelt nur eines von vielen Problemen und Missverständnissen wider, wenn man mit Menschen arbeitet, die aus unterschiedlichen Ländern stammen. Deshalb ist es wichtig, Kenntnis von der Kultur wie auch von interkulturellen Missverständnissen zu besitzen: **Kultur wird verstanden als ein erlerntes und weitgehend geteiltes System von Werten, Praktiken und Gegenständen, die in einer Gruppe oder Gesellschaft gemeinsame Bedeutungen haben.** Im Arbeitsleben werden Praktiken und Gegenstände sichtbar in Begrüßungen, Arbeitszeiten und Kleidung. Werte hingegen sind unsichtbar – und extrem wichtig. Sie bilden den Kern der Kultur und verändern sich im Laufe der Zeit nur langsam. Werte werden von Menschen unbewusst erworben und sie beeinflussen als Maßstäbe das Denken, Fühlen und Verhalten. Das Wertesystem erleichtert es Menschen, Ziele zu definieren, sich in einer komplexen Umwelt zurechtzufinden und generell Problemlösungen zu finden. Wenn zwei Wertesysteme aber aufeinandertreffen, kann es zu Irritationen kommen. Ein Beispiel: Ihre Verhandlung mit französischen Geschäftspartnern können Sie bis ins Details vorbereiten. Ihr französischer Konterpart dagegen hat es vorgezogen, offen in die Verhandlung zu gehen und sich flexibel darauf einzulassen, dass etwas Produktives daraus entstehen wird. Auf deutscher Seite finden Sie die Werte Planung und Organisation, auf französischer Seite die Werte Improvisation und Flexibilität. Welcher Weg ist der erfolgreichere? »Es kommt darauf an«, werden Sie vielleicht denken. Und so ist es: Beide Wege führen zum Ziel, zum Geschäftsabschluss, ohne »besser« oder »schlechter« zu sein. Es sind einfach *andere* Wege der Zielerreichung! Eine wesentliche Erkenntnis für die erfolgreiche Arbeit mit französischen und anderen ausländischen Geschäftspartnern ist, **Andersartigkeit zu akzeptieren** statt sie zu bewerten. Interkulturelle Konflikte entstehen meist unbeabsichtigt, denn jeder verhält sich ja »normal« und so, wie er bisher erfolgreich war, und auch der Wille für eine Zusammenarbeit ist schließlich vorhanden. Es sind also nicht unbedingt die Unterschiede, die problematisch sind, sondern vielmehr Standpunkte und Perspektiven, über die man sich nicht offen austauscht, weil man ihre Ähnlichkeit voraussetzt. Kurz: Es gibt verschiedene Erwartungen, Wahrheiten und Interpretationen, über die Sie sich mit Ihrem Gesprächspartner immer wieder austauschen sollten, um Missverständnisse zu vermeiden.

Wenn Sie als Deutscher mit Franzosen arbeiten, so befinden sich alle Geschäftspartner in einer interkulturellen Situation. Das heißt, jeder passt in gewisser Weise seine Verhaltensweisen mehr oder weniger an den anderen an. Dann kann es vorkommen, dass »der Franzose« gar nicht mehr so »französisch« ist und »der Deutsche« gar nicht mehr so »deutsch«. Es entsteht damit eine neue, sogenannte dritte Kultur oder Interkultur, in die die Eigenschaften beider Seiten, also auch die Stärken, einfließen.

5.1 Arbeitskultur und -gepflogenheiten

Der »Kontext« bestimmt das Verhältnis, das Sie mit ihren französischen Kunden und Kollegen haben. **Dabei bestimmt die hierarchische Position des französischen Ansprechpartners die Beziehung wie auch den Einfluss, die Handlungsfähigkeit und die Art, wie Franzosen Ihnen begegnen.** In welcher Position stehen Sie? Sind Sie Chef, Mitarbeiter oder Kollege? Sind Sie Auftraggeber, Kunde oder Lieferant? Stärker als in Deutschland werden Sie als Kunde hofiert; als Lieferant wird man Sie spüren lassen, dass Sie der »Schwächere« sind. Der Chef darf zu spät kommen, der Mitarbeiter nicht. Der Kunde darf unpünktlich sein, der Lieferant keinesfalls. Der Chef widerspricht dem Mitarbeiter, der Mitarbeiter keinesfalls – öffentlich – dem Chef. Es gilt also: Wenn Sie eine höhere Position innehaben, werden Sie stärker respektiert und sind viel handlungsfähiger. Sind Sie in einer niedrigeren Position, werden Ihr Einfluss und ihre »Rechte« schwächer sein.

Zeitverhalten und Arbeitszeiten

Franzosen haben ein anderes Zeitgefühl als Deutsche, sie strukturieren ihre Zeit auf eigene Weise und setzen andere Prioritäten. **Franzosen nehmen sich tendenziell mehr Zeit für Menschen und Beziehungen, als Sie es vielleicht aus Deutschland gewohnt sind.** In der Freizeit ist das angenehm und bewundernswert, im Geschäftsalltag kann es irritierend sein.

Verhalten und Besonderheiten

In Frankreich ist die »gelebte« Zeit von großer Bedeutung. Der Mensch, die Beziehung, ein spannendes Thema, ein schöner Moment sind wichtiger, als sich an einen von der Uhr vorgegebenen Zeitplan zu halten. Der Dichter François Rabelais (1494–1553) fasste das sehr treffend so zusammen: *»Jamais je ne m'assujettis aux heures: les heures sont faites pour l'homme, et non l'homme pour les heures«* (»Nie werde ich mich den Stunden unterordnen. Die Stunden sind für den Menschen gemacht und nicht der Mensch für die Stunden«). Die gelebte Zeit basiert auf dem Konzept der »Polychronie«. Polychronie bedeutet, dass gleichzeitig verschiedene Aktivitäten erfolgreich stattfinden. Es handelt sich also um eine Art französisches »Multitasking« und globales assoziatives Denken. Der Arbeitsalltag wird häufig unterbrochen, **Improvisation ist gefragt und gilt als ein positiver Wert.** Pünktlichkeit stellt eher ein theoretisches Ideal dar – und es kann vorkommen, dass es eben nicht immer erreicht wird. **Kurzfristige Terminverschiebungen sind durchaus üblich und werden nicht als Affront gewertet.** Die Person, die im jeweiligen Moment am nächsten, am wichtigsten oder am mächtigsten ist, hat Priorität vor dem »zeitlichen Korsett«. Ungewohnt wirkt für viele Ausländer auch, dass Themen des Privat- und Arbeitsleben häufig vermischt werden, da man in Frankreich sehr personenbezogen denkt und arbeitet. Franzosen, vor allem Südfranzosen, sind Meister der Polychronie. Bezeichnenderweise gibt es in der französischen Sprache keine Übersetzung für »Zeitpunkt«; Franzosen denken eher in Zeiträumen und -spannen. Im Geschäftsleben kann Polychronie zu nicht eingehaltenen Zeitplänen und Verspätungen führen – was bei Ihnen vielleicht Irritation auslöst; aber für einen polychronen Manager stellt ein Termin, eine Deadline eben nur eine Orientierung dar. Die erwartete Mail kommt nicht, die Lieferung verzögert sich, ein Manuskript ist am Vorabend eines wichtigen Treffens noch nicht fertig und so weiter. Wenn Sie einmal in eine solche Situation kommen, kann Sie vielleicht das Zitat von Voltaire (1694–1778) trösten: *»Les Français arrivent en retard, mais ils arrivent.«* (»Franzosen kommen spät, aber sie kommen.«)

Polychronie bedeutet aber nicht nur Verspätung, sondern kann auch manchmal Verfrühung meinen: Der TGV erreicht vielleicht 15 Minuten eher als vorgesehen seinen Zielbahnhof, der Geschäftspartner kommt vor dem vereinbarten Termin oder die französischen Kollegen haben den Meilenstein des gemeinsamen Projekts schon vor der vereinbarten Deadline erfolgreich erreicht. Wenn Ihnen persönlich die Polychronie nicht entspricht, tendieren Sie vielleicht eher zum Gegenteil, der »Monochronie«. Monochronie bedeutet, dass eine Aktivität strukturiert nach der anderen durchgeführt wird. Unterbrechungen sind störend und bringen den Arbeitsrhythmus durcheinander, Pünktlichkeit wird erwartet, denn Zeit ist ein kostbares und quantifizierbares Gut, das man »verlieren« oder »gewinnen« kann. Zeit wird eingeteilt in kleine, oft unabhängige Einheiten.

Die Arbeitszeiten haben sich für viele Franzosen durch staatliche Eingriffe verändert: Per Gesetz verordnete der Staat im Jahr 2001 die 35-Stunden-Woche mit Freizeitausgleich für Angestellte, die teilweise für mehr Arbeitsplätze, teilweise für einen Produktivitätsschub, aber auch für Organisationsprobleme sorgte, etwa in Krankenhäusern und bei Handwerkern. Tatsächlich herrschen heute immer noch längere Arbeitszeiten. Führungskräfte, *Cadres*, sind von der 35-Stunden-Woche nicht betroffen und arbeiten – insbesondere in Paris – 50 bis 60 Stunden pro Woche. Das hat auch damit zu tun, dass im Arbeitsalltag eine stärkere Überschneidung von beruflichen und privaten Themen stattfindet, Arbeitspausen am Kaffee-Automat und Mittagessen dauern in der Regel länger als in Deutschland.

Die tägliche Arbeitszeit in Frankreich ist anders als in Deutschland. Zum einen beginnt der Arbeitsalltag – insbesondere in Paris – später als in Deutschland, gegen 9.00 oder 9.30 Uhr. **Legen Sie deshalb Besprechungen nicht in die frühen Morgenstunden** (nur die Bäcker laden zu Terminen um 7.30 Uhr ein!). Zu dieser Zeit bringen Ihre Geschäftspartner wahrscheinlich ihre Kinder zur Schule oder sitzen in öffentlichen Verkehrsmitteln. Zum anderen reicht die *Journée de travail* oft bis in die Abendstunden. Es ist nicht ungewöhnlich, dass viele qualifizierte Mitarbeiter das Büro erst um 19 oder 20 Uhr verlassen.

Übrigens: Auch das Verständnis der Zeit im Jahresablauf ist etwas anders als in Deutschland. **Das zentralistisch organisierte Schulsystem strukturiert den Tages- und Jahresablauf;** die *Année scolaire*, das Schuljahr, geht von Anfang September bis Juni. Dann sind die großen Ferien, in denen Schulen, Universitäten und teilweise Betriebe wochenlang geschlossen sind. Am 15. August ist *Rentrée*, die Rückkehr aus dem Sommerurlaub und der durchorganisierte Alltag beginnt von Neuem. **Viele französische Kalender gehen von August bis August. Und wenn ein Franzose sagt, »On verra cela l'année prochaine« (»Das sehen wir im nächsten Jahr«), vergewissern Sie sich, ob er das – deutsche – Kalenderjahr oder das – französische – Schuljahr meint. Denn wenn Sie im Mai sind, kann das »nächste« Jahr schon im September beginnen!**

Arbeitsweisen: Französische Flexibilität und deutsche Planung

Obwohl Frankreich und Deutschland als Nachbarländer nur durch den Rhein getrennt sind, können sich französische und deutsche Arbeitsweisen ganz erheblich unterscheiden. Ein Blick ins Lexikon ist hier aufschlussreich und lässt schmunzeln: Während sich im deutschen Lexikon unter dem Begriff »Arbeit« zunächst »körperliche oder geistige Betätigung, Tätigkeit und Beschäftigung« findet und dann gleich der »Beruf« folgt, der als »berufliche Tätigkeit, Stellung, Mühe, Anstrengung« steht, ist die erste Bedeutung von *»Travail«* im französischen Lexikon *»Etat de celui qui souffre, qui est tourmenté, activité pénible«* (»Zustand desjenigen, der leidet, der gequält wird, anstrengende Arbeit«). Hat Arbeit in Frankreich etwa mit Tortur zu tun? *»Travail«* stammt vom lateinischen *»tripalium«* (ursprünglich ein landwirtschaftliches Arbeitsinstrument, das auch zur Züchtigung der Arbeiter und Sklaven gebraucht wurde). Das soll natürlich nicht bedeuten, dass Franzosen nicht hart arbeiten können! Schließlich erzielen viele französische Unternehmen hervorragende Ergebnisse. Aber: Die Arbeitsweise ist eben eine andere!

Der französische Arbeitsstil zeichnet sich durch strategisches Denken, Schnelligkeit, Flexibilität und Anpassungsfähigkeit aus. Flexibilität ist in Frankreich kein Ausdruck von Chaos, sondern eine Folge von Intelligenz. Denn es ist für Franzosen mitunter möglich, ein Ziel mit weniger Aufwand als geplant zu erreichen, auf einem ganz anderen Weg als vorgesehen. So kann es Ihnen passieren, dass plötzlich Ziele neu definiert werden, Arbeitsprozesse verändert und Termine von heute auf morgen verschoben werden, wenn es sinnvoll erscheint – und Ihre schöne »deutsche«

Planung ist dahin. Franzosen sind diese Veränderungen von Kindesbeinen auf gewohnt und somit flexibel und reaktionsschnell aufgewachsen. Der Bus kommt nicht zur angegebenen Zeit, sondern ein bisschen eher oder später: Wen stört es?

Deutsches Management geht davon aus, dass durch vorausschauende Planung und definierte Prozesse Unsicherheit vermieden werden kann. Französische Planung hingegen nimmt an, dass man mit Überraschungen zu rechnen hat und deshalb flexibel bleiben muss. Der Urvater der französischen Betriebswirtschaftslehre, Henri Fayol, bekundete schon am Anfang des 20. Jahrhunderts, dass man nicht zweimal dasselbe Prinzip anwenden könne, weil sich die Umwelt und die Menschen ständig ändern. **Die französische Form der Flexibilität hat auch einen Namen: Système D.** Jeder Franzose kennt es, jeder versucht, es anzuwenden, ohne das offen zu verkünden. Das *D* steht für *débrouillard*, was so viel bedeutet wie »entwirren« oder »sich zurechtfinden«. **Das Système D dient der Lösung von Problemen durch fantasievollen Einsatz weniger Mittel.** Es ist ein flexibles, intuitives und zielgerichtetes Reagieren auf ungeplante und unvorhergesehene Situationen mithilfe des gesunden Menschenverstands. Arbeits- und Zeitaufwand werden reduziert und dennoch ein brauchbares Ergebnis erreicht. Das Système D steht in der Tradition des romanischen Improvisationstalents und verhilft dem französischen Arbeitsverhalten und Management zu viel Effizienz. *»On n'a pas de pétrole, mais on a des idées«* (»Wir haben zwar kein Erdöl, aber Ideen«), lautet ein bekannter französischer Ausspruch. Allerdings kann es vorkommen, dass nicht alles so genau, sondern nur *»globalement exacte«* ist ... und vielleicht auch schneller kaputtgeht. *»Ça passe ou ça casse.«* (»Es funktioniert oder geht kaputt.«)

In Frankreich werden Emotionen deutlicher ausgedrückt als in Deutschland. Das gilt auch für das Arbeitsleben. Der Mensch ist schließlich keine Maschine und darf zeigen, wenn er sich für etwas begeistert, sich freut oder über etwas verärgert ist. Es wird gelacht und manchmal auch geschimpft. **Die deutsche Sachlichkeit ist in Frankreich nicht sehr verbreitet und wird als distanziert und gefühlsarm empfunden.** Es sind eher Emotionen als Zahlen, Daten und Fakten, die Franzosen motivieren und Begeisterung auslösen können.

Führungsstil

Französischer Führungsstil wird aus deutscher Perspektive oft als autoritär und direktiv wahrgenommen. Französische Chefs verfügen über viel Entscheidungsmacht und konsultieren ihre Mitarbeiter wenig, scheint es. Je höher sie in der Unternehmenshierarchie angesiedelt sind, desto mehr trifft dies zu. Übersehen wird jedoch, dass Abstimmungsprozesse vor der Entscheidung anders verlaufen als in Deutschland, meist informeller und persönlicher.

Die im Vergleich zu Deutschland ausgeprägtere Hierarchie wird deutlich an folgenden Begriffen: Ein französischer *Collaborateur* ist zwar ein Mitarbeiter – einer der mitarbeitet –, er bleibt aber vor allem ein *Subordonné* – ein Untergeordneter. Der französische Chef ist der *Supérieur*, der Höhere. Eine partizipative deutsche Führungskraft wird dem neuen Mitarbeiter vielleicht sagen: »Sie werden daran mitarbeiten«, eine französische eher: »Sie werden für mich arbeiten.« Der Begriff des Subordonné wird aber heutzutage in Frankreich aus Political Correctness nicht mehr häufig verwendet. Dafür werden französische Mitarbeiter manchmal als »n–1« (das Niveau des Chefs ist in der Hierarchie »n« oder »n+1«) bezeichnet, eine mathematisch geprägte Ausdrucksweise, die diesem französischen Verständnis der Organisation als streng hierarchisierter Struktur entspricht. **Dieses Verständnis der Organisation gründet auch auf dem Bedürfnis nach klaren Kompetenz-, Delegations- und Hierarchieregelungen** und nach einem eher direktiven, paternalistischen Führungsstil, was deutsche Vorgesetzte und Mitarbeiter nicht unterschätzen sollten.

Zum Verständnis des französischen Führungsstils ist die Bedeutung des Begriffs *Autorité* wichtig. Denn Autorität hat in Deutschland und in Frankreich unterschiedliche Bedeutungen. Im französischen Wörterbuch finden sich vielfältige und positive Bedeutungen wie »Befehl, Macht, Einfluss, Souveränität, Vormundschaft, Absolutismus, Willkür, Würde, Ruf, Zuversicht« und sogar »Anziehungskraft, Prestige, Verführung«. Im deutschen Wörterbuch steht »Geltung, Ansehen, maßgeblicher Einfluss« und »Person mit maßgebendem Einfluss, Person, deren Wissen und Urteil allgemein anerkannt werden, anerkannter Fachmann«. Es wird deutlich, dass Autorité im französischen Sinne mehr emotionale Elemente beinhaltet. Autorität im deutschen Sinne bezeichnet eher den fachlichen Respekt oder den Gehorsam gegenüber einer Person aufgrund ihrer Kompetenz oder Funktion. **Der französische Chef wird aufgrund seines Charismas, seiner sozialen Führungseigenschaften und seines Status geschätzt,** die deutsche Führungskraft durch ihre Fachkompetenz und ihren Status. Das Wort des Schriftstellers und Politikers Maurice Barrès (1862–1923) bringt dies deutlich zum Ausdruck: *»L'autorité, c'est moins la qualité d'un homme qu'une relation entre deux êtres.«* (»Autorität ist weniger die Eigenschaft eines Menschen als die Beziehung zwischen zwei Menschen.«) Nur so kann man sich die für Deutsche zuerst widersprüchlich klingende Aussage erklären: »Ein guter Chef in Frankreich zeichnet sich durch einen autoritären und zugleich sehr persönlichen Führungsstil aus.« **Französische Führungsqualitäten sind Begeisterungsfähigkeit, Diplomatie, Anpassungsfähigkeit, Intuition, Empathie, Eloquenz, Charisma und eine Autorité, die klare Rahmenbedingungen für die Aufgabenerfüllung vorgibt.** Da diese Form der Autorität aber personenbezogen ist und sich auch auf den Status stützt, ist sie nicht teilbar und folglich nicht delegierbar. Deshalb ist Delegation in Frankreich schwächer ausgeprägt als in Deutschland. Mitarbeiter in Frankreich werden weniger zur Eigeninitiative und Eigenverantwortung motiviert. Zwar werden Aufgaben delegiert, die Verantwortung aber bleibt beim *Responsable*, dem Verantwortungsträger. Die französische Führungskraft entscheidet, gibt die Richtung vor, motiviert, betreut, fragt kontrollierend nach und greift manchmal in den Arbeitsprozess ein. Aus dem angelsächsischen Raum stammende Managementmethoden wie Delegationsprinzip, Empowerment oder Feedback sind in Frankreich selten. Zu viel Delegation und Partizipation kann sogar als Führungsschwäche ausgelegt werden.

Generalistentum

Im dritten Kapitel wurde gezeigt, dass das Bildungssystem Erklärungen für kulturspezifische Arbeitsstile generell und das französische Generalistentum im Besonderen bietet. Nur etwa die Hälfte des Lehrstoffes der *Ecole Polytechnique*, der angesehensten *Grande Ecole*, betrifft Ingenieur- und Naturwissenschaften. Die anderen Lehrfächer vermitteln vor allem ein enzyklopädisch angelegtes

Wissen, das die Studierenden befähigen soll, strategisch und in großen Zusammenhängen zu denken. **Nicht das Detail oder eine Struktur, sondern vielmehr Prozesse, Beziehungen und ihre Wirkungen stehen im Vordergrund.** Generalistentum hilft, den Überblick zu behalten! Immer wieder fragen deutsche Ingenieure und Manager: »Wie gelingt es den Franzosen, in der Hochtechnologie (Airbus, Ariane, TGV etc.) führend zu sein, wenn sie keine Spezialisten sind?« Oder: »Wie können Generalisten denn erfolgreich Unternehmen führen, deren Geschäft sie gar nicht richtig kennen?« Ganz einfach: Nicht alle Franzosen sind Generalisten und Absolventen der Grandes Ecoles; der Generalist kann sich auf die Spezialisten unter den Mitarbeitern und Kollegen verlassen, die zum Beispiel an einem *IUT*, vergleichbar mit der deutschen Fachhochschule, studiert haben.

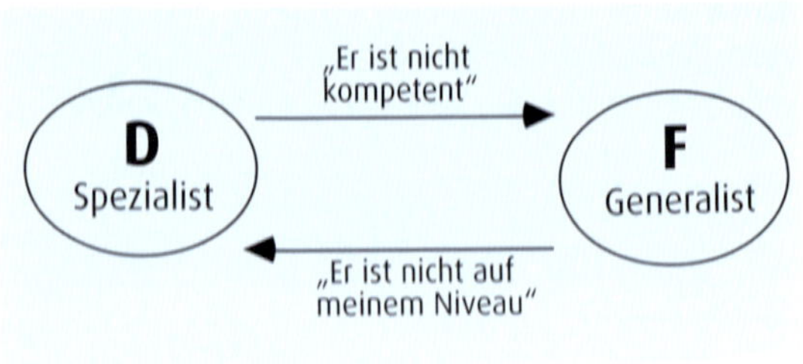

Gegenseitige Wahrnehmung des Spezialisten und des Generalisten

In der Praxis führen das breite Wissen des Generalisten und das Fachwissen des Spezialisten zu unterschiedlichen Problemlösungsstrategien. Theoretisch können zwei Ansätze zum Ziel führen: Zum einen kann der Spezialist als Fachmann eine passende und erfolgreiche Lösungsstrategie anbieten, während der Generalist erst noch sondiert und ausprobiert. Zum anderen ist es möglich, dass der Spezialist eine Lösung für nicht praktikabel hält und sie deshalb von vornherein verwirft oder keine (erlernte) Strategie parat hat, während der Generalist mit weniger »Fachblindheit« und Voreingenommenheit das Problem auf unkonventionellere Weise zu lösen weiß. Beim Zusammentreffen von französischen Generalisten und deutschen Spezialisten sind Fehlinterpretationen und Missverständnisse bereits vorprogrammiert. In vielen Fällen fragen Deutsche, ob der Kollege oder Partner überhaupt genügend kompetent sei. Franzosen dagegen fragen sich, ob das Gegenüber der richtige Ansprechpartner ist und über die nötige Entscheidungsbefugnis verfügt.

Körpersprache

Viele Franzosen – weniger die Nordfranzosen – drücken ihre Gedanken und Gefühle nicht nur mit den Händen, sondern auch mit dem Gesicht, manchmal mit dem ganzen Körper aus, Gestik und Mimik sind ausgeprägter als in Deutschland. Die Aussage wird durch die Körpersprache verstärkt, etwa durch ein Lächeln, einen besorgten Blick, eine Geste, ein Achselzucken. Sie ist immer Ausdruck von Beteiligung und Gefühlen. Und damit von Persönlichkeit. Auf Deutsche kann diese ausgeprägte Gestik und Mimik übertrieben und unsachlich wirken. **Auf Franzosen dagegen wirkt eine ernste Miene und Bewegungslosigkeit als kühl und distanziert,** als nicht an der Sache beteiligt. Auch die Sprachmelodie kann in Frankreich variationsreicher sein als in Deutschland und die Sprachlautstärke wirkt differenzierter.

5.2 Dos and Don’ts

»Den« Franzosen gibt es genauso wenig, wie »den« Deutschen. **Jeder Mensch und jede Situation sind einzigartig, und so gibt es auch keine Patentrezepte, die man in allen Lagen anwenden kann.** Wenn Sie einfach alle folgenden Tipps im Alltag umsetzen, ohne die Persönlichkeit Ihrer Gesprächspartner und den Kontext zu berücksichtigen, dann bewirken diese nämlich genau das Gegenteil von dem, was Sie erreichen wollen: Anstatt »interkulturelle Fettnäpfchen« zu umgehen, treten sie mitten hinein und kommen schwer wieder hinaus. **Deshalb gilt: Beschäftigen Sie sich mit den folgenden Hinweisen, beobachten Sie ihre Gesprächspartner genau und übertragen Sie nicht einfach in Deutschland Bewährtes nach Frankreich, wenn Sie das Gefühl haben, auf Befremden zu stoßen! Was kommt gut an, was vielleicht nicht? Erfolgreiches internationales Management hat auch viel mit dem Beobachten der anderen Seite zu tun! Und trösten Sie sich, wenn mal etwas nicht so läuft wie gedacht: den Franzosen geht es genauso wie ihnen!**

Trotzdem werden Ihnen folgende Ratschläge den Umgang mit Franzosen erheblich erleichtern, unter der Prämisse, dass Sie sich der Einzigartigkeit von Menschen und Situation bewusst sind!

»Dos«

Frankreich-Begeisterung

Ihr Frankreich-Geschäft wird erfolgreich gelingen, wenn Sie Frankreich und die Bewohner des Landes mögen und schätzen. Diese Einstellung trägt dazu bei, Ihre – möglicherweise auch schlechten! – Erfahrungen als positiv anzusehen und toleranter zu sein. Nutzen Sie die Liebe vieler Franzosen zu ihrem eigenen Land. Machen Sie Komplimente. Wenn Sie länger mit Franzosen arbeiten werden: Machen Sie doch mal Urlaub hier und lernen Sie die Sprache. Der französische Virus wird bestimmt auch Sie anstecken.

Freundlichkeit und Höflichkeit

Mit Freundlichkeit und Höflichkeit erreichen Sie viel mehr, als wenn Sie nur auf Ihr Recht pochen. Frankreich wurde über Jahrhunderte hinweg von der stark hierarchisierten höfischen Gesellschaft geprägt (siehe Kapitel 3) und es ist auch heute immer noch so, dass höfliche und den anderen respektierende Umgangsformen eine große Rolle spielen. Freundlichkeit öffnet Türen und erzeugt Sympathie, Höflichkeit zeigt Respekt gegenüber Mitmenschen und sich selbst und führt dazu, soziale Beziehungen angenehmer zu gestalten. Zur Höflichkeit gehören freundliches Grüßen, das Bekunden nach dem Wohlbefinden des anderen, das Aufhalten von Türen, das Begleiten von Geschäftspartnern bis zum Ausgang oder zum Auto. Bieten Sie etwas zu trinken an. Halten Sie Versprechungen. Rauchen Sie nicht in Besprechungen (das Rauchen ist in Frankreich übrigens in öffentlichen Gebäuden verboten).

Vertrauensaufbau und Complicité

Ihre französischen Kunden und Partner beurteilen Sie nicht nur aufgrund Ihres Könnens, Ihrer Produkte und Dienstleistungen, sondern auch aufgrund Ihrer Persönlichkeit! Die Wellenlänge sollte stimmen! Wenn die Qualität Ihrer Produkte und Dienstleitungen schon gut ist, dann arbeiten Sie doch auch an der Qualität der Beziehung zu Ihrem französischen Partner! **Stellen Sie menschliche Complicité, »augenzwinkernde Verbundenheit« und fachliches Vertrauen her! Gehen Sie gemeinsam essen, erzählen sie etwas von sich und Ihrem Land, verkaufen Sie sich als gewinnbringenden Partner!** Gerade in Frankreich gilt: Klappern gehört zum Handwerk!

Nehmen Sie sich Zeit: »Prenez votre temps!«

Franzosen haben ein anderes Zeitgefühl. Geben Sie dem französischen Geschäftspartner bewusst die Gelegenheit, Sie kennenzulernen, und lernen Sie ihn kennen. **Nehmen Sie sich Zeit für den Beziehungs- und Vertrauensaufbau!** Die Zeit, die Sie anfangs zu »verlieren« glauben, gewinnen Sie für die gesamte Periode der Geschäftsbeziehung. Diese »Investition« zahlt sich aus und macht zudem noch Freude.

Zeit ist relativ

Seien Sie pünktlich – auch wenn es Franzosen nicht immer sind. Wenn Sie warten müssen, ärgern Sie sich nicht, sondern nutzen Sie die Zeit sich vorzubereiten oder noch etwas anderes zu erledigen (beispielsweise Telefonate). **Wenn Franzosen mit Ihnen warten, nutzen Sie die Zeit zu einem Gespräch und zum Aufbau von Vertrauen und Netzwerken.**

Gelassenheit und Bestimmtheit

Im Frankreich-Geschäft kommt es oft ganz anders, als man denkt. Manchmal werden Abmachungen nicht eingehalten oder Termine verschoben. **Reagieren Sie auf solche Situationsänderungen Ihres französischen Partners mit großer Gelassenheit und versuchen Sie, die Vorteile der Veränderungen zu erkennen!** Dabei dürfen Sie jedoch Ihrem französischen Geschäftspartner nicht das Gefühl geben, dass er mit Ihnen »spielen« kann, wie es ihm beliebt. Fassen Sie nach, wenn von französischer Seite keine Nachricht kommt. Zur Not immer wieder.

»Pardon?« – Was möchten Sie?

Zeigen Sie Ihrem französischen Geschäftspartner, was Ihre Erwartungen und Ziele sind. Fragen Sie nach, ob er es so verstanden hat wie Sie. Bitten Sie ihn, Wesentliches in seinen Worten zu wiederholen. Machen Sie Gesprächsnotizen, in denen Sie wichtige Ergebnisse zusammenfassen, wenn Diskussionen verwirrend scheinen. So können Sie Missverständnissen schon im Vorfeld aus dem Weg gehen. **Höfliches Nachfragen schafft Klarheit über Rechte und Pflichten und damit oft erst die Basis für die Zusammenarbeit.**

Form und Inhalt

Die Form ist in Frankreich so wichtig wie der Inhalt. Vieles, was Franzosen ausdrücken wollen, sagen sie »zwischen den Zeilen«! Dies ist manchmal wichtiger als das direkt Gesagte. Achten Sie daher auch auf eine ansprechende Präsentation Ihres Produktes oder einer Dienstleistung; die Form, die »Verpackung«, ist wichtig! Sie sollte nicht zu sachlich und technisch sein, sondern auch Raum für den Menschen im potenziellen Kunden lassen, je nach Branche auch für Fantasie und Witz.

Humor und Anerkennung

Für den französischen Geschäftspartner steht nicht nur das Geschäft, sondern auch der Mensch im Mittelpunkt. Und ohne gut funktionierende zwischenmenschliche Beziehung läuft auch das Geschäft nicht. **Seien Sie nicht »bierernst« und machen Sie auch ab und zu mal eine nette Bemerkung, seien Sie positiv und jovial!** Franzosen schätzen es sehr, wenn Sie Anerkennung für die wirtschaftlichen und kulturellen Leistungen des Unternehmens und des Landes zeigen.

Damit Sie nicht sprachlos sind

Lernen Sie ein paar Sätze und Fachausdrücke auf Französisch, wie Sie sie im Anhang finden. Französisch zu verstehen und zu sprechen ist sehr hilfreich und Ihr französischer Kunde und Partner wird Ihnen dankbar sein. Damit zeigen Sie auch Interesse an seiner Sprache und Kultur. Ihr französischer Geschäftspartner erwartet nicht von Ihnen, dass Sie fließend französisch sprechen. Seien Sie beruhigt: Fehlende Sprachkenntnisse können Sie ausgleichen durch Einfühlungsvermögen in die französische Mentalität.

Eine gemeinsame Sprache finden

Vieles in der Beziehung mit Franzosen ist erfragbar und aushandelbar. Dazu gehört auch die **Einigung auf eine gemeinsame Fremdsprache**. Wenn Sie kein Französisch sprechen, fragen Sie zu Beginn der Begegnung »Welche Sprache wollen wir sprechen?« oder »Können wir Englisch sprechen?«. Sie werden dann gleich eine Antwort bekommen, wahrscheinlich werden Sie sich auf das Englische als kleinsten gemeinsamen Nenner einigen.

Kompromissbereitschaft und Flexibilität

Es ist gut und richtig, wenn Sie klar und eindeutig an Ihren Zielen festhalten. Allerdings sollten Sie manchmal auch zeigen, dass Sie bereit sind, Kompromisse einzugehen, die Meinung des anderen zu achten und diese in Ihrem Entscheidungsprozess zu berücksichtigen! **Menschliche Nähe, Einfühlungsvermögen und Improvisationstalent sind im Umgang mit Franzosen immer wieder gefragt.**

Stärken und Schwächen

Nutzen Sie den guten Ruf der deutschen Wirtschaft, aber geben Sie sich nicht als »Lehrmeister« und »Besserwisser«. Auch wenn deutsche Produkte und Dienstleistungen gut sind – französische sind es ebenfalls! Schauen Sie, wo sich die Stärken und Schwächen beider Partner ergänzen!

Suchen Sie sich ein Interface

Suchen Sie sich einen Mitarbeiter, einen Kollegen, einen Dolmetscher als Vertrauten, der Ihnen als Mittler, als Interface hilft. Es sollte eine Person sein, die sich an der Schnittstelle der beiden Kulturen befindet und diese gut kennt. Auf diese Weise wird er Ihnen helfen, bestimmte Verhaltensweisen besser zu verstehen, Schwierigkeiten zu umgehen, sodass Sie sich auf das Wesentliche, Ihr Geschäft und Ihren Erfolg konzentrieren können. Es ist nicht verwunderlich, dass sich viele Elsässer in Interface-Positionen deutsch-französischer Unternehmen finden. Manchmal ist es gut, sich von einer externen Person helfen zu lassen: Ein interkultureller Berater und Trainer kann Sie, etwa in einem Beratungsgespräch unter vier Augen, sinnvoll unterstützen.

»Don´ts«

Was sind Don'ts im Umgang mit Franzosen? **Die Grundregel ist, alles zu unterlassen, was gegen die Ehre, Honneur, und die Form verstößt und dazu führen könnte, Franzosen zu verletzen oder zu blamieren.** Weitere Don'ts, die Sie beachten sollten, sind das »Spiegelbild« der Dos und folgende.

Seien Sie kein Rouleau Compresseur

Rouleau Compresseur heißt Dampfwalze ... So bezeichnen Franzosen Deutsche, die ihnen ihre Meinung aufdrängen möchten, wobei alle Gegenargumente »plattgewalzt« werden. Hüten Sie sich deshalb davor, als Besserwisser und Oberlehrer aufzutreten und ihrem französischen Partner und Kunden Ihre Ideen aufzudrängen.

Nicht zu viel ZDF

Zahlen, Daten, Fakten (ZDF) beeindrucken Franzosen nur selten. Diese sind vielleicht sowieso erfunden und stimmen in ein paar Monaten nicht mehr – mögen Ihre Geschäftspartner denken! Sie sind nur Orientierungspunkte, eine Basis für Argumente, die kritisch hinterfragt werden müssen. Zu viele Details können langweilen und verstellen den Blick für das Wesentliche.

Kritik mit Vorsicht äußern

Seien Sie vorsichtig mit dem Äußern von Unangenehmem, Negativem und Kritik. Franzosen verdrängen gerne Unliebsames und »positivieren« (»positiver«) Lebens- und Arbeitsumstände. Schuld ist häufig nicht die Person, sondern die äußeren Umstände. Sie sollten Franzosen nicht in aller Ausführlichkeit auf die politischen Probleme ihres eigenen Landes hinweisen und sagen, was die Deutschen alles besser machen. Auch die öffentliche Äußerung von Kritik oder Feedback ist in Frankreich ungewöhnlich. Auch sachlich gemeinte, arbeitsbezogene Kritik wird häufig als Kritik an der Person verstanden und führt zur Verstimmung. Wenn Sie kritisieren, dann unter vier Augen und unter Beachtung der Ehre.

Nicht mit zu viel Gefühl

Verwechseln Sie französische Höflichkeit nicht mit Freundlichkeit und Informelles nicht mit Persönlichem! Vermeiden Sie es, Kollegen jovial auf die Schulter zu klopfen. Bei Gesprächen wird ebenso wenig über private Finanzen und Gehalt gesprochen wie über religiöse Fragen. Missverstehen Sie nicht charmante oder frivole Kommentare und interpretieren Sie nicht Miniröcke als Einladung für amouröse Avancen.

Stilvoll im Restaurant

Viele »stillose« *Faux-pas* können beim Geschäftsessen im Restaurant passieren, etwa wenn Sie Salatblätter mit dem Messer schneiden. Salatblätter sollten gefaltet werden. Schneiden Sie an runden Käsen nicht seitlich ein Stück ab; Runde Käse werden wie ein Kuchen zur Mitte hin geschnitten. **Essen Sie langsamer und genüsslicher, als Sie es vielleicht in Deutschland tun. Das Essen dient nicht nur der Nahrungsaufnahme, sondern ist vor allem ein sozialer Moment.** Es ist unüblich, sich mehrmals Zuzuprosten wie in Deutschland. Vermeiden Sie lautes Sprechen und das »Herumreiten« auf schwierigen Themen. Bestehen Sie nicht penibel auf geteilten Rechnungen.

5.3 Begrüßung und Vorstellung

Als förmliche Anrede benutzen Franzosen *»Bonjour Madame«* oder *»Bonjour Monsieur«*. Titel wie der deutsche »Doktor« sind nicht gebräuchlich, er gilt nur für den Mediziner, der *Docteur* heißt. Französische Titel dienen vor allem zur Verdeutlichung von Rang und Hierarchie: So heißt es dann *»Monsieur le directeur«* oder *»Monsieur le président«* (die Titel können Sie den Visitenkarten entnehmen).

Verhalten und Besonderheiten

Stellen Sie sich kurz mit Ihrem Vor- und Nachnamen vor. Geben Sie Ihrem Gesprächspartner die Hand und schauen Sie ihm in die Augen. In der Regel wird dieses Begrüßungsritual begleitet von einem *»ça va?«* (»wie geht's?«), auf das Sie einfach mit *»ça va!«* oder mit *»ça va bien!«* antworten. Erzählen Sie auf keinen Fall alle Details Ihrer grauenvollen Anreise oder Ihres schlechten gesundheitlichen Zustandes. **Achten Sie darauf, dass Ihr Händedruck nicht zu stark ist, denn das vermittelt Franzosen den Eindruck, von einem Schraubstock umfasst, ja eingeklemmt zu werden.** Auch ein langes Schütteln der Hände ist unüblich. Bestehen sehr langfristige und wirklich gute Geschäftskontakte, so begrüßen sich manchmal Frau und Mann oder Frau und Frau mit den Bises, Luftküssen an der Wange vorbei. Beginnen nicht Sie mit diesen Luftküssen, sondern warten Sie darauf, dass die französische Seite damit anfängt! Je nach Region werden zwei, drei oder vier Bises gegeben. Im Geschäftsleben werden zur Begrüßung zwischen gleichgeschlechtlichen Personen keine Bises gegeben (was zum Beispiel in Südfrankreich unter guten Freunden üblich ist). Sich die Hand oder *Bises* zu geben ist zum einen ein Höflichkeitsritual, zum anderen ist es eine wichtige soziale, vertrauensbildende Geste. Man nähert sich dem anderen und spürt seinen Händedruck (und einen hoffentlich angenehmen Geruch). Hier zeigt sich – trotz aller Form – die französische Herzlichkeit. Stellen Sie sich darauf ein: Wenn viele Personen sich treffen und jeder jeden persönlich begrüßt, kann das Begrüßungsritual einige Minuten dauern.

Generell gilt, dass man sich beim Kennenlernen siezt und den Nachnamen benutzt. Besteht ein andauerndes Arbeitsverhältnis unter Kollegen, so wird als Anrede der Vorname und »Sie« benutzt, was auf eine berufliche, aber schon eine vertrautere Beziehung verweist. Der Weg vom Gebrauch des Vornamens und zum »Du« ist dann oft nicht mehr weit. Allerdings kommt es immer auf Ihre Position an: Sind Sie auf einer Höhe mit dem Gesprächspartner, bietet es sich an, die Vornamen zu benutzen; herrschen Alters-, Rang- und Geschlechtsunterschiede, warten Sie ab. Für Franzosen wirkt es unnatürlich, extrem förmlich und kalt, wenn sich langjährige Kollegen immer noch mit Nachnamen ansprechen. Anders als in Deutschland (»Ich bin der Klaus«) erfolgt das Angebot zur Benutzung des Vornamens oder des »Du«

meist ganz indirekt. Die Initiative geht in der Regel vom Ranghöheren aus, also zum Beispiel vom Vorgesetzten oder von der älteren Person. Wenn Sie den ersten Schritt machen wollen, können Sie entweder indirekt fragen »Haben wir uns eigentlich gesiezt oder geduzt?« oder direkter »Finden Sie nicht, es wäre einfacher, wir duzen uns?«.

Visitenkarten werden – wenn überhaupt – während oder am Ende des Gesprächs überreicht. Nichts hindert Sie aber daran, Ihrem Gesprächspartner am Anfang Ihre Visitenkarte zu geben. Vielleicht finden Sie auf der französischen Visitenkarte unter dem Namen Abkürzungen wie *ENA* oder *HEC*. Dies sind häufig Abkürzungen von Namen der *Grandes Ecoles*, den französischen Elitehochschulen (siehe Kapitel 3).

Sie sollten relativ pünktlich zum Treffen oder zur Einladung erscheinen, aber seien Sie nicht verwundert, wenn Franzosen unpünktlich kommen. Wie Sie wissen, alles hängt vom Kontext und Ihrer Position ab. 10 bis 15 Minuten sind üblich und toleriert, im Südfrankreich und in Paris können es noch ein paar Minuten mehr werden, das gilt vor allem bei privaten Anlässen.

Wenn Sie privat eingeladen sind, bietet sich als Geschenk ein eingepackter (!) Blumenstrauß an. Anders als in Deutschland gilt die oft sehr fantasievolle Verpackung als Teil des Geschenks, der wie die Blumen bewundert wird. Wenn Sie den Gastgeber besser kennen, wird ihn ein Gastgeschenk aus Ihrer Region erfreuen, zum Beispiel Spezialitäten wie Bier, Wein oder Schinken. Erzählen Sie eine kleine Geschichte zu diesen Produkten, zu ihrer Herkunft, der Region, den Menschen, die sie produzieren. So machen Sie auch Deutschland vertrauter! Am Tag nach einer Privateinladung sollten Sie kurz anrufen oder einen kleinen Brief schreiben, in dem Sie sich für die schönen Stunden bedanken.

5.4 Geschäftskleidung

In jeder Branche gibt es Unterschiede im Kleidungsstil. In Frankreich aber gilt generell – wie in vielen romanischen Ländern: **Ein gepflegtes Äußeres ist sehr wichtig! Ein guter Anzug mit geschmackvoller Krawatte, ein perfektes Kostüm, geputzte Schuhe und ein ordentlicher Haarschnitt sind Ausdruck von Savoir-vivre, also Stil und gutem Geschmack.** Businesskleidung ist eher klassisch und elegant und noch stärker als in Deutschland Zeichen für den gesellschaftlichen Status. Unterschiede bestehen nicht nur zwischen Groß- und Kleinunternehmen, zwischen Paris und der Provinz, sondern auch zwischen den Hierarchieebenen in Unternehmen: je höher, desto schicker. Generell gilt: Mann trägt dunkle Farben (schwarz, grau und blau) und keine grellen. Anzüge sind uni oder haben einen dezenten Nadelstreifen. Die Hemden können weiß, hellblau, klassisch gestreift sein oder ein edles leichtes Karo haben. Bei Krawatten lieber auf Nummer sicher gehen: keine zu wilden und »lustigen« Krawatten! Sandalen und weiße Socken sind natürlich tabu. Zur klassischen Ausstattung gehören auch eine Markenuhr und ein edler Füller oder Kugelschreiber. Frauen sind feminin und elegant gekleidet, sie tragen Hosenanzüge, Kostüme oder Röcke, kombiniert mit klassischen Blusen oder Tops, dazu halbhohe Schuhe. Schmuck, Schals und Seidentücher sind üblich, diese dürfen als Accessoire dann auch ungewöhnlich sein. Ein dezentes Make-up sollte selbstverständlich sein. Provokation durch ein zu tiefes Dekolleté ist genauso deplatziert wie ein zu kurzes Kleid. Bei der Auswahl der Garderobe sollten Sie daran denken, dass Sie nicht nur die Firma repräsentieren, sondern von den Franzosen als Vertreter Ihres Landes gesehen werden!

5.5 Meetings und Verhandlungen

Sie sollten wissen, dass Meetings und Verhandlungen in Frankreich grundsätzlich anders ablaufen als in Deutschland. **Eine Réunion, eine Besprechung, dient in Frankreich eher dem Informations- und Meinungsaustausch und dem Abstecken von Positionen als der Entscheidungsvorbereitung. Aus diesem Grund kommen viele Teilnehmer relativ unvorbereitet in die Réunion.** Es wird vorausgesetzt, dass die Teilnehmer sich im Voraus (selbstständig und informell) erkundigt haben, um welches Thema es genau geht. Deshalb wird während der *Réunion* die (manchmal notwendige) auf die Sachthemen bezogene Information selten ausführlich dargestellt. Wichtige Informationen werden nicht unbedingt während der Sitzung weitergegeben, sondern auf anderen »Kanälen«, wie dem

Radio Couloir (= Gangradio, Flurfunk) oder bei der *Machine à café* (= Kaffeeautomat).

Genauso werden wichtige Entscheidungen nicht unbedingt während der Sitzung getroffen, sondern häufig von den Verantwortlichen vorher oder nachher. In Frankreich spricht man von *»Prendre une décision«* eine »Entscheidung nehmen«. Nach außen verkündet der Chef die Entscheidung, der die französischen Mitarbeiter in der Regel beipflichten werden, auch wenn etwas ganz anderes vorbereitet war. Nach außen müssen Form und Respekt gegenüber der Autorität gewahrt werden, nach innen nimmt sich so mancher französische Mitarbeiter die Freiheit, Veränderungen vorzunehmen, seine Ideen und Kreativität zu verwirklichen. In Frankreich spricht man auch von »versteckter Partizipation«. Im Mittelpunkt steht vor allem die Zielerreichung. Auf französische Manager wirken deutsche Sitzungen mit Einbeziehung aller Beteiligten, langen Diskussionen und Konsenssuche bei der Entscheidung als langwierig und langweilig.

Im französischen Verständnis ist ein Compte-Rendu eine Synthese und Arbeitsbasis. Nicht alle Details und nicht alle Inhalte und Vereinbarungen müssen genau wiedergegeben werden. Es geht eher um den *Esprit*, den »Geist« des Gesagten und um die Schlussfolgerungen für die weitere Zusammenarbeit. In der Regel kann der Chef auch im Nachhinein noch Veränderungen vornehmen, wenn es sinnvoll erscheint: Später wichtig erscheinende Inhalte werden hinzugefügt, weniger wichtige weggelassen. Ebenso finden sich in Frankreich *Minutes*, die an ein Ergebnisprotokoll erinnern.

Den Unterschied zwischen Protokoll und Compte-Rendu kann ebenfalls die unterschiedliche Strukturierung des Sitzungsablaufes sowie der Kommunikation zwischen Sitzungsteilnehmern erklären. Trotz manchmal vorhandener Tagesordnungen erscheinen französische Sitzungen dem deutschen Beobachter oft unstrukturiert: Auf Wunsch der Teilnehmer werden manche Tagesordnungspunkte modifiziert, manche werden kaum diskutiert oder nur am Rand berücksichtigt; andere und/oder neue Themen finden dagegen reges Interesse. Es ist durchaus üblich, wenn Sitzungsteilnehmer sich während der Diskussion gegenseitig unterbrechen oder auch einmal gleichzeitig reden. Schon Staatspräsident Charles de Gaulle wusste: *»Les Gaulois n'ont pas changé. Leurs chefs* *détestent obéir. Mais ils adorent discuter.«* (»Die Gallier haben sich nicht verändert. Ihre Chefs verabscheuen es, zu gehorchen. Aber sie lieben es zu diskutieren.«) Da hilft es, wenn Sie die Ihnen wichtigen Punkte im Vorfeld notiert haben und sie – wenn nötig – vorbringen.

Informationsverhalten

Deutsche und Franzosen gehen unterschiedlich mit Informationen um. Das kann im Geschäftsleben zu Missverständnissen und Nachteilen bei der Machtverteilung zwischen beiden Seiten führen. **Franzosen verfügen oft über viel Hintergrundwissen durch ihre informellen personenbezogenen Netzwerke, kommunizieren »implizit«, machen Andeutungen und benutzen zahlreiche Wortspiele.** Nur kleine Reaktionen, Signale genügen, damit der andere die Bedeutung des verschlüsselten oder wenig konkreten Verhaltens erkennt. Mündliche, persönliche Kommunikation wird bevorzugt. **Information ist »Holschuld«,** das heißt jeder ist verantwortlich dafür, dass einen die Informationen, insbesondere die wichtigen, erreichen! Der französische Manager »angelt« sich seine Informationen *(»aller à la pêche aux informations«).*

Deutsche hingegen haben oft einen Hang dazu, viele zusätzliche Detailinformationen zu beschaffen, weil sie wenig informelle Informationsnetze haben und folglich schlecht informiert sind. Sie kommunizieren »explizit«, also klar, detailliert und direkt, sodass alle Beteiligten einen ähnlichen Wissenstand haben – etwa als Basis für Entscheidungen. Im Gegensatz zu Franzosen bevorzugen sie die schriftliche Kommunikation (»schwarz auf weiß«) und gehen von der »Bringschuld« aus: Wichtige Informationen werden übermittelt, ohne dass man selbst aktiv werden muss.

Oft brauchen Franzosen ein relativ geringes Maß an zusätzlich übermittelten Informationen im Arbeitsleben, die deutsche Seite aber viele – sie geht davon aus, dass man sie ausführlich informiert! **Man kann fast von einem gewissen Vergnügen in Frankreich sprechen, versteckte Botschaften und Mehrdeutigkeiten zu senden und auch zu entschlüsseln.** Der Empfänger der Botschaft muss »intelligent« genug sein, um die Signale zu entschlüsseln. Bildhaftes, assoziatives Denken, Aufmerksamkeit gegenüber Ironie und Gestik und Mimik sind erforderlich. Das kann zu Verwirrung bei deutschen Managern führen, die mit Franzosen in Arbeitsbeziehung stehen. Häufige Aussagen sind: »Ich habe den Eindruck, dass sich Franzosen oft scheuen, Dinge präzise zu sagen. Ziele werden nicht klar definiert. Es gibt immer einen Spielraum« oder »Ich kann nicht alles dekodieren, aber meine Sensoren sind eingeschaltet. Mir entgeht so einiges, was die Franzosen durch die Blume sagen ...« wie auch »Ich habe Jahre gebraucht und muss auch heute genau zuhören, um zu verstehen, was mein französischer Chef meint. Ich achte auf alles, seine Mimik und so. Das sind alles Zeichen«. Andererseits wirkt explizite deutsche Kommunikation auf Franzosen zu detailliert, vielleicht sogar belehrend und dominierend. Aber seien Sie beruhigt: In einer Fremdsprache, etwa im Englischen, verlieren Franzosen ihr Sprachgeschick. Und auch hier gilt: **Klären Sie Erwartungen mit den französischen Partnern ab und verbiegen Sie sich nicht!** Explizite Kommunikation hat ja auch viele Vorteile. Es herrscht Klarheit für alle Beteiligten.

Verhandlungen

Verhandlungen in Frankreich sind nicht nur ein gegenseitiger Prozess der Zielerreichung im Geschäftsleben, sie sind oft ein Spiel mit Überraschungen, bei dem es Gewinner und Verlierer gibt. Natürlich sehen sich Franzosen gerne als Gewinner. Spielen Sie das Spiel ein wenig mit! **Wechseln Sie Positionen, halten Sie eine Überraschung parat, greifen Sie die Aussagen Ihres Verhandlungspartners auf und bringen Sie Ihre eigenen Interessen behutsam nach und nach ein. Dann sind auch Sie der Gewinner.**

In ihrer Muttersprache sind viele französische Manager virtuose Verhandlungskünstler und wenden ihr strategisches Denken, ihre taktische Flexibilität und ihre spielerische Rhetorik an, wenn sie jedoch Englisch sprechen, ist die Virtuosität eingeschränkt. Es wird Sie nicht mehr erstaunen, dass in der Verhandlung Eigenarten der französischen Kultur (wie Ehre, Individualismus etc.; siehe Kapitel 3) und der Kommunikation zutage treten, wie Mehrdeutigkeiten, Wortspiele, Begeisterung, Humor, Konflikt und Diplomatie. Dann kann es sich bei einem französischen »Ja« um ein höflich verpacktes »Nein« handeln. Wichtiger als die verbale Kommunikation ist hier die nonverbale: Mit welcher Gestik, Mimik und in welchem

Tonfall stimmt Ihnen Ihr französischer Verhandlungspartner zu oder nicht? Achten Sie auf nonverbale Zeichen, denn diese sind ausschlaggebend. Ihr französischer Kollege wird ebenfalls auf Ihre nonverbale Kommunikation achten und diese für bare Münze nehmen.

Wie immer spielt der Kontext eine große Rolle. Sind Sie Käufer oder Verkäufer? Stärker als in Deutschland gilt: **Der Käufer und Kunde ist König und hat viel Macht und nutzt diese aus.** Verkäufer und Zulieferer werden dementsprechend behandelt: Nicht nur stellt der Kunde hohe Anforderungen und fordert den niedrigsten Preis, vielleicht ist er auch auf einer menschlichen Ebene nicht so freundlich, wie man es von Franzosen gewöhnt ist.

Verhandlungen können in Frankreich länger dauern als in Deutschland, weil der Prozess genauso wichtig ist wie das Ergebnis und weil es anfangs darum geht, eine Vertrauensbasis zum Geschäftspartner aufzubauen, ein Gespür für das Gegenüber, die Atmosphäre und das Geschäft zu bekommen. Stimmt die Wellenlänge, *Longeur d'ondes*, und passen die Ideen und Interessen der Verhandlungspartner zusammen, *»Atômes crochus«* (»verhakte Atome« = mit jemandem innerlich verwandt sein), kann mit dem Geschäftspartner durch »dick und dünn« gegangen werden. Dann lassen sich Preise, Lieferbedingungen, Produktspezifikationen und Extras bestens verhandeln und verändern. Dies fußt anfangs mehr auf einer guten persönlichen Beziehung als auf Sachargumenten. Diese kommen zu einem späteren Zeitpunkt, wenn die Beziehungsebene stimmt. Sachargumente mit Zahlen, Daten, Fakten können schließlich von jedem ausgesprochen werden, ohne dass man weiß, ob sie stimmen. **Der Franzose wird hinter Sachargumenten einen Vorwand oder die Eigeninteressen des Verhandlungspartners suchen.** Wahrscheinlich denkt er: *»Qu'est-ce que ça cache?«* (»Was steckt dahinter?«). Auch können deutsche Sachargumente auf Franzosen rechthaberisch oder brutal wirken. Das schließt nicht aus, dass Sie Ihre Position nicht verteidigen sollten, nur tun Sie es höflich und bestimmt.

Am Anfang der Verhandlung werden Vorstellungen und Wünsche der Gegenseite ausgetauscht und – versteckte – Absichten geklärt. Auch versucht der französische Verhandlungspartner, Ihre Position im Unternehmen, Ihren Rang und Ihre Kompetenz herauszufinden. Dies erfolgt sehr indirekt, persönlich und fast beiläufig. Auch wenn französische Geschäftspartner einen Plan im Kopf haben, wie die Verhandlung ablaufen soll, werden sie ihn nicht offen kommunizieren. Dies lässt Raum für Neues. Denken Sie daran, dass es ebenso zur Taktik gehört, sich nicht in die Karten schauen zu lassen. Schwachpunkte Ihres Produkts oder Ihrer Dienstleistung müssen Sie nicht gleich offen auf den Tisch legen. Das betrifft auch Ihre Preisgestaltung. Hier bietet es sich an, mit einem hohen Preis einzusteigen – höher, als Sie es aus Deutschland gewohnt sind. Das gibt Ihnen Spielraum nach unten und Ihrem französischen Verhandlungspartner das Gefühl, er könne sie »herunterhandeln«. Aber Vorsicht: Deutsche Produkte werden zwar aufgrund ihrer Qualität in Frankreich sehr geschätzt, aber nicht jeder Preis wird deswegen gezahlt!

Interessant ist die typische dreiteilige, logisch-hierarchische Argumentationsstruktur, die sich in Präsentationen, Verhandlungen und Diskussionen wiederfindet und die Franzosen schon in der Schule im Schulaufsatz, der *Dissertation*, lernen. Diese Struktur basiert auf dem Kartesianismus und der Hegelschen Dialektik, die wie folgt strukturiert ist: **These, Antithese und Synthese.** In einem ersten Schritt wird das Thema objektiv vorgebracht und klar erläutert mit einer oder mehrerer Thesen. In einem zweiten Schritt erfolgt die Hinterfragung oder Infragestellung, die *Remise en question*. In einem dritten und letzten Schritt folgt die Zusammenfassung und Bewertung der vorgebrachten divergierenden Thesen

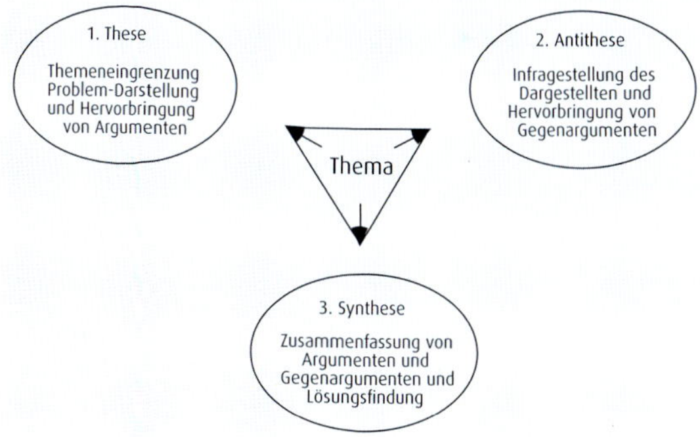

Französische Problemlösungs- und Argumentationsstruktur

Verhalten und Besonderheiten

Während Besprechungen oder Verhandlungen sind Deutsche immer wieder über diese Problemlösungs- und Argumentationsstruktur verwundert: Typisch hierfür ist, dass sich die deutschen und französischen Verhandelnden häufig nach einer Zeit der Diskussion inhaltlich angenähert haben, die deutschen Verhandlungspartner den Prozess für fast abgeschlossen halten und eine Einigung in greifbarer Nähe sehen. Dann aber bringen die französischen Partner entweder direkt im Anschluss oder nach einigen Tagen Gegenargumente und -vorschläge hervor, die alles infrage stellen. Häufige französische Äußerungen sind hier beispielsweise: »Gut, aber was wäre, wenn …?«, »Könnte man das nicht auch anders machen?«, »Sollen wir uns damit zufriedengeben?«, »Wir sollten noch bedenken, dass …«. Deutsche empfinden diesen Argumentationsstil häufig als willkürlich, taktisch hinterlistig und sprunghaft. **Für Franzosen ist es aber ganz normal, die Antithese produktiv zu nutzen, um festgefahrene Annahmen zu hinterfragen, neue Blickwinkel einzunehmen und damit Kreativität für innovatives Denken und Handeln zu fördern und bessere Lösungen zu finden.** Bereits der Moralist und Fabeldichter Jean de La Fontaine (1621–1695) stellte fest, dass die Wortwechsel, Diskussionen und Streite interessant und anregend sind: *»La dispute est d'un grand secours. Sans elle on dormirait toujours.«* (»Der Disput ist eine große Hilfe, ohne ihn würde man immer schlafen.«) **Lassen Sie Ihren französischen Partnern die Zeit für die Antithese, aber sorgen Sie aktiv dafür, dass die Synthese eine Einigung bringt.** Wenn nicht direkt am Ende der Sitzung, dann jedoch in kurzem zeitlichem Abstand danach.

Auch bei Verhandlungen gilt: **Bereiten Sie sich nicht nur inhaltlich vor** – das tun Sie sowieso –, **sondern auch kulturell und strategisch.** Versuchen Sie im Vorfeld Informationen über den Kontext, den französischen Markt, das Unternehmen und Ihre(n) Verhandlungspartner zu bekommen. Es kann sinnvoll sein, bei einer ersten Verhandlung einen frankreicherfahrenen einfühlsamen deutschen Kollegen mitzunehmen. Scheuen Sie sich nicht – in deutscher Direktheit – immer wieder Vereinbartes zusammenzufassen, um sicherzustellen, dass beide Seiten dasselbe Verständnis haben. Aber tun Sie dies *à la française,* achten Sie auf die Form. Sie können ja humorvoll mit einem Schmunzeln sagen: »Wir Deutschen brauchen das eben so.« Denn auch hier gilt. Bleiben Sie authentisch!

5.6 Teamarbeit

Franzosen haben ein anderes Teamverständnis als Deutsche. Entsprechend dem Bildungssystem und dem direktiven Führungsstil ist Teamarbeit in deutschem Sinne nicht so ausgeprägt in Frankreich. **Das französische Team ist keine sich selbst steuernde Gemeinschaft, die zur Zielerreichung Regeln aufstellt und befolgt, sondern mehr eine Gruppe von Individuen, die sich für ein Ziel einsetzt.**

Ein Beispiel: In einem deutsch-französischen Teamseminar wurde zu Beginn der französischen und der deutschen Untergruppe folgende Frage gestellt: »Was sind wichtige Elemente für die erfolgreiche Teamarbeit?« Als Antwort auf diese Frage nannten die französischen Teilnehmer an erster Stelle »der Chef«, der als »Motor« Ziele definiert, die Aktivitäten der Teammitglieder koordiniert, Entscheidungen fällt und den Arbeitsfortschritt und die Umsetzung kontrolliert. Die zweite Antwort lautete »Ziel«, das ein motivierendes und vereinendes Element darstellt. Ein hochgestecktes Ziel, so erklärten die französischen Teilnehmer, würde das Team zusammenhalten und zu Höchstleistungen führen.

Aufschlussreich ist nun der Vergleich zu den wichtigsten Elementen der Teamarbeit der deutschen Teilnehmer. An die erste Stelle setzten sie »klare Aufgaben«, die eigenverantwortliches Arbeiten ermöglichen, um das Ziel zu erreichen. Jedes Teammitglied ist über seinen Aufgabenbereich und den des Kollegens informiert. An zweiter Stelle wurden »gemeinsam akzeptierte Regeln und Prozesse« genannt, an die sich die Teammitglieder halten und die es ermöglichen, effizient als Gruppe zu agieren ohne zeitverschwendende Rückfragen und Abstimmungsprozesse. Während in Frankreich die Autorität im Chef personalisiert ist, wird in Deutschland die Autorität durch explizite oder implizite Regeln formalisiert und »funktionalisiert«.

Während in Deutschland »Zusammenarbeit« als »gemeinsame Arbeit«, als »Zusammenwirken« verstanden wird, bei der sich alle Beteiligten in gleicher Weise und mit gleicher Intensität einsetzen, um auf ein Ziel hinzuarbeiten, ja, sich durch die Arbeit zu »vereinigen«, **wird in Frankreich »Coopération« vielmehr verstanden als der individuelle Beitrag, die Mitwirkung Einzelner an einer Arbeit.** Die deutsche Vorstellung ist eine gemeinsame, gegenseitige Dynamik, die zusammenwirkt; die französische Vorstellung ist eine individuelle, einseitige Dynamik: **Das Individuum trägt »dazu bei«, es wirkt unterstützend und helfend mit, ist aber nicht so direkt und fest in die Gruppe eingebunden und trägt auch keine Gesamtverantwortung.** Dies lässt ihm die Freiheit, sich einzubringen oder sich zurückzuziehen in einem hierarchisch klar geregelten Umfeld. Das französische »schmetterlingshafte« Verhalten, das kurze Kommentieren, Mitwirken und zum Nächsten übergehen, wirkt auf Deutsche oft unvorhersehbar, verunsichernd und unseriös. Dies betrifft auch das Zuspätkommen, Nichterscheinen oder Unvorbereitetsein in Sitzungen. Ursache ist oft, dass die beteiligten Franzosen zum jeweiligen Zeitpunkt dem Projekt eine andere Bedeutung beimessen als ihre deutschen Partner.

Wenn die Gruppe gemeinsam »zusammenwirkt«, kommt es zu einer Angleichung von Ideen, die sich nach französischer Auffassung eher nach unten als nach oben orientiert. *»Compromis«* (»Kompromiss«) und *»Consensus«* (»Konsens«) haben deshalb in Frankreich eine eher negative Bedeutung: Nachgeben muss nur dasjenige Teammitglied, das die schlechtere Idee oder die schwächere Durchsetzungskraft hat. In der Gemeinschaft eingebunden, kann das Individuum nicht mehr mit eigenen Ideen und Vorschlägen glänzen, da diese dann nicht mehr seine eigenen sind, sondern die der Gruppe. Dissens dagegen ist interessant und reizvoll: Hier werden Meinungen und Positionen kontrovers diskutiert, hier kann sich etwas Neues entwickeln. **In der Regel sollten Sie Dissens nur als momentane Verschärfung von unterschiedlichen Positionen sehen, nicht als Konflikt.** Dabei ist zu berücksichtigen, dass auch der Dissens zur Lösungsfindung beiträgt, denn die Entscheidung macht dem Dissens irgendwann ein Ende.

Für eine gelingende Zusammenarbeit im Team sollten unterschiedliche Auffassungen von Team- und Kooperationsverständnis durch die Führungskraft anfangs thematisiert und geklärt werden.

5.7 Präsentationsstil

Der Präsentationsstil eines inhaltlich gut vorbereiteten Franzosen zeichnet sich durch ein Wort aus: **Synthèse, das Wesentliche wird intelligent und gut strukturiert auf den Punkt gebracht.** Das ist die Stärke des Generalisten, der den Überblick behält. Zu viele detaillierte Informationen und zahlreiche Power-Point-Folien machen bei Franzosen eher den Eindruck von Verzettelung oder Angeberei (»Ich weiß alles, bis ins Detail«). **Franzosen sprechen dann von »noyer le poisson« (»den Fisch ertränken«).** Lange Einleitungen sind überflüssig, die Darstellung und das Loben persönlicher Leistungen unangebracht und die Darlegung von zu viel Fachwissen kann schwerfällig wirken. In Frankreich bekennt man sich zu *la forme et le fond.* **Form und Inhalt sind beide wichtig und müssen ausgewogen sein.** Die Form bedeutet, dass Informationen strukturiert, klar, kurz, geistreich und auch »schön« präsentiert werden. Humor, Abwechslung, Eloquenz und gute Rhetorik werden geschätzt. Als Redner sollten Sie auch auf Zwischenfragen des Publikums eingehen und präzise und geistreiche Antworten geben.

5.8 Geschäftseinladungen und -essen

Geschäftsessen finden meist in der Mittagszeit statt; wenn Sie mehrere Tage in Frankreich sind, auch abends. **Restaurants sind ein zentraler Ort für Gespräche in der französischen Geschäftskultur.** Die wirklich wichtigen Sitzungen von einflussreichen Geschäftsleuten und Politikern, in denen Ideen entstehen, Strategien entworfen, Entscheidungen getroffen und Pläne erarbeitet werden, finden selten in Sitzungsräumen und Besprechungszimmern statt, sondern in herausragenden Restaurants und können viel Zeit in Anspruch nehmen. Mit der Wahl des guten Restaurants zeigt der Gastgeber seine Wertschätzung für den Geschäftspartner – und seinen Geschmack. Je besser das Restaurant, desto wichtiger die Geschäftsbeziehung. Im Restaurant wird nicht nur Geschäftliches besprochen, sondern es wird auch das Essen an sich und die gemeinsame Zeit genossen, *»Passer un bon moment«,* eine schöne Zeit verbringen, heißt es in Frankreich. Gerade in diesem Rahmen lässt sich persönliches Vertrauen aufbauen. Denn bevor ein Geschäft abgeschlossen wird, möchte man wissen, ob der Geschäftspartner auf einer ähnlichen Wellenlänge, *»Longueur d'ondes«*, ist. **Man will ohne Zeitdruck in einem angenehmen Rahmen erfahren, was die Absichten des anderen sind und wo seine Schwächen und Stärken liegen.** Beim Essen lernen sich Menschen kennen, in ihrer Einstellung zum Leben und – zur Gastronomie. Kann das Gegenüber den Wein und das Essen gebührend schätzen? Bereits der Philosoph Charles de Montesquieu (1689–1757) bemerkte: »Das Essen ist einer der vier Zwecke des Daseins. Welches die drei anderen sind, darauf bin ich noch nicht gekommen.«

Ein Geschäftsessen kann sich über zwei bis drei Stunden hinziehen, was Deutsche manchmal ungeduldig werden lässt, insbesondere, wenn die aus deutscher Sicht eigentlich wichtigen, fachlichen Themen nur kurz am Rande angesprochen werden. Häufig wird das Thema auf indirekte Weise angesprochen und »eingekreist«. **Erst kommt der Mensch, sein Rang und seine Beziehungen, dann das Produkt oder die Dienstleistung, dann der Preis:** *»Entre la poire et le fromage« (»zwischen der Birne und dem Käse«)*, also am Ende des Essens.

Wenn Sie in Frankreich eingeladen werden, lassen Sie sich bei der Auswahl der Speisen und Getränke von Ihrem Gastgeber führen. Er wird sich auskennen und Ihnen Empfehlungen aussprechen, auch für den passenden Wein. Und damit sind Sie schon bei einem wunderbaren Gesprächsthema: dem Essen. Falls Ihr Geschäftspartner in Deutschland weniger übliche Speisen wie Austern, Schnecken oder Langustinen bestellt und sie nicht wissen, wie man diese korrekt isst, bitten Sie den anderen ganz einfach darum, es Ihnen zu demonstrieren (»Wie schön, dass Sie mir das heute zeigen!«). Lehnen Sie diese Spezialitäten nicht ab – so mancher mit Bravour verzehrte Froschschenkel hat das Ansehen eines deutschen Gastes sehr gehoben! Verweisen Sie auf die andere kulinarische Tradition in Ihrem Heimatland. Wenn Sie in Frankreich einladen, sollten Sie ein gutes Restaurant wählen, das dem Anlass entspricht.

Ein getrenntes Bezahlen der Rechnung ist unüblich. In der Regel lädt der Gastgeber ein. Im privaten Umfeld, unter Freunden, wird die Rechnung durch die Zahl der Essensteilnehmer geteilt; egal, ob einer mehr oder teurere

Speisen konsumiert hat. Das genaue Aufaddieren der jeweiligen Beträge der konsumierten Speisen gilt als kleinlich.

Wenn Sie zu sich nach Hause einladen, haben Sie zwei Möglichkeiten. Entweder Sie gehen auf Nummer sicher und folgen bei der Struktur des Abends dem französischen Ritual des Menüs mit Aperitif, Vorspeise, Hauptspeise, Käse und Dessert. In diesem Fall bietet es sich an, dass Sie in die Speisefolge regionale Spezialitäten einbauen wie zum Beispiel deutschen Käse oder Rote Grütze. Wenn Sie Ihre Gäste schon besser kennen, können Sie auch zu einem typisch »deutschen« Abendessen einladen mit einer großen Brot-, Käse- und Wurstauswahl, dieses sollten Sie aber unbedingt vorher ankündigen! Es gibt Franzosen, die sich über eine »exotische Einladung« freuen, bei der sie verschiedene deutsche Biere oder Weine testen können, für andere mag es als lieblos und zu einfach wirken, lediglich zu einem kalten Abendessen gebeten zu werden. **Im Zweifel: immer aufwendiger, als man es für deutsche Gäste tun würde, denn die Franzosen sind selbst im Alltag an mehrere Gänge gewöhnt!** Anerkennung findet immer ein in dünne Scheiben geschnittener Schinken aus der Region zum Aperitif, eine sehr gute Flasche Wein, wie eine Trockenbeerenauslese, zum Dessert und ein Marillenschnaps als Digestif. Mit Spezialitäten wie Labskaus und Matjessalat ist Zurückhaltung geboten!

5.9 Small Talk

Franzosen sind in der Regel – auch aufgrund der langen und intensiven Schulbildung – gebildete und sehr interessierte Menschen, mit denen sich anregende und geistreiche Gespräche führen lassen. Insofern geht ein Gespräch mit Franzosen in Länge und Tiefe meist über einen »Small Talk« hinaus. Gespräche sind keine Pflicht, sondern eine Kür, ein *Plaisir*. **Hier treten Franzosen in Kontakt mit der Umwelt, erfahren Neues, haben Freude an der Sprache und an Wortspielen und können ihre Persönlichkeit zeigen – und was sie alles wissen.** Mal erinnert das Gespräch mit Franzosen an ein Feuerwerk, in dem viele verschiedene Themen aufblitzen und wieder verlöschen, oder auch an ein Ping-Pong-Spiel, in dem Themen schnell und assoziativ gewechselt werden und von einem

Gesprächspartner zum anderen springen. Gerade wenn das Gespräch spannend ist, sind Unterbrechungen häufig. Diese zeigen das Interesse und das Engagement des Gesprächspartners am Thema, verwirren jedoch häufig deutsche Partner, die Unterbrechungen als unhöflich empfinden. Aber machen Sie sich keine Sorgen um die schnell sprechenden Franzosen – wenn sie sich in einer Fremdsprache bewegen, zischt das Feuerwerk der Worte nicht so schnell wie in ihrer Muttersprache. Für viele Franzosen ist das »Wie« der Konversation, also die Gesprächsführung, wichtiger als das »Was«, der Gesprächsinhalt. Franzosen können völlig in einem Gespräch aufgehen, sich für Themen begeistern und auf leidenschaftliche Weise Positionen vertreten, ohne ihre persönliche Meinung wirklich zu offenbaren. Auch Sie sollten Ihre Position darstellen, aber bleiben Sie immer höflich.

Welche Themen eignen sich zur Konversation? Generell eignen sich neutrale Sujets wie Kultur und Sport, Hobbys, Europa oder Wirtschaft. Es ist von Vorteil, wenn Sie sich vorher schon ein wenig vorbereiten. Ideal ist bei vorhandenen Französischkenntnissen die Lektüre von Nachrichtenmagazinen wie *L'Express* oder *Le Nouvel Observateur* oder die der Wirtschaftszeitschriften *L'Expansion* oder *Challenges*. Sie können auch von Ihrer Anreise erzählen, über den schnellen TGV, die schönen Landschaften reden. Kurze, interessante Geschichten und Begebenheiten eignen sich ebenfalls.

Welche Themen sind im Geschäftsleben eher tabu? **Vermeiden Sie generell problematische und kritische Themen wie die Weltkriege, Atomenergie oder den Umweltschutz.** Auch sollten Sie **informelle Themen**, also solche, die **nicht unbedingt mit der Arbeit in Verbindung stehen, nicht mit persönlichen oder privaten Themen verwechseln**. Informelle Themen werden häufig angesprochen, persönliche aber nicht! Ganz wichtig: Franzosen schützen ihre Privatsphäre und geben persönliche Informationen nicht gerne preis. **So spricht man nicht über Religion, Besitz, Gesundheit, Geld oder Gehalt, ebenso am Anfang einer Geschäftsbeziehung nicht über die Familie (verheiratet, Kinder, sexuelle Orientierung). Das gilt als indiskret.** Aber letztlich kommt es immer darauf an, in welchen Momenten und in welcher Form Sie Ihre Fragen formulieren. Über Politik kann man sprechen, aber nicht so:

»Welche Partei wählen Sie?«, sondern eher: »Was glauben Sie, wie wird sich die Politik des neuen Premierministers auf die Wirtschaft auswirken?«

Generell gilt: Small Talk dient auch dazu, Gemeinsamkeiten zu entdecken, die Sie mit Ihrem Gesprächspartner verbinden, er dient dem Vertrauensaufbau. Zeigen Sie Interesse am Gegenüber, der nicht nur als Geschäftspartner, Manager oder Ingenieur geschätzt werden will, sondern vor allem als Mensch.

5.10 Recht und Verträge

Frankreich ist ein Land mit vielen Gesetzen und Regeln, die zu einer ausgeprägten Bürokratie führen können. Allerdings fällt auf, dass die Anwendung von formellen Regeln anders gehandhabt wird als in Deutschland: Sie werden öfter auf ihren Sinn hin überprüft und dementsprechend auf intelligente Weise der Situation angepasst. Gesetze und Vorschriften haben in Frankreich den Beigeschmack der Maßregelung – meistens durch die Mächtigeren –, die die individuelle Freiheit einengt. Schon der Historiker und Politiker Alexis de Tocqueville (1805–1859) unterstrich dies: *»Une règle rigide, une pratique molle.«* (»Eine starre Regel, eine lockere Handhabung.«) Ein Beispiel dafür ist das Verhalten an der Fußgängerampel. Diese gibt zwar die Regel vor, aber es wird schnell geprüft, ob es sinnvoll ist, bei Rot stehen zu bleiben. »Wenn kein Verkehr ist und ich niemanden störe, dann kann ich doch rübergehen«, mag so mancher Franzose denken. Dieses Verhalten geben auch französische Eltern ihren Kindern weiter. »Sei selbstverantwortlich und traue nicht der Ampel. Vielleicht missachtet sie ein Autofahrer … eine freie Straße ist also ein sichererer Indikator« – dieser Gedanke steht hinter dem Erziehungskonzept.

Auch in französischen Unternehmen kann diese Regelinterpretation sichtbar werden, etwa im Unterschied zwischen Aufbau- und Ablauforganisationen. Es gilt **»Struktur folgt der Kultur«. Organigramme, falls überhaupt vorhanden, sagen nur wenig über die tatsächlichen Beziehungs- und Informationsnetze sowie die treibenden Kräfte des Unternehmens aus.** Informelle Strukturen haben eine große Bedeutung. Entscheidend ist, in welchem Ausmaß etablierte formale Ordnungen wie Regeln, Anweisungen, Dienst- oder Kommunikationswege interpretiert beziehungsweise tatsächlich auch *befolgt* werden. Allerdings wäre es ein Trugschluss, dass Regeln grundsätzlich interpretiert und umgangen werden. Es kommt auf den Kontext und die »Ehre« an (siehe Kapitel 3). Deshalb ist Vorsicht geboten: Wer Regeln bricht und erwischt wird, muss dies teuer bezahlen. Das gilt im Straßenverkehr genauso wie im Unternehmen. Ebenso wenig sollte Regelinterpretation mit der Nichtbefolgung von Formalitäten verwechselt werden. Der Respekt gegenüber den anderen und sich selbst und der gute Stil gebieten es, bestimmte gesellschaftliche Regeln und Normen einzuhalten

5.11 Korruption

Im Ranking 2006 des internationalen Korruptionsindex *»Transparency International«*, der jährlich insgesamt über 160 Länder auf private und öffentliche Korruption hin untersucht, befindet sich Frankreich nach den skandinavischen Ländern, der Schweiz, Australien, Österreich, Großbritannien und Kanada nur knapp hinter Deutschland (Platz 16) auf Platz 18. Insofern herrscht ein ausgeprägtes Rechtsempfinden in Frankreich; Korruption wird juristisch hart bestraft. Doch wie auch in Deutschland ist Korruption im Kleinen wie im Großen ein Thema. Immer wieder kommen Korruptionsaffären ans Tageslicht, wie in den 1990er Jahren die der Großbank Crédit Lyonnais, die Leuna-Affäre in Ostdeutschland, an der das Unternehmen Elf (heute Total) beteiligt war, und natürlich die *»Affaire Elf«* (»Affäre Elf«), in der die in Frankreich arbeitende norwegische Staatsanwältin Eva Joly ein riesiges korruptes Netzwerk aus mächtigen Wirtschaftsbossen und Politikern aufrollte.

Im Geschäftsleben kann es – wie überall – vorkommen, dass hier und da manchmal ein wenig nachgeholfen werden muss, um Aufträge zu erlangen oder Vertragsabschlüsse zu unterzeichnen. Bezeichnend ist, dass »Schmiergelder« in Frankreich die verniedlichende Bezeichnung *»Pots-de-vin«* tragen, was so viel wie Weinkrug bedeutet. Dies soll aber nicht darüber hinwegtäuschen, dass Schmiergeldzahlungen wie in anderen Demokratien auch strafrechtlich verfolgt werden. Auch verfügen immer mehr französische Unternehmen über ethisch orientierte Verhaltenskodizes, *Codes of Conduct*.

5.12 Kontakte/Netzwerke

Im vierten Kapitel wurde schon ausführlich auf die Bedeutung französischer Netzwerke, *Réseaux*, eingegangen. Réseaux und Beziehungen haben in Frankreich eine positive Bedeutung und sind ständig Thema der Öffentlichkeit. Wie sonst kann sich das Individuum in der Gemeinschaft zurechtfinden, wenn nicht durch ein zuverlässiges Réseau, das einen ein Leben lang begleitet? Das französische Réseau dient vor allem individuellen Interessen wie dem sozialen Aufstieg und bietet seinen Akteuren gegenseitigen Schutz. Es handelt sich eher um ein **personenbezogenes Netzwerk von Entscheidungsträgern, die sich gegenseitig unterstützen.** Zweck des französischen Réseau ist es, Einfluss auszuüben und wenn möglich Macht und Freiheit zu haben, um wichtige Ideen und Projekte umzusetzen. **Das Netzwerk zeigt, dass neben fachlichen Kompetenzen persönliche Beziehungen im französischen Geschäftsleben einen sehr hohen Stellenwert haben.** Vertrauen wird eben nicht nur fachlich erworben, sondern auch menschlich. Zu wissen, dass man sich auf einen Menschen verlassen kann, ist ausschlaggebend. Die nötigen Fachkompetenzen, falls nicht vorhanden, lassen sich erlernen oder entwickeln. Problematisch ist allerdings, dass das personenbezogene Netzwerk ein ausgeprägtes Abhängigkeitsverhältnis schafft. Halten Sie sich länger in Frankreich auf, empfiehlt es sich, dass Sie in gewisse Réseaux durch den Beitritt in Vereine, *Associations*, oder Clubs gelangen. Dazu gehören Sportvereine, Wirtschaftsverbände, Marketingvereine, der Rotary- und Lions-Club, die Kirchengemeinden der guten Wohnviertel oder auch deutsch-französische Clubs. Wichtig ist natürlich, dass es sich um ein Netzwerk handelt, das Ihrer Stellung und Ihrem Umfeld entspricht und deshalb »nützlich« ist (siehe als Literaturtipp im Anhang das Buch von Pierre-Emmanuel Moog, das Auskunft über die 100 wichtigsten Vereinigungen gibt).

5.13 Frauen im Geschäftsleben

Sie werden wahrscheinlich häufiger als in Deutschland mit weiblichen Geschäftspartnern und Kolleginnen arbeiten, denn **viele französische Frauen sind berufstätig und erreichen öfter Führungspositionen als ihre deutschen Kolleginnen.** Eine Studie aus dem Jahr 2006 zu Frauen in Führungspositionen der 40 großen börsennotierten Unternehmen zeigt, dass 22 Prozent der Manager Frauen sind (Deutschland: 18 Prozent) und immerhin 3 Prozent einen Vorstandsvorsitz innehaben (Deutschland: 0 Prozent). Da Schülerinnen und Studentinnen in der Regel bessere Noten als ihre männlichen Kommilitonen erreichen, gelangen sie auch zahlreicher über den Aufnahmewettbewerb in die *Grandes Ecoles* und damit in einflussreiche Positionen in Politik und Wirtschaft.

Im französischen Verständnis sind Managerinnen ihren männlichen Kollegen ebenbürtig. Obwohl das Frauenwahlrecht in Frankreich erst 1945 eingeführt wurde (in Deutschland 1919) erscheint die französische (Geschäfts-) Frau in mancherlei Hinsicht emanzipierter als die deutsche, zugleich wirkt sie aber oft auch femininer. **Französinnen möchten als Geschäftspartnerinnen und als Frauen behandelt werden, sie erwarten Wertschätzung gegenüber ihrer Kompetenz**, sind an Höflichkeit und eine gewisse Portion Charme im Umgang gewöhnt. Wie in anderen romanischen Ländern gibt es manchmal Komplimente im gegenseitigen Umgang, was von deutschen Frauen als Flirt oder schlimmstenfalls als »Anmache« fehlinterpretiert werden kann. Franzosen sind es gewöhnt, Komplimente zu machen und zu empfangen.

Beruf und Privatleben werden von französischen Mitarbeiterinnen und Managerinnen – wenn auch unter großer Belastung – besser vereint als in Deutschland. Das Bild der Frau ist nicht das der Mutter, die ganztags die Kinder großzieht, sondern das der auch außerhalb des Heimes berufstätigen Frau. Ein Mutterschaftsurlaub dauert in Frankreich oft nur wenige Wochen, dann ist die Frau wieder am Arbeitsplatz, das Kind wird von der *Nounou*, der Tagesmutter, oder in einer *Crèche*, in der Krippe, versorgt. Der Staat unterstützt seine Bürger seit Jahrzehnten mit einer ausgebauten Infrastruktur wie Kinderkrippen und Ganztagsschulen. Den

Begriff »Rabenmutter« kennt man in Frankreich nicht; erklärt man ihn, führt er zu Erstaunen und Unverständnis. Das tendenziell geringere Einkommen in Frankreich führt auch dazu, dass sowohl Mann und Frau berufstätig sind. Es ist es völlig selbstverständlich, **dass wichtige Sitzungen nicht am Mittwoch – an diesem Wochentag ist nachmittags schulfrei und viele französische Mütter bleiben zu Hause – oder frühmorgens oder am späten Nachmittag stattfinden.** Denn um diese Zeit werden die Kinder zur Schule gebracht oder von der Schule abgeholt.

6. Paris

☆ Die schönste Stadt der Welt. Das ist Frankreichs Hauptstadt auch für weitgereiste Menschen, die New York, Mailand, Madrid und Sydney kennen. Paris funkelt und leuchtet – und zieht wie keine andere Stadt Menschen aus allen Kontinenten in ihren Bann. Paris ist nicht nur die Hauptstadt der Politik, der Diplomatie und des Handels, Traumort für Touristen und Mekka für Kinofans. Hier wird das zelebriert, was die Franzosen so schön *Art de vivre*, Lebenskunst, nennen – trotz langer Arbeitstage, teurer Mieten und relativ engen Wohnraums hat das Leben eine besondere sinnliche Qualität. In Paris entstehen die Kreationen der erfolgreichen Luxuskonzerne LVMH und der Gucci Group, hier werden Kunstwerke von Weltrang gekauft und verkauft, in den weltberühmten Museen finden Wechselausstellungen statt, für die viele Besucher aus ganz Europa anreisen. Stars aus Klassik und Pop gastieren in den Konzertsälen und für viele internationale Filmemacher bedeutet eine Premiere auf den Champs-Elysées die Krönung jahrelanger Arbeit. Öffentliche und private Theater, Galerien, außergewöhnliche Boutiquen und eine hohe Dichte an Sterne-Restaurants machen die Stadt zu einem glanzvollen Ort, an dem nicht nur viel Geld verdient wird, sondern wo man auch versteht, es mit Stil wieder auszugeben. Die Vielzahl von Eliteschulen und großen Unternehmen, rund 400 jährliche Kongresse und Konferenzen führen zu einer selbstverständlichen Anwesenheit einer machtvollen Führungsschicht, die hier Karriere macht und die Geschicke des Landes bestimmt. Paris ist unter anderem Sitz der UNESCO, der OECD und der ICC; im Hochhausviertel *La Défense*, das im Westen vor den Toren der Stadt liegt, haben viele Banken und internationale Konzerne ihre Hauptquartiere eingerichtet. Allein 8.000 ausländische Firmen haben einen Sitz in Paris und nach wie vor forschen 57 Prozent der in Frankreich arbeitenden Wissenschaftler in der Hauptstadt.

Paris ist auch als Verkehrszentrum Mittelpunkt des Landes: von hier aus gehen sternförmig die wichtigsten Verkehrslinien in alle Himmelsrichtungen ab. Die Stadt besitzt drei Flughäfen (Roissy-Charles de Gaulle und Le Bourget im Norden und Orly im Süden), sechs Bahnhöfe (*Gare du Nord,*

Gare de l'Est, Gare Montparnasse, Gare de Lyon, Gare Saint-Lazare und *Gare d'Austerlitz*) und ist mit dem Rest des Landes über ein überwiegend mautpflichtiges, sehr gutes Autobahnnetz verbunden.

Obwohl in den vergangenen Jahrzehnten andere Großstädte wie Marseille, Lyon, Straßbourg, Toulouse und Lille zunehmend an politischem und wirtschaftlichem Gewicht gewonnen haben, hat Paris seine Sonderstellung behalten. Seitdem Ludwig XIV. den bis dahin vielfach in der Provinz residierenden Adel an den Hof von Versailles band, ist Paris Ballungszentrum der politischen, wirtschaftlichen und kulturellen Macht geblieben. **Heute leben 18,7 Prozent der Franzosen im Großraum der Stadt, das sind rund zwölf Millionen Menschen. Innerhalb der offiziellen Stadtgrenze, von den Franzosen intra muros genannt, hat Paris jedoch lediglich zwei Millionen Einwohner.** In vielen Arrondissements ist es wegen der explosionsartigen Steigerung der Immobilienpreise in den vergangenen Jahren zu einer »Gentryfizierung« der Viertel gekommen: Die wohlhabenden Schichten konzentrieren sich räumlich innerhalb der Stadtgrenzen, während viele Familien mit geringeren Einkommen immer weiter ins Umland ziehen müssen, weil sie die hohen Pariser Mieten nicht zahlen können. Die sozialen Problemviertel mit ihren massiven Betonriegeln sind seit den 1960er Jahren vor allem im Nord- und im Südosten entstanden. Hier zeigen sich die Integrationsschwierigkeiten der aus der Immigration stammenden Bevölkerung, die durch Arbeitslosigkeit, Gettoisierung und rassistische Vorurteile den gerade im Präsidentschaftswahlkampf des Jahres 2007 viel beschworenen französischen Traum der *»Liberté, Egalité, Fraternité«* nur zum Teil ausleben kann.

Selbst wenn Sie während einer Geschäftsreise nur ein paar Stunden freie Zeit zur Verfügung haben, müssen Sie Paris unbedingt auch zu Fuß entdecken, um die Atmosphäre der historischen Viertel zu erleben, ungewöhnliche Menschen zu beobachten und die charmanten Boutiquen mit ihren bunten Holzfassaden zu entdecken. Gerade nach einem langen Arbeitstag ist ein Spaziergang über die nächtlichen *Champs-Elysées*, ein Bummel durch die Galerienstraßen von *Saint-Germain-des-Prés* oder eine Promenade über die Seinebrücken ein wahres Fest für die Augen.

Die Stadt Paris ist in 20 Stadtviertel, Arrondissements, aufgeteilt, die eigene Verwaltungseinheiten darstellen. Sie winden sich spiralförmig um die Seine, die die Stadt in zwei Teile trennt: die *Rive Gauche*, das linke Ufer, und die *Rive Droite*, das rechte Ufer. Die Pariser denken ganz automatisch in Vierteln und benutzen ihre Kennzahlen häufig in der Konversation. »Ich wohne im Siebten«, »das Büro ist im Achten«, »meine Bank ist im Sechzehnten« – solche Sätze fallen oft. Deshalb ist es hilfreich, wenn man auch als Nicht-Pariser diese Ausdrücke schnell versteht. Überhaupt sollte sich der Besucher vor der Ankunft auf dem Stadtplan eine grobe Orientierung verschaffen, um sich mit der Anlage der Stadt vertraut zu machen. Am schönsten ist natürlich ein Ausblick von einem Panoramaplatz wie dem Eiffelturm, dem Triumphbogen oder der fünften Etage des Centre Pompidou, denn von diesen Orten aus kann man die Anlage dieser einmaligen Stadt auf sich wirken lassen: das Häusermeer aus Sandsteinfassaden, grauen Dächern und goldenen Kuppeln, den Hügel von *Montmartre*, die großen Straßenfluchten um den *Arc de Triomphe*.

Den unterschiedlichen Charakter eines jeden Arrondissements spürt man auch als Besucher sofort. **Traditionell ist das rechte Ufer die Domäne von Handel, Finanzwelt und Banken, das linke Ufer mit der Sorbonne und den Eliteschulen gilt als Reich des geistigen Lebens, der Intellektuellen, der Verlage und Galerien, der Antiquitätenhändler und ungewöhnlichen Designer.** Doch die Grenzen zwischen Kommerz und Geist lösen sich zunehmend auf, seitdem große Unternehmen und internationale Marken auch auf dem linken Ufer investiert haben – mancherorts zum Bedauern der angestammten Bewohner, die ihren kleinen Bäcker um die Ecke vermissen, der einer Kleidermarke Platz gemacht hat. Auf beiden Ufern einzigartig ist die Konzentration von hochrangigen Politikern, Wirtschaftseliten und der kulturellen Führungsschicht auf wenigen Quadratkilometern. Durch die räumliche Dichte von Ministerien, Medienhäusern, Banken und Unternehmen treffen sich die wichtigsten Männer und Frauen in schöner nachbarlicher Regelmäßigkeit und leben die typisch pariserische Netzwerkbildung aus: *les réseaux*.

Auch politisch haben die Arrondissements eine gewisse Autonomie: Jedes besitzt einen eigenen Stadtrat und einen eigenen Bürgermeister, der in seiner *Mairie* regiert, vor deren Fassade die Trikolore weht. So gibt es Viertel, in denen konservative Parteienvertreter die Mehrheit stellen, aber auch Arrondissements, die von einer links-grünen Mehrheit regiert werden. Die gesamte Stadt hat einen übergeordneten Bürgermeister, *le maire de Paris*, der im *Hôtel de Ville* an der *Rue de Rivoli* residiert und für eine Amtszeit von sechs Jahren gewählt wird. Zurzeit lenkt der sozialistische Politiker Bertrand Delanoë die Geschicke der Stadt. Durch die exponierte Stellung von Paris besitzt das Bürgermeisteramt der Hauptstadt ein besonders hohes Ansehen in der politischen Szene. Regelmäßig peilen gestandene Minister als Krönung ihrer Karriere entweder das Amt des Premierministers oder als gleichwertige Alternative dasjenige des Pariser Bürgermeisters an. Nicht umsonst war der ehemalige Staatspräsident Jacques Chirac 18 Jahre lang Bürgermeister von Paris (1977–1995) und etablierte in dieser Zeit von hier aus mächtige Netzwerke – die ihm schließlich zahlreiche Korruptionsvorwürfe einbrachten.

Wenn Sie für einige Tage nach Paris reisen, können Sie sich das Leben erleichtern, indem Sie den öffentlichen Nahverkehr benutzen: Die Metro fährt innerhalb des Stadtgebietes, die RER (S-Bahn), die Züge der SNCF und die Tramway verbinden das Zentrum mit dem Umland. **Die schnellste Verbindung ab Flughafen Charles de Gaulle ist die Fahrt mit der RER in die Innenstadt**, denn die Pendelbusse der Air France oder Taxis können während der Stoßzeiten auf der Autobahn und den Ringstraßen viel länger brauchen als dieser Zug. Landet man in Orly, nimmt man einfach den Zug *Orlyval* und steigt dann in die RER um. Wenn man jedoch sehr früh morgens oder spät abends ankommt, ist das Taxi das bequemste Verkehrsmittel. **In Paris selber ist und bleibt die Metro die schnellste Variante**, wenn man nicht zu oft umsteigen muss. Je nach Aufenthaltsdauer lohnt sich für Metrofahrten der Kauf eines Tickets für mehrere Tage oder eines Zehnerblocks (Carnet), die man an Automaten oder Kassenhäusern lösen kann. Dort bekommt man gute Stadtpläne, auf denen alle Linien verzeichnet sind. Ziele entlang der Seine kann man auch mit den *Batobus*, Booten auf der Seine, anfahren. Wer mit dem Auto reist, wird den *Périphérique*, die Stadtautobahn, befahren, die das Gebiet von Paris umschließt. Wenn man selber am Steuer sitzt, sollte man sich bemühen, im schnellen französischen Verkehrsstrom mitzuschwimmen und vor allem bei Auffahrten und Abfahrten, den *Portes*, schnell zu reagieren.

Über alle aktuellen Konzerte, Ausstellungen, Theaterstücke und Filme informiert das günstige Veranstaltungsprogramm *Pariscope*, das wöchentlich neu an jedem Zeitungskiosk zu kaufen ist.

6.1 Kurze Stadtgeschichte

☆ Am Anfang war die Seine. Denn auf kleinen Inseln und am Ufer des Stromes entstand im Laufe der Jahrhunderte die Keimzelle der späteren Hauptstadt Frankreichs. Innerhalb von zwei Jahrtausenden, von der gallo-römischen Epoche bis ins 20. Jahrhundert, dehnte sich diese bescheidene Siedlung in konzentrischen Kreisen immer weiter aus. Aus den ursprünglich 52 Hektar der *Ile de la Cité* wurde das riesige Ballungszentrum von Paris, das sich heute über 10.539 Hektar erstreckt.

Wie lebten die Menschen über die Jahrhunderte hinweg an diesem Ort am Fluss, inmitten des fruchtbaren Pariser Beckens? Archäologische Funde haben gezeigt, dass bereits vor 100.000 Jahren Nomaden hier fischten, jagten und Beeren sammelten. Im 5. Jahrtausend vor Christus begannen Siedler aus dem Osten, im Pariser Becken Ackerbau zu treiben und sich mit Palisaden und Gräben zu schützen. **Im 3. Jahrhundert vor Christus wurde dann nachweislich von gallischen Fischern, den sogenannten Parisii, ein Dorf auf der heutigen Ile de la Cité angelegt.** Es war eine gesicherte Siedlung, von Sumpf umgeben, mit der Seine als praktischer Wasserstraße an ihren Ufern. Damals lag die Ile de la Cité 6 Meter unter der heutigen Höhe und war 9 Hektar groß – im Gegensatz zur späteren Fläche von 17 Hektar, die man nach und nach durch Trockenlegung und die Erweiterung um andere Inseln erlangte. Über die Insel führte die wichtige europäische Verkehrsachse von Norden nach Süden, die die Rheingebiete mit den Pyrenäen verband. **Die strategische Lage als Knotenpunkt der Achsen Nord-Süd und West-Ost war auch für die Römer von Bedeutung, die im Jahr 53 vor Christus den Ort besetzten, den sie Lutetia nannten.** Durch Straßen war Lutetia mit anderen Siedlungen verbunden, wie Senlis, Rouen, Dreux, Chartres und Orléans, und damit Teil des Wegenetzes, das an die Küste des Ärmelkanals, an den Rhein und nach Italien führte. Die Römer erbauten auf dem linken Seineufer eine neue, nach typisch römischem Muster angelegte Stadt mit Tempeln, Thermen, Arena und Forum. Aus dieser Zeit stammen die Überreste der Thermen von Cluny und ein kleines Amphitheater.

Ab dem 3. Jahrhundert nach Christus nahm die Stadt durch ihre Lage eine wichtige Rolle bei der Abwehr der aus dem Norden und Osten in Gallien einfallenden Germanen ein. Im 4. Jahrhundert wurde zum Schutz der Bewohner eine erste Mauer um die Siedlung gezogen. In dieser Zeit nahm die Stadt nachweislich den Namen Paris an, eine Abkürzung des lateinischen Namens *Civitas Parisiorum*. Nun hatte sich das Christentum durchgesetzt und Paris wurde Sitz eines Bischofs. Im 5. Jahrhundert beendeten die Merowinger endgültig die römische Herrschaft. Der Frankenkönig Clovis (Chlodwig) ließ sich in Paris im Jahr 508 nieder, baute die Ile de la Cité als Zentrum weltlicher und geistlicher Macht auf und gründete auf dem Südufer zahlreiche Klöster. In der merowingischen Zeit betrug die Einwohnerzahl von Paris 20.000 bis 30.000 Menschen.

Im Reich Karls des Großen (Charlemagne) besaß Paris als Machtzentrum keine besondere Bedeutung, da Aachen zwischen 807 und 843 die wichtigste Residenz war. Erst mit der Dreiteilung des Fränkischen Reiches unter den Enkeln Karls im Jahr 843 konnte sich Paris als Hauptstadt des Westteils entwickeln. Während der Karolingerzeit im 9. Jahrhundert erging es den Bewohnern der Stadt schlecht, da die Normannen, über die Seine kommend, die Stadt überfielen, welche reiche Beute versprach. Die Bevölkerung flüchtete in die befestigte Ile de la Cité, während die außerhalb gelegenen Häuser und Kirchen zerstört wurden. Doch trotz einjähriger Belagerung in den Jahren 885 und 886 konnten die Normannen Paris nicht einnehmen. **Im 12. Jahrhundert bestimmten die Kapetinger Paris zu ihrer Hauptstadt.** Das machte sich auch in der Entwicklung der Infrastruktur und in den öffentlichen Bauten bemerkbar. Die Cité-Stadt und die angrenzenden Siedlungen auf beiden Ufern wurden befestigt, es wurde eine Markthalle gebaut und auf der Ile de la Cité ein Königspalast errichtet. Dieser *Palais de la Cité* wurde schon im Jahr 1358 als Residenz aufgegeben, unter anderem zugunsten der 1190 entstandenen Anlage des frühen Louvre (die man heute im Louvre-Museum wieder besichtigen kann). Die befestigte Stadt zog nun viele Menschen an, die hier ein sicheres Leben, Rechtssicherheit und Arbeit suchten. In dieser Zeit entwickelte sich die berühmte Pariser Keimzelle des geistigen Lebens: **1257 entstand aus mehreren Theologenschulen die Universität Sorbonne – die älteste Universitas des Landes.** Sie hatte einen unabhängigen Status und unterstand der päpstlichen Rechtsprechung. Ihr Name geht auf ein von Domherr Robert de Sorbon gegründetes Kolleg für mittellose Studenten zurück. An ihr lehrten die berühmten Theologen Thomas von Aquin, Bonaventura und Albertus Magnus; ihre Studenten kamen aus ganz Europa und bedienten sich als gemeinsamer Verständigungssprache des Lateinischen. *Quartier Latin* heißt deswegen heute noch dieses Stadtviertel. Ab dem 12. Jahrhundert breitete sich von der Normandie und England her kommend in Paris und der *Ile de France* ein neuer Baustil aus, der das Gesicht Europas für die kommenden Jahrhunderte prägen sollte: die Gotik. Im Jahr 1144 wurde der gotische Chor der Abteikirche von Saint-Denis geweiht und 1163 in Paris die Kathedrale Notre-Dame begonnen.

Wichtig für die weitere Entwicklung war, dass von 1365 bis 1420 der Norden der Stadt durch eine weitere Mauer geschützt wurde, die die befestigten Außengrenzen in nördliche Richtung verschob und durch die die Stadt nun eine Fläche von 430 Hektar hatte, auf der 275.000 Einwohner lebten. Auf alten Stadtplänen findet man in dieser Zeit eine klare funktionale Dreiteilung der Stadtgebiete in *Ville* (die Bürgerstadt im Norden mit Schwerpunkt Handel), *Cité* (als politisches und religiöses Zentrum) und *Université* (das intellektuelle Zentrum). Bis in die Mitte des 15. Jahrhunderts änderte sich das Gesicht der Stadt so gut wie nicht, da der Hundertjährige Krieg die Kräfte der um die Nachfolge der Kapetinger kämpfenden Parteien band; Pest und Aufstände dezimierten die Bevölkerung um die Hälfte und hemmten den wirtschaftlichen Aufschwung.

Im 16. Jahrhundert wurde Paris zu einem reichen Zentrum, das viele neue Bürger anzog. 1500 lebten hier 200.000, 1550 bereits 350.000 Menschen. Damit war Paris die größte Stadt Westeuropas. Als das Haus Valois an die Macht kam, das durch die Feldzüge in Italien mit der italienischen Kultur in Berührung gekommen war, erblühte ein neuer Kunststil, erst im Tal der Loire, dann auch in Paris: die Renaissance. Franz I. entschied im Jahr 1528, seine Residenz in Paris zu nehmen, und ließ den alten Louvre durch einen Neubau ersetzen; auch der Adel folgte dieser baulichen Mode. Die Stadt erhielt in der zweiten Hälfte des 16. Jahrhunderts unter Heinrich III. ein neues Gesicht; unter ihm wurden bis heute prägende Stadtensembles gebaut: Im Jahr 1584 wurden mehrere Inseln neben der Ile de la Cité im Herzen der Stadt verbunden. Hier entstand die berühmte *Place Dauphine* – und die Brücke *Pont Neuf*, die damals auf beiden Seiten mit Häusern bebaut war und die in einem Zug die beiden Seinearme überquerte. Der *Pont Neuf* wurde damit – wie andere Brücken – zu einer Art Einkaufszentrum, da sich viele Händler im Erdgeschoss der Hauser einrichteten. Im 16. Jahrhundert wurde auch eines der bis heute schönsten Pariser Viertel ausgebaut: das *Marais* (»der Sumpf«). Auf ehemals der Krone und der Kirche gehörendem Gelände bauten sich Vertreter einflussreicher Familien Stadtpalais (die *Hôtels particuliers*), unter anderem das *Hôtel de Sens*, das *Hôtel Carnavalet* und das *Hôtel de Sully*. Als 1589 der zum Katholizismus konvertierte Hugenotte Heinrich IV. als erster Bourbone französischer König wurde, erlebte Paris einen neuen Bauboom. Bis zu seinem Tod im Jahr 1610 baute Heinrich den Louvre aus und ließ die *Place Royale*, die heutige *Place des Vosges*, anlegen, um die sich 36 Adelspaläste gruppierten. Sie wurde Schauplatz des Hoflebens und Mittelpunkt für Turniere und Feste. Da sein Nachfolger Ludwig XIII. bei seinem Tod noch minderjährig war, übernahm dessen Mutter Maria de Medici, die Gemahlin Heinrichs IV., das Amt als Regentin und gab das *Palais du Luxembourg* im Jahr 1615 in Auftrag, einen Palast außerhalb der damaligen Stadtgrenze, von großen Gärten umgeben.

Während der Regierungszeit Ludwigs XIV. wurde der Sitz des Hofes schließlich nach Versailles verlegt. Doch Paris blieb weiterhin die führende Stadt des Landes und neben den Prachtbauten veränderte sich der Alltag durch eine verbesserte Infrastruktur: Auf Veranlassung des Königs wurde die Sicherheit der Bürger verbessert, eine Steuer für die Reinigung der Straßen und eine Beleuchtung eingeführt, neue Brunnen und Wasserleitungen wurden gebaut und Krankenhäuser eröffnet. An die Stelle der nördlichen Stadtmauern kamen die neuen *Grands Boulevards*, breite Prachtstraßen mit fünf großen Toren, die an römische Triumphbögen erinnerten –

darunter die bis heute existierende *Porte St. Martin* und die *Porte St. Denis*. Ludwig XIV. war es auch, der in Zusammenarbeit mit seinem Minister Colbert eine Verbindung zwischen Louvre und dem westlich der Stadt gelegenen Jagdschloss von *Saint-Germain-en-Laye* plante – und so die *Champs-Elysées* schuf. Mächtige Adelsfamilien ließen sich im *Faubourg St. Germain* prachtvolle Stadthäuser erbauen, die ihnen auch als Erholungsort vom anstrengenden Hofleben in Versailles dienten.

Während der Französischen Revolution entwickelte sich die Stadt Paris neben Versailles zur entscheidenden Bühne für die politischen und gesellschaftlichen Umwälzungen des Landes. Die Revolution änderte ab 1789 die Verwaltungseinheiten in der Stadt und vor allem die Besitzverhältnisse. Nach dem Angriff auf die Bastille wurden monarchische Symbole zerstört, Straßen mit königlichen oder religiösen Bedeutungen umbenannt. Paris wurde in 48 Sektionen unterteilt, nachdem die *Assemblée Nationale* 1789 verfügt hatte, dass der Kirchenbesitz nun im Nationalbesitz sei. Viele Kirchen und Klöster wurden zerstört oder in Krankenhäuser verwandelt. Anstelle der alten Bauten errichtete man neue Häuser und neue Straßen entstanden. Wie viele andere Aristokraten und politische Gegner wurden König Ludwig XVI. und seine Frau Marie-Antoinette im Jahr 1793 auf der *Place de la Concorde* enthauptet – ihr Tod war gleichzeitig das Symbol für das Ende der absolutistischen Ära. Als die Schreckensherrschaft der Revolutionsjahre beendet war und sich Napoleon Bonaparte durchgesetzt hatte, wurde unter seiner Regierung die Stadt auch steinernes Propagandamittel. Straßen und Plätze bekamen die Namen, die an seine Siege erinnerten: die *Rue de Rivoli*, die *Rue des Pyramides*, die *Rue Castiglione*, der *Pont d'Austerlitz* und der *Pont d'Iéna* erinnern an militärische Höhepunkte. Im Louvre wurde in der *Cour Napoleon* der *Arc de Triomphe du Carrousel* aufgestellt, um seine militärischen Erfolge zu feiern. Die Triumphsäule auf der *Place Vendôme* aus dem Jahr 1806 zeigt auf einem umlaufenden Fries die Heldentaten der *Grande Armée* – sie wurde aus den 1.200 bei Austerlitz erbeuteten Kanonen gegossen. Auch der Bau des riesigen *Arc de Triomphe* am Ende der *Champs-Elysées* wurde unter Napoleon geplant, aber erst unter Louis-Philippe im Jahr 1836 vollendet.

In der Restaurationszeit sah sich Paris abermals einem starken Bevölkerungszuwachs ausgesetzt und neue Wohnviertel entstanden. Allein zwischen 1823 und 1828 wurden 20 glasüberdachte Passagen eröffnet, in denen die Bürger vor Regen geschützt in Ruhe flanieren konnten. Da in dieser Zeit viele Straßen keine Bürgersteige besaßen, eng und schmutzig waren, bedeutete diese architektonische Lösung ein brillantes Mittel, um das Wirtschaftstreiben zu beleben, zumal im Jahr 1786 die bis dahin über Jahrhunderte hinweg bestehenden Geschäfte auf den Seinebrücken verboten worden waren. Händler und Handwerker fanden in den hellen und sicheren Passagen wie der *Passage des Panoramas*, der *Passage Jouffroy*, der *Passage des Princes* oder der *Galerie Vivienne* im ersten Stock über ihren Geschäften auch Platz, um zu wohnen. Auch im *Palais Royal* entstanden viele neue Boutiquen und Cafés unter den Arkaden; der Ort mit seinem Garten in der Mitte wurde so zu einem beliebten Amüsierviertel für alle sozialen Schichten. Dieses Marketing- und Handelskonzept bekam erst dann eine wirkliche Konkurrenz, als gegen Ende des Jahrhunderts die großen Kaufhäuser *Au bonheur des dames,* die *Galeries Lafayette* und das *Printemps* eröffneten.

Mitte des 19. Jahrhunderts hatte Paris rund 1,2 Millionen Einwohner – und die Frage, wie all diese Menschen sicher und rasch von einem Ort zum anderen kommen sollten, wurde immer wichtiger. So wurden neue Straßen angelegt, die Gasbeleuchtung eingeführt und im Jahr 1837 die erste Bahnlinie von Paris nach *Saint-Germain-en-Laye*, der westlich von Paris gelegenen Residenzstadt, eröffnet. Zwischen 1850 und 1858 entwickelte sich Paris schließlich zum Zentrum des gesamtfranzösischen Eisenbahnverkehrs. In den 1840er und 1850er Jahren entstanden der Nordbahnhof, der *Gare d'Austerlitz,* der *Gare de Lyon* und der *Gare Montparnasse*. Aus dieser Zeit stammt auch die Neugestaltung der *Place de la Concorde* mit ihrem ägyptischen Obelisken, ihren Brunnen und vergoldeten Laternen.

Im **Zweiten Kaiserreich** zwischen 1853 bis 1870 wurde Paris Zentrum einer Epoche, die sich gewaltigen neuen Herausforderungen gegenübersah und die neue soziale Schichten und Lebensweisen hervorbrachte. Durch die Industrialisierung verdoppelte sich die Bevölkerung zwischen 1846 und 1876 von eine auf zwei Millionen Einwohner. Die

Lebensbedingungen waren vielfach miserabel und hygienisch bedenklich, denn viele Menschen lebten in dunklen, verwinkelten Häusern, in denen sich Seuchen schnell ausbreiteten. In manchen Pariser Vierteln hausten 100.000 Menschen auf einem Quadratkilometer; es schien fast unmöglich, rasch von einem zum anderen Ort zu kommen, und bewaffnete Überfälle waren an der Tagesordnung. **Georges Eugène Haussmann unternahm im Auftrag von Napoleon III. die immense Aufgabe, die Stadtanlage neu zu ordnen und Paris zu einer modernen Stadt zu machen.** Haussmann gab Paris mithilfe eines Teams von Ingenieuren, Architekten, Gartengestaltern, Spezialisten für Wasserversorgung und Kanalbau – und natürlich mithilfe visionärer Finanziers – ein völlig neues Gesicht: Er ließ große Schneisen in die dichte, teilweise noch mittelalterliche Bebauung schlagen und rund 40.000 neue Häuser entstehen. In vielen Vierteln wurden die Wasserversorgung und die Beleuchtung verbessert. Diese »Haussmannisierung« mit ihren fünf- und sechsgeschossigen Hausfassaden und eisenvergitterten Balkons wurde kurze Zeit später in ganz Frankreich nachgeahmt. In Paris schuf Haussmann auf den Linien der alten Stadtmauer aus dem 14. Jahrhundert die *Grands Boulevards*, legte Plätze mit strahlenförmig abgehenden breiten Straßen an, schuf kleine Gärten – die nach englischem Vorbild gezeichneten *Squares* – und sorgte für große Parks. Krönung dieses Werkes war der Bau der Oper durch Charles Garnier. Insgesamt betrugen die Ausgaben ungefähr ein staatliches Jahresbudget – und wurden von den Gegnern Haussmanns immer wieder heftig kritisiert. Der Umbau des Zentrums von Paris war nicht nur äußerst teuer, sondern führte auch dazu, dass ein Teil der ärmeren Bevölkerungsgruppen in den Norden und Osten der Stadt ausweichen musste, da die Mieten in den neuen Häusern für sie nicht mehr bezahlbar waren. In den industriellen *Faubourgs* wohnten sie dann oft unter hygienisch schlechten Bedingungen in Mietskasernen. Mit dieser Marginalisierung der Bevölkerung wurden die sozialen Probleme ungewollt von der Stadtmitte an die Peripherie verlegt.

Während des 19. Jahrhunderts war Paris Schauplatz von fünf Weltausstellungen – für diese internationalen Messen, auf denen die Länder ihre Erfindungen, kolonialen Produkte und künstlerischen Leistungen präsentierten, entstanden Prestigebauten aus Stahl und Glas wie der Eiffelturm, das *Grand Palais*, das *Petit Palais* und die prunkvolle Brücke *Pont Alexandre III*. Diese den technischen Fortschritt und eine zeittypische stilistische Opulenz preisenden Bauten prägen das Gesicht der Stadt bis heute. 1898 begann der Bau der Metro, die zur Weltausstellung 1900 eingeweiht wurde. Die Zeit der **Jahrhundertwende** prägte die Stadt mit einem neuen Baustil, in Frankreich *Art moderne* oder *Art nouveau* genannt. Jugendstilfassaden mit ihren floralen Ornamenten schmückten viele neue Privathäuser und die *Grands Magasins* – und Hector Guimard entwarf die damals sehr umstrittenen Metrostationen mit ihren pflanzenartigen Eingangsbögen. Die Metro wurde bald zum beliebten Massenverkehrsmittel, denn die Ära des Automobils begann erst.

Nachdem Paris den Ersten Weltkrieg relativ unbeschadet überstanden hatte, begannen mit der Besatzung der Stadt durch die deutsche Wehrmacht während des **Zweiten Weltkriegs** von Juni 1940 bis in den August 1944 schwere Jahre. Von Paris aus herrschte der deutsche Militärbefehlshaber, der im *Hotel Majestic* residierte, in Zusammenarbeit mit Mitgliedern der deutschen Botschaft und der SS über den besetzten Teil Frankreichs. Politische Gegner wurden verfolgt und von hier aus wurde ein Teil der deutschen Judenverfolgung, unterstützt vom französischen Vichy-Regime, organisiert: Am 16. Juli 1942 verhaftete man in Paris 13.000 Juden und brachte sie in Konzentrationslager. Im Marais, dem Zentrum des jüdischen Lebens, zeigt das *Mémorial de la Shoah* seit dem 60. Jahrestag der Befreiung von Auschwitz die Namen von 76.000 in deutsche Konzentrationslager deportierten französischen Juden in Marmor gemeißelt und exemplarische Schicksale der Pariser Familien anhand von Fotos. Gegen Ende des Krieges blieb Paris durch die Befehlsverweigerung des Stadtkommandanten General von Choltitz unbeschadet erhalten, statt – wie von Adolf Hitler ausdrücklich gewünscht – zerstört zu werden. Nach der deutschen Kapitulation konnte General de Gaulle im August 1944 triumphierend in die Stadt einziehen.

Nach 1945 entwickelte sich Paris zu einem wichtigen Zentrum des geistigen Lebens in Europa, vor allem was Philosophie, Literatur und Film betraf. Von hier aus wurden Jean-Paul Sartres und Alberts Camus' Schriften des Existenzialismus bekannt, der *Nouveau Roman* und die *Nouvelle Vague* im Film bestimmten künstlerische Produktionen weltweit. Im

Mai 1968 kam es auf den Straßen der Stadt zu den berühmten Studentenrevolten und Streiks, die dazu führten, dass Staatspräsident Charles de Gaulle 1969 zurücktrat. Unter seinem Nachfolger Georges Pompidou begann die Modernisierung des Großraums Paris, der der steigenden Bevölkerungszahl und dem neuen Zeitalter der Mobilität angepasst werden musste. Ab der zweiten Hälfte des 20. Jahrhunderts waren es vor allem die Staatspräsidenten, die das Gesicht der Stadt mit ihren *Grands Projets*, den großen Bauprojekten, prägten. Die neue Gestaltung des Viertels *Beaubourg* unter Georges Pompidou war darunter sicher das umstrittendste Projekt: 1972 wurden die Hallen im Herzen von Paris abgerissen, die zu unhygienisch und klein waren und der legendäre »Bauch von Paris« in die Außenbezirke von Rungis verlegt. Anstelle der alten Hallen entstanden Wohnungen, ein großes Einkaufszentrum und als Meisterstück das nach dem Staatspräsidenten benannte Museum für moderne Kunst, das 1972 bis 1977 von den Architekten Renzo Piano und Richard Rogers gebaut wurde. Pompidou war es auch, der an der Seine Schnellstraßen anlegen ließ. Ab Mitte der 60er Jahre wurde das Hochhausviertel *La Defénse* im Westen der Stadt erschlossen, das mit der 1989 eingeweihten *Grande Arche*, einem riesigen Tor, die Achse *Louvre-Arc de Triomphe* weiterführt.

Unter Valéry Giscard d'Estaing (1974–1981) wurden der Orsay-Bahnhof zu einem Museum für die Werke des 19. Jahrhunderts umgewandelt und im Norden auf dem Gebiet der ehemaligen Schlachthöfe die *Cité des Sciences et de l'Industrie* geschaffen. Auch der Bau des *Institut du Monde Arabe* im 5. Arrondissement an der Seine wurde geplant, eines Kulturzentrums für die arabische Welt. Dieses wurde dann später unter François Mitterrand vollendet und trägt heute viel zum Dialog zwischen Europäern und Arabern bei. Öffentliche Gebäude sind in Paris nicht nur in der Zeit der Monarchie, sondern auch später immer Symbole der Macht und Vermächtnis ihrer Erbauer gewesen. Diese Tradition erhielt unter der Präsidentschaft François Mitterrands von 1981 bis 1995 eine neue Dimension, denn er setzte sich wie kein anderer Präsident vor ihm für den Bau zahlreicher spektakulärer Monumente ein. Unter ihm entstanden die *Arche de la Défense*, die *Bibliothèque de France* und das neue Finanzministerium in Bercy, für das die Beamten – unter großem Protest – aus Teilen des Louvre ausziehen mussten.

Auch die Bastille-Oper und die Neugestaltung des Louvre mit der Glaspyramide des sino-amerikanischen Architekten Ieoh Ming Pei fielen in die Zeit seiner Amtsführung. Sein Nachfolger Jacques Chirac machte es sich zur besonderen Aufgabe, am linken Seineufer ein Museum für die Kulturen der Völker Asiens, Ozeaniens und Amerikas zu schaffen. Das *Musée du Quai Branly* ist seit seiner Eröffnung im Jahr 2006 zu einem neuen Publikumsmagneten geworden, der nicht nur wegen seiner Ausstellungen, sondern auch wegen der eigenwilligen Architektur Jean Nouvels besucht wird. Die Pariser dürfen gespannt sein, welche neuen Bauprojekte sich der seit Mai 2007 amtierende neue Präsident Nicolas Sarkozy vornehmen wird, um seinen Namen auf immer mit dem der Hauptstadt zu verbinden.

6.2 Die wichtigsten Sehenswürdigkeiten

☆ Paris ist ein wahres Paradies für Besucher, denn die Stadt bietet historische Bauten aus vielen Jahrhunderten, Museen von Weltrang, charmante Privatsammlungen und erstklassige Wechselausstellungen. Die Lage auf den beiden Flussufern mit ihren Seinequais, Brücken und den berühmten Anlegestellen der *Bâteaux mouches,* den verglasten Ausflugsschiffen, ist für Einheimische und Touristen eine einmalige Kulisse bei Spaziergängen und Besichtigungen.

Die Klassiker

Arc de Triomphe

☆ Wahrhaft imperiale Gefühle verspürt man als Besucher des Triumphbogens, wenn man in der Mitte des sternförmig angelegten *Etoile*-Platzes über die breiten *Champs-Elysées* blickt. Napoleon ließ den Bogen im Jahr 1806 zum Ruhm seiner Armee planen, doch er wurde erst 30 Jahre später vollendet. Der *Arc de Triomphe* ist für die Bewohner der Stadt ein ganz besonderes Symbol, denn durch ihn zogen die alliierten Befreier am 26. August 1944 in die Stadt ein. Heute ist er bei Fußballmeisterschaften, der *Tour de France* oder zu Silvester das Zentrum großer Festivitäten. Man kann sich entweder direkt unter den Bogen stellen (über eine Unterführung zu erreichen) oder auf das Dach des Monumentes steigen und über die Stadt blicken. Am Grab des unbekannten Soldaten wird an jedem Abend die

Flamme des ewigen Lichts erneuert, dort finden auch häufig Kranzniederlegungen durch prominente Politiker statt. Am schönsten ist ein Besuch in der Nacht, wenn der Bogen golden beleuchtet ist und eine riesige Trikolore im Wind weht.

Place Charles de Gaulle/Etoile
8. Arrondissement
Metro: Charles de Gaulle-Etoile
Geöffnet von Oktober bis März von 10 Uhr bis 22.30 Uhr, von April bis September von 9.30 Uhr bis 23 Uhr

Centre Georges Pompidou – Musée National d'Art Moderne

Das unter dem französischen Präsidenten Georges Pompidou geplante Kulturzentrum ist vom architektonischen 1970er-Jahre-Schocker zum beliebtesten Kunstmuseum der Stadt geworden. Die großen Sammlungen des 20. Jahrhunderts mit Werken von Matisse, Chagall, Picasso, Brancusi und Kandinsky sind einzigartig präsentiert. Man sollte einen halben Tag einplanen, um mit den Augen durch die Bilder von Matisse und Delaunay zu flanieren, heimlich die Oberfläche von Brancusis Skulpturen zu streicheln oder in der Filzkammer von Joseph Beuys eine angenehme Klaustrophobie zu bekommen. Zwischendurch erholt man sich beim Mittagessen im Design-Restaurant *Georges* mit Panoramablick in der obersten Etage.

19, rue de Beaubourg
3. Arrondissement
Metro: Les Halles, Rambuteau
Telefon: +33 (0)1 44 78 12 33
Geöffnet von 11 bis 21 Uhr, Dienstag geschlossen
www.centrepompidou.fr

Eiffelturm

Zur Weltausstellung 1889 gebaut und von vielen Parisern am Anfang als hässlich verschmäht, wurde er das funkelnde, geliebte Wahrzeichen der Stadt. Sportliche Besucher laufen über Treppen auf verschiedene Aussichtsplattformen des 300 Meter hohen Turms hinauf. Bequemer sind die Lifte, vor denen aber häufig lange Warteschlangen sind. Die elegantes-te Art, den Eiffeltum zu besuchen, ist eine Reservierung im Restaurant *Jules Verne*. Dann wird man ohne Wartezeit mit einem Privatfahrstuhl abgeholt. Aus dem hoch über Paris schwebenden Restaurant hat man einen unvergesslichen Blick auf die Stadt – und zahlt gerne das teure und sehr gute Essen.

Champs de Mars
15. Arrondissement
Metro: Bir Hakeim

Juni bis August täglich von 9 Uhr bis 24 Uhr, sonst 9.30 Uhr bis 18.30 Uhr
Reservierungen im Restaurant Jules Verne telefonisch unter: +33 (0) 1 45 55 61 44 und unter
www.tour-eiffel.fr

Kathedrale Notre-Dame

☆ Die stolze Kathedrale *Notre-Dame* beherrscht die *Ile de la Cité* und ist unbestritten die Königin der Innenstadt. Als Meisterwerk der gotischen Baukunst, Sitz des Bischofs von Paris und spirituelles Zentrum ist sie heute auch ein großer Touristenmagnet. Deshalb ist es ratsam, die Kirche frühmorgens oder am Abend zu besuchen, damit man in die einmalige geistige Atmosphäre eintauchen kann.

Place du Parvis de Notre-Dame
1. Arrondissement
Metro: Cité
Messen: Sonntag um 10 Uhr, 11.30 Uhr und 12.30 Uhr
Schatzkammer: Montag bis Samstag 9.30 Uhr bis 11. 30 Uhr und 13 Uhr bis 17.30 Uhr
Krypta: täglich 9.30 Uhr bis 18.30 Uhr, im Winter 10 Uhr bis 17 Uhr

Louvre

☆ Die »Mona Lisa« lächelt, Dürer blickt auf seinem Selbstporträt mysteriös über die rechte Schulter, im »Türkischen Bad« von Ingres räkeln sich die nackten Schönen. Ist Ihnen heute nach Kunst aus Mesopotamien, Rom oder Flandern? Nach Skulpturen, Möbeln, Ölbildern? Hier, in der Super-Kunstsammlung der Welt, gibt es alles. Für einen gelungenen Besuch ist eine strategische Planung unerlässlich: erst an der Information einen Lageplan besorgen, die gewünschte Epoche oder Region der Kunstwerke auswählen und dann gezielt losgehen, sonst verläuft man sich. Unter dem Louvre liegt ein gutes Einkaufszentrum mit Buchhandlungen, Kunsthandwerk, Modegeschäften und Bars.

1. Arrondissement, Haupteingang durch die Glaspyramide
Metro: Palais Royal-Musée du Louvre
Telefon: +33 (0)1 40 20 50 50
Geöffnet von 9 Uhr bis 18 Uhr, Montag und Mittwoch bis 21.45 Uhr, Dienstag geschlossen
www.louvre.fr

Montmartre

☆ Ob man Montmartre liebt oder als Touristennest ablehnt – früher oder später führt es jeden Pariser oder Besucher hierher. Sie werden in diesem teilweise dörflich gebliebenen Viertel Kitsch neben Kunst, Touristenmassen neben

Trendsettern, tolle Bars neben miesen Spelunken finden. Zu entdecken gibt es aber viel. Man kann auf den Spuren Picassos, Braques und Modiglianis wandeln, die hier in ihren künstlerischen Anfangsjahren lebten, den kleinen Weinberg bewundern, die im 19. Jahrhundert in weißem Zuckerbäckerstil errichtete Wallfahrtskirche *Sacré-Cœur* besichtigen oder sich von einem Karikaturisten ein Minutenporträt anfertigen lassen. Hinauf kommt man entweder zu Fuß über viele Treppen (beliebte Filmsets für französische Krimis!) oder mit der *Funiculaire*, der Standseilbahn. Am besten aber nimmt man den *Montmartobus* (Abfahrt von Pigalle alle zwölf Minuten) und lässt sich einmal ganz über den Hügel fahren. Sehenswert: Am Fuße des Montmartres, auf dem Stoffmarkt *Marché St. Pierre,* decken sich alle Pariserinnen von 16 bis 90 Jahren mit den schönsten und günstigsten Stoffen des Landes ein. Mit etwas Glück trifft man dort weltbekannte Designer auf der Suche nach Inspiration.

Musée Picasso

☆ Ein Gang durch das berühmte Museum im Marais-Viertel ist ein Gang durch Picassos Künstlerleben. Es beherbergt die Werke, die die Erben des Malers dem französischen Staat als Ablöse für ihre Erbschaftssteuer übergaben. Alle Perioden, Farb-, Motiv- und Frauenlieben sind hier im *Hôtel Salé*, dem ehemaligen Sitz eines reichen Salzsteuereinnehmers, vereint. Ein *Lieu magique* – ein magischer Ort. Als Nachbereitung in der Boutique kaufen: den Film *»Le Mystère Picasso«* von Henri-Georges Clouzot, ein Werk aus dem Jahr 1955, in dem man dem Genie beim Malen zusehen kann.

5, rue de Thorigny
3. Arrondissement
Metro: St-Paul, Chemin Vert
Telefon: +33 (0) 1 42 71 25 21
Geöffnet von 9.30 Uhr bis 18 Uhr, im Winter bis 17.30 Uhr
Dienstag geschlossen
www.musee-picasso.fr

Musée d'Orsay

☆ Der ehemalige Bahnhof des linken Ufers ist heute das größte Museum für Kunst des 19. Jahrhunderts und Mekka für alle Liebhaber der Impressionisten. Auch hier braucht man mindestens einen halben Tag Zeit, um die Werke von Monet, Renoir, Cézanne, Degas, Sisley, Pissarro und van Gogh zu sehen. Reizvoll sind besonders die Bilder der Schule von Barbizon, auf denen man die Landschaften der *Ile de France* vor ihrer Bebauung sieht. Ideal ist eine Kunstpause im stilvollen und günstigen Buffetrestaurant.

1, rue de la Légion d'Honneur
7. Arrondissement
Metro: Solférino
Im Sommer geöffnet von Dienstag bis Sonntag von 9 Uhr bis 18 Uhr, im Winter von Dienstag bis Samstag von 10 Uhr bis 18 Uhr, Donnerstag bis 21.45 Uhr
www.musee-orsay.fr

Musée national du Moyen Age – Thermes de Cluny

☆ Das wunderbare Museum für die Kunstwerke des Mittelalters im Quartier Latin birgt farbige Kirchenfenster, Alabasterreliefs, gotische Skulpturen, Kirchenschätze – und vor allem die weltberühmten Wandteppiche aus dem 15. Jahrhundert zum Thema »Die Dame mit dem Einhorn«. Auf den farbenfrohen Bildern aus Stoff werden die fünf menschlichen Sinne dargestellt. Man versinkt förmlich in die Bilder mit ihren anmutigen Damen, Tieren und Blumen. Zur Einstimmung auf diesen Besuch ist Tracy Chevaliers Buch »Der Kuss des Einhorns« zu empfehlen. Zum Abschluss lädt vor dem Haus ein mittelalterlicher Garten zum Spaziergang ein.

6, place Paul Painlevé
5. Arrondissement
Metro: Saint-Michel, Odéon
Geöffnet von 9.15 Uhr bis 17.15 Uhr, Dienstag geschlossen
Telefon: +33 (0) 1 53 73 78 00
www.musee-moyenage.fr

Musée du Quai Branly

☆ Das spektakuläre neue Museum am Seineufer – Lieblingsprojekt des ehemaligen Staatspräsidenten Jacques Chirac – stellt seit dem Jahr 2006 Kunst aus Afrika, Asien, Ozeanien und Amerika aus. Hier ist ein einmaliges Zentrum für nicht-europäische Zivilisationen und ihre künstlerischen Ausdrucksformen entstanden. Es dient als Bühne für 3.500 ausgestellte Objekte und ist Ort der Kommunikation zwischen Ethnologen, Künstlern und Bürgern. Der Architekt Jean Nouvel schuf nicht nur einen ungewöhnlichen Bau mit Theater, Bibliothek und Vortragsräumen, sondern auch hängende Gärten und ein grünes Theater. Viele zusätzliche Wechselausstellungen und Ethnologiekurse.

37, quai Branly
7. Arrondissement
Metro: Alma-Marceau, Iéna, Bir Hakeim
Geöffnet von Dienstag bis Sonntag von 10 Uhr bis 18.30 Uhr, Donnerstag bis 21.30 Uhr
Telefon: +33 (0) 1 56 61 70 00
www.quaibranly.fr

Place des Vosges

Die berührende Schönheit der symmetrisch angelegten Häuser um die unter Heinrich IV. angelegte *Place Royale* verzaubert jeden Besucher. Rund um den Platz liegen prachtvolle Backsteinhäuser im Stil des 17. Jahrhunderts mit Arkaden, die heute häufig als Filmkulisse dienen. Man glaubt fast, der Held in einem romantischen Historienfilm zu sein, wenn man an einem Abend auf der *Place des Vosges* steht und in den Laubengängen nur ein paar verhallende Fußschritte hört. Früher fanden auf dem Platz Turniere und große Feste statt und die Nachbarschaft war stets exklusiv: Hier lebte die Marquise de Sévigné von 1677 bis 1696 und schrieb ihre berühmt gewordenen Briefe an ihre Tochter im südlichen Schloss Grignan, Kardinal Richelieu, Victor Hugo und Théophile Gautier liebten das Viertel. Heute ist der Platz als Wohnort für Prominenz aus Politik und Kulturszene beliebt. Einen Besuch wert ist das Victor-Hugo-Museum, das im Haus Nummer 3 liegt.

www.musee-hugo.paris.fr

Place de la Concorde

Die Achse vom Triumphbogen bis zum Louvre findet ihren Mittelpunkt in der *Place de la Concorde*, die viele Menschen als schönsten Platz der Welt empfinden. Wenn man vor dem Hotel Crillon steht, hat man einen Logenblick auf Tuilerien, Eiffelturm und Seine. Als Beginn jeder Parisreise ein Muss. Hier spürt man sie, die berühmte Champagnerluft.

Metro: Concorde

Opéra Garnier

Die Pariser Oper, die im Jahr 1875 eingeweiht wurde, ist eines der Prunkstücke ihrer Zeit und strahlt vor allem des Nachts im üppigen Goldglanz der Belle Epoque. Sehenswert sind die Deckengemälde von Marc Chagall mit Motiven aus Balletten und Opern, die man auch außerhalb einer Abendveranstaltung besichtigen kann. Heute werden hier überwiegend Tanzvorstellungen gegeben – die Operninszenierungen finden im neuen Opernhaus an der Bastille statt.

Place de l'Opéra
Metro: Opéra
Telefon: +33 (1) 40 01 25 14
Geöffnet von Montag bis Samstag von 10 Uhr bis 17 Uhr
Kartenverkauf vor Ort Montag bis Samstag von 10.30 Uhr bis 18.30 Uhr, telefonisch unter +33 (0) 1 72 29 35 35 oder über www.operadeparis.fr

Palais Royal

☆ Wer auf der Suche nach der Seele der Stadt ist, findet sie hier. Aus der ursprünglich für Kardinal Richelieu erbauten Wohnanlage und der späteren Amüsierstätte für Halbweltdamen ist ein anmutiger, ruhiger Ort unweit der belebten *Rue de Rivoli* geworden. Unter den Arkaden haben sich zahlreiche kleine Boutiquen angesiedelt. Bei Frédéric Castaing gibt es Handschriften berühmter Leute zu kaufen, bei der Prinzessin Siki de Somalie exklusiven Modeschmuck, bei *Le Prince Jardinier* Tomatenmarmelade und Gartenaccessoires vom Feinsten, bei Didier Ludot Vintage-Couture und Handtaschen. Und beim Plätschern der Fontänen kann man vortrefflich Zeitung lesen.

1. Arrondissement
Metro: Palais Royal

Jardin du Luxembourg

☆ Der *Jardin du Luxembourg* ist der pariserischste aller Parks: Im großen Wasserbecken lassen Kinder wie vor Jahrzehnten ihre Segelboote schwimmen, Fechter üben zwischen zwei Skulpturen ihre Positionen, alte Paare tanzen am Musikpavillon Tango. Es gibt einen Tennisplatz, ein Marionettentheater und viele Eisenstühlchen, auf denen man ein Mittagsschläfchen machen kann. Mitmachen, mitschauen, in der Sonne sitzen, den Moment genießen.

6. Arrondissement
Metro: Luxembourg

Rodin-Museum

☆ Das ehemalige Privatpalais und der romantische Skulpturengarten sind ein einmalig schöner Ort für Rodin-Liebhaber. Im zauberhaften *Hôtel Biron* sind Rodins Meisterwerke wie »Der Kuss«, der »Denker«, das »Höllentor« und »Die Bürger von Calais« zu sehen – außerhalb der Saison hat man sie an manchen Tagen für sich ganz allein, ein sublimes Kunsterlebnis. Wer sich für die tumultreiche Verbindung des Künstlers zu Camille Claudel interessiert, findet hier in unmittelbarer Nähe der Rodin-Werke auch ihre Arbeiten wie »Clotho« und »Das reife Alter«.

77, rue de Varenne
7. Arrondissement
Metro: Varenne
Telefon: +33 (0) 1 44 18 61 10
Geöffnet täglich von 9.30 Uhr bis 17.45 Uhr, im Winter bis 16.45 Uhr, Montag geschlossen
www.musee-rodin.fr

Geheimtipps

Musée Nissim de Camondo

»Die Rothschilds des Ostens« wurde die kunstverrückte Familie Nissim de Camondo genannt, die in einem Palast am *Parc Monceau* ein bewohnbares Museum für die Kunst des 18. Jahrhunderts schuf, da sie Porzellan, Möbel, Gemälde und Gobelins sammelte. Nach dem tragischen Ende der Familie blieb ihr Vermächtnis – eines der intimsten und prächtigsten kleinen Museen der Stadt. Besonders interessant ist die riesige Küche im Erdgeschoss. Alltagsgeschichte und Kunstgeschichte auf das Schönste vereint.

63, rue de Monceau
8. Arrondissement
Metro: Villiers
Telefon: +33 (0) 1 53 89 06 40
Geöffnet von Mittwoch bis Sonntag von 10 Uhr bis 17 Uhr

Etablissements Porchers – WC publiques

Lachen Sie nicht – diese Einrichtung ist nicht nur nützlich, sondern auch schön: Die *Etablissements Porcher* sind die prächtigsten öffentlichen Toiletten der Stadt. Unter der *Place de la Madeleine* kann man für einen kleinen Obolus historische, mit Blumenglas dekorierte Kabinen des renommierten Sanitärhauses benutzen, sich bei Tageslicht die Lippen schminken oder die Schuhe putzen lassen.

Place de la Madeleine
8. Arrondissement
Metro: Madeleine

Autosalons zum Nulltarif

Ein Muss für jeden Autofan: Auf den *Champs-Elysées* kann man an jedem Tag der Woche die besten, schönsten und aktuellsten Automodelle von Toyota (Straßennummer 79), Renault (Straßennummer 53) und Citroën (Straßennummer 42) ansehen. An manchen Tagen bis 23 Uhr abends. Denn die großen Autobauer haben die Prachtstraße zu ihrem immerwährenden Salon gemacht und stellen in riesigen Erlebniswelten mit Cafés, Bars und Galerien ihre neuen Modelle aus. Sie können in die Autos einsteigen, Filme ansehen, Oldtimer bewundern und Ausstellungen besuchen.

Bücher und CDs bis Mitternacht

☆ Wer an einem freien Abend gerne in einem gut sortierten Buchgeschäft oder CD-Laden stöbern möchte, findet auf den *Champs-Elysées* sein Paradies – so wie viele französische Geschäftsleute, die hier nach Büroende stundenlang in Kultur schwelgen. Die beiden großen Medienkaufhäuser FNAC und Virgin Megastore bieten eine riesige Auswahl an Büchern, französischen und internationalen CDs und DVDs, Videospielen und ein breites Angebot an Konzertkarten.

FNAC
Galerie du Claridge
74, avenue des Champs-Elysées
8. Arrondissement
Metro: Rond Point
Telefon: 0825 020 020
Geöffnet von Montag bis Samstag von 10 Uhr bis 24 Uhr, Sonntag von 12 Uhr bis 24 Uhr
Virgin Megastore
52–60, avenue des Champs-Elysées
8. Arrondissement
Telefon: +33 (0) 1 49 53 50 00
Metro: Franklin D. Roosevelt
Geöffnet von Montag bis Samstag von 10 Uhr bis 24 Uhr, Sonntag von 12 Uhr bis 24 Uhr

Paristour in einer historischen Ente

☆ Es gibt kaum etwas Lustigeres, als sich von einem jungen, gut gelaunten Chauffeur in einer alten Ente, dem legendären Citroën 2CV, durch Paris kutschieren zu lassen. Die kleine Firma *4 roues sous un parapluie* (4 Räder unter einem Regenschirm) bietet verschiedene Fahrten durch die Stadt in den ächzenden Oldtimern mit ihrem typischen Nähmaschinen-Motorton an. In einen Wagen passen drei Passagiere – auf Wunsch kann man aber auch die ganze Wagenflotte mieten und sich durch die schönsten Quartiers fahren lassen. Selbst die kritischen Pariser sagen zu dieser ausgefallenen Transportidee *»On adoooore!«* – »Wir lieben es!«. Besonderer Service: Man kann sich direkt vom Hotel abholen lassen.

www.4roues-sous-1parapluie.com

Paris auf dem Rad

☆ Die Pariser haben in der Metropole des Verkehrschaos den Charme des Radelns entdeckt und die Stadt unterstützt dies mit dem Ausbau von Radwegen. Vergessen Sie die Touri-Bustouren, jetzt wird geradelt: In einer kleinen Gruppe fährt man sicher auf türkisfarbenen Rädern einem mehrsprachigen Führer hinterher und dringt in die Geheimnisse der Stadt ein. 30 verschiedene Routen, 1,5 oder 3 Stunden lang. Ein Riesenspaß.

Maison Roue Libre
1, passage Mondétour, Ecke rue Rambuteau
3. Arrondissement
Telefon: +33 (0) 1 44 76 86 43
www.rouelibre.fr

Paris unter Glas

☆ Wer einmal die Pariser Passagen entdeckt hat, kommt immer wieder. Denn die überdachten Wandelgänge aus dem 19. Jahrhundert mit ihren ausgefallenen Boutiquen, schönen Mosaiken, guten Bistrots und ungewöhnlichen Händlern machen jeden Besuch zu einer Reise in eine magische Welt. Die *Passage Jouffroy* aus dem Jahr 1847 verbindet im 9. Arrondissement die *Grands Boulevards* mit der *Rue de la Grange Batelière*. Hier findet man das Wachsfigurenmuseum, das *Musée Grévin*, das alte *Hôtel Chopin* und viele kleine interessante Geschäfte (zum Beispiel Gilbert Segas' Spezialgeschäft für Spazierstöcke, siehe Kapitel »Einkaufsmöglichkeiten«). Die *Galerie Véro-Dodat* liegt in der Nähe der Börse (Eingang über die *Rue Croix des Petits Champs*). Sie wurde im Jahr 1837 gebaut und beherbergt heute nach einem langen Dornröschenschlaf ausgefallene Händler, darunter das ungewöhnliche Kosmetikgeschäft *By Terry*, in dem Make-Up nach Maß angefertigt wird. Die *Galerie Vivienne* aus dem Jahr 1823 schließlich ist die prächtigste Passage der Stadt mit ihren Buchläden, Cafés, Weingeschäften und Stylistenläden. Sie liegt zwischen der *Rue Vivienne* und der *Rue de la Croix des Petits Champs*.

China in Paris

☆ Eine Reise nach Asien im Herzen von Paris: Das *Maison de la Chine* gegenüber der Kirche *St. Sulpice* ist nicht nur Showroom für zeitgenössisches chinesisches Design, Reisebüro und Galerie, sondern bietet auch einen hohen, hellen Salon, in dem chinesische Tees nach alter Tradition serviert werden. Nach einem anstrengenden Bummel auf dem linken Ufer die perfekte Adresse, um ganz in Ruhe den besten grünen Tee der Stadt zu probieren und dazu eine kleine Patisserie zu naschen. Hier treffen sich die Intellektuellen des Viertels, denen das *Café de Flore* zu touristisch ist. Inspirierend und erfrischend.

76, rue Bonaparte
6. Arrondissement
Metro: Saint-Sulpice
Telefon: +33 (0) 1 40 51 95 00
www.maisondelachine.fr

Entspannen

Wer sich ein paar Stunden entspannen möchte, vereinbart am besten einen Termin im *Spa des 5 Mondes* nahe der Madeleine, einem wahren Rückzugsort für Körper und Seele. Hier kann man ein japanisches Bad nehmen (mit Rosenblättern, grünem Tee und Kopfmassagen), sich nach einem balinesischen Ritual das Gesicht massieren lassen oder bei taoistischen Schönheitsriten eine duftende glatte Haut bekommen. Hinterher gibt es Kräutertee in der Lounge. Eine sublime Erfahrung.

6, square de l'Opéra Louis Jouvet
9. Arrondissement
Metro: Madeleine
Telefon: +33 (0) 1 42 66 00 60
www.cinqmondes.com

Golfen

Wenn Sie in Paris gerne Golf spielen möchten, können Sie sich bei zwei bekannten Plätzen in den nahen Vororten des Westens melden: Der legendäre *Golf de Saint-Cloud* mit seinem schönen Panorama ist für jede Spielstärke geeignet. Greenfee ab 70 Euro, ganzjährig geöffnet außer Montag. Handicap: Herren 24, Damen 28. Telefon: +33 (0) 1 47 01 01 85. Aktuelle Informationen unter: www.golfdesaintcloud.com.

Auf dem *Golf de Saint-Germain* herrscht britische Atmosphäre, die von vielen bekannten Turnierspielern sehr geschätzt wird. Greenfee ab 60 Euro. Ganzjährig geöffnet außer Montag. Handicap: Herren 24, Damen 28. Telefon: +33 (0) 1 39 10 30 30. Aktuelle Informationen unter www.golfsaintgermain.org.

6.3 Geschäftshotels

Hotels sind in Paris – wie in allen Weltstädten – sehr teuer. Doch oft lassen sich in den internationalen Häusern günstige Tarife aushandeln und so können Geschäftsreisende außerhalb der Messezeiten zu guten Preisen zentral und komfortabel wohnen. Das Personal spricht fast immer Englisch, manchmal auch Deutsch, ist auf Geschäftsreisende eingestellt und führt professionelle Verhandlungen, wenn es um die Organisation von Meetings und Veranstaltungen geht. Die typischen romantischen Häuser oder die mit ausgefallenen Designs eingerichteten *Boutique-Hotels* sind meist lange vorher ausgebucht, geben nicht immer große Rabatte und bieten nur teilweise Platz für

Veranstaltungen. Wer jedoch das Gefühl haben möchte, in einem alten Pariser Privathaus oder einem wirklichen Trend-Hotel zu wohnen, sollte es auf jeden Fall versuchen.

Die legendären Klassiker – sehr teuer

Westin Paris

☆ Großes Luxushotel (früher als Inter-Continental bekannt) zwischen Tuilerien und *Place Vendôme* im Herzen von Paris, im Stil des 19. Jahrhunderts dekoriert. Bester Service für Geschäftsleute, die in prachtvollem Rahmen wohnen und arbeiten möchten. Zwölf Tagungsräume und königliche Salons stehen für Konferenzen und Empfänge zur Verfügung. Wer nicht im *Spa & Health Club* entspannen möchte, kann der Joggingstrecke durch die Tuilerien folgen.

3, rue Castiglione
1. Arrondissement
Metro: Tuileries
Telefon: +33 (0) 1 44 77 13 98
www.westin.com

Ritz

☆ Eines der schönsten Hotels der Welt in Traumlage an der *Place Vendôme*. Die Prominenz hat sich hier schon immer wie zu Hause gefühlt: Coco Chanel wohnte jahrelang in einer Suite in Laufnähe ihres Ateliers, Ernest Hemingway trank regelmäßig die Bar leer und Lady Di verbrachte hier den letzten Abend ihres Lebens mit Dodi Al Fayed. In der hoteleigenen Kochschule *Ecole de Cuisine Ritz Escoffier* finden viele Kurse zum Thema Essen und Wein statt, die sich hervorragend als kommunikationsförderndes Rahmenprogramm für mehrtägige Meetings eignen. Herrlicher Pool und Fitnesscenter. Drei Bars. Sterneküche im Restaurant *L'Espadon*. Guter Business-Lunch.

15, Plâce Vendôme
1. Arrondissement
Metro: Opéra
Telefon: +33 (0) 1 43 16 30 30
www.ritz.paris

Le Meurice

☆ Gekrönte Häupter aus der ganzen Welt steigen regelmäßig in diesem Privatpalast mit Blick auf den Tuileriengarten ab. Und auch große Firmen veranstalten hier gerne Tagungen, Produkteinführungen, Cocktails und private Esseneinladungen. Der Wintergarten und das gute Restaurant gehören zu den Top-Adressen der Stadt, um in einem entspannten Rahmen Gespräche zu führen. Im 275 Quadratmeter großen *Spa Caudalie* kann man sich zu Massagen und Gesichtsbehandlungen der in Frankreich sehr beliebten Vinotherapie anmelden. Sekretariatsdienst, Übersetzungsservice und Laptopverleih.

228, rue de Rivoli
1. Arrondissement
Metro: Tuileries
Telefon: +33 (0) 1 44 58 10 10
www.meuricehotel.fr

InterContinental le Grand Hotel

Das Haus neben der Oper hat nach einer Renovierung im Jahr 2003 seinen Glanz wieder und ist eine der besten Adressen für Geschäftsveranstaltungen und Privatreisen. Das im Stil Napoleon III. eingerichtete Hotel ist Schauplatz vieler Modeschauen, Bälle und Kongresse, und der opulente Rahmen beeindruckt besonders ausländische Parisbesucher. Konferenzräume auf drei Etagen, 21 Hightech-Meeting-Rooms, Businesscenter und VIP-Lounge für 10 bis 1.000 Gäste. Entspannung findet man im hauseigenen Thalassotherapie-Zentrum. Ein Plus: Im berühmten *Café de la Paix* im Erdgeschoss des Hauses kann man mit Blick auf die Oper frühstücken.

2, rue Sribe
9. Arrondissement
Metro: Opéra
Telefon: +33 (0)1 40 07 35 52
www.paris-le-grand.intercontinental.com

Design- und Boutiquehotels – mittlere bis hohe Preise

Le Murano

Eine coole, inspirierende Luxusatmosphäre herrscht in diesem hellen Designhotel im *Marais*-Viertel, das schnell zur In-Herberge der Stadt avanciert ist. An der Wodkabar trifft man kalifornische Internetmillionäre in Turnschuhen und Jeans, auf dem weißen Sofa vor dem Kamin die schönsten Mädchen der Stadt. In den mit Pop-Art-Bildern eingerichteten Zimmern kann man die Beleuchtung in verschiedenen Farbtönen regulieren und sich in den zum Zimmer offenen Badewannen aalen. Exzellenter Service für kleinere Gruppen von Geschäftsleuten: Räume für Businessmeetings, Fahrdienste, Programme für Produktvorstellungen.

13, boulevard du Temple
3. Arrondissement

Metro: Filles du Calvaire
Telefon: +33 (0) 1 42 71 20 00
www.muranoresort.com

Hôtel du Petit Moulin

Wenn Sie im bunten Universum der Haute Couture wohnen möchten, sollten Sie in das kleine Hôtel du Petit Moulin ziehen. Der farbverrückte Modemacher Christian Lacroix hat die älteste Pariser Bäckerei im *Marais*-Viertel in ein sinnliches, denkmalgeschütztes Stadthotel verwandelt. Zeichnungen des Meisters, poppige Lampen und Toile-de-Jouy-Stoffe machen das Haus zu einer gemütlichen In-Adresse, die gute Laune sichert. Auf Wunsch kann man sich auf dem Zimmer massieren lassen.

29–31, rue du Poitou
3. Arrondissement
Metro: St-Sébastien Froissart, Filles du Calvaire
Telefon: +33 (0) 1 42 74 10 10
www.paris-hotel-petitmoulin.com

Hôtel Costes

Der schlichte Eingang täuscht: Hinter der unauffälligen Fassade des Hotels hat der berühmte Dekorateur Jacques Garcia das Haus in Bestlage wie ein üppiges Boudoir eingerichtet, mit schweren Portieren, Troddelsesseln und vergoldeten Spiegeln. Der italienisch inspirierte Innenhof ist einer der Plätze mit der höchsten People-Dichte der Stadt. In der Bar und im Restaurant trifft sich die bunte Pariser Szene: Schauspieler, Werbeleute, Models und Schriftsteller machen das Haus zu einem unterhaltsamen Jahrmarkt der Eitelkeiten, auf dem viele Geschäfte gemacht werden. Schönes Spa. Unter dem Costes-Label werden eigene CDs mit Lounge-Musik und Duftkerzen verkauft.

239, rue St-Honoré
1. Arrondissement
Metro: Concorde, Madeleine
Telefon: +33 (0) 1 42 44 50 00
www.hotelcostes.com

Bel Ami Saint-Germain-des-Prés

In unmittelbarer Nähe der Existenzialisten-Cafés *Flore* und *Deux Magots* in Bestlage der Rive Gauche gelegen. Erklärte Gegner von Belle-Epoque-Opulenz finden hier eine angenehme Zen-Atmosphäre, denn Zimmer, Salons und das Bel-Ami-Café sind schlicht eingerichtet und bestechen durch subtile Farb- und Lichtspiele. Das Management bemüht sich besonders um die Geschäftskunden, die ein persönliches Konzept für ihren Aufenthalt wünschen. Das Businesszentrum eignet sich für Veranstaltungen von 2 bis 150 Personen. Die Hightech-Ausstattung, das individuelle Speisenangebot und der brandneue Fitnessbereich machen das Bel Ami zu einer ganz persönlichen Spitzenadresse.

7–11, rue Saint Benoît
6. Arrondissement
Metro: Saint-Germain-des-Prés
Telefon: +33 (0) 1 42 61 53 53
www.hotel-bel-ami.com

Hôtel Bourg-Tibourg

»Un bijou« sagten die Nachbarn anerkennend, als im Jahr 2002 das neue Haus eröffnet wurde. Tatsächlich ist das Bourg-Tibourg ein Schmuckstück von einem Hotel in einer der stimmungsvollsten Straßen des *Marais*. Die 30 Zimmer sind in einem typisch pariserischen Stilmix aus Blumentapeten, Streifenstoffen, alten Möbeln und luxuriösen Sofas eingerichtet. Je nach Fantasie glaubt man sich entweder in einem Traum aus »1001 Nacht« oder als Gast bei einer kultivierten reichen Familie. Die Liebe zum Detail macht das Haus zu einem wahren Heim in der Großstadt.

19, rue du Bourg-Tibourg
4. Arrondissement
Metro: Hôtel de Ville, St-Paul
Telefon: +33 (0) 1 42 78 47 39
www.bourgtibourg.com

Praktische Geschäftshotels – günstige bis mittlere Preise

Mercure Opéra Garnier

Zentral gelegen zwischen dem Bahnhof *Saint-Lazare* dem und *Boulevard Haussmann* mit einem kleinen Innenhof, einer Bar und einem Konferenzsaal. WiFi-Internetanschluss.

4, rue de l'Isly
8. Arrondissement
Metro: Saint-Lazare
Telefon: +33 (0)1 43 87 35 50

Concorde Saint-Lazare

Großes traditionelles Geschäftshotel mitten im *Quartier d'Affaires* um den *Boulevard Haussmann*. In 15 Empfangsräumen kann man Veranstaltungen von 20 bis 260 Gästen organisieren, ein Businesscenter unterstützt bei der Arbeit. Professionelles Catering.

108, rue Saint-Lazare
8. Arrondissement
Metro: Saint-Lazare
Telefon: +33 (0) 1 40 08 44 44
www.concorde-hotels.com

Sofitel Champs-Elysées

☆ Elegantes Traditionshaus aus dem Jahr 1866 mit 40 modernen Zimmern und Hightech-Ausstattung. Das Businesscenter mit 16 Büros und 9 Seminarräumen kann Veranstaltungen bis zu 500 Personen empfangen. Im Restaurant *Les Signatures*, in der *Media's Bar* und im *Presse Club de France* treffen sich mit Vorliebe Journalisten und Politiker. Ideal gelegen in der Nähe von *Champs-Elysées, Place de la Concorde* und Invalidendom.

8, rue J. Goujon
8. Arrondissement
Metro: Champs-Elysées-Clemenceau
Telefon: +33 (0)1 40 74 64 64
www.sofitel.com

Novotel Gare de Lyon

☆ In der Nähe von Bercy und Bastille gelegenes modernes Haus mit 24 Stunden geöffnetem Schwimmbad, hoteleigener Brasserie und sieben Seminarräumen.

2, rue Hector Malot
12. Arrondissement
Metro: Gare de Lyon
Telefon: +33 (0) 1 44 67 60 00
www.novotel.com

Sofitel Paris Bercy

☆ Schickes, zeitgenössisches Businesshotel zwischen *Bibliothèque de France* und *Palais des Omnisports*, das ideal für Konferenzen mit bis zu 450 Teilnehmern ist. Hightech-Ausstattung und Seminarräume, Restaurant und Lounge. Besonders gelungen: die Fitness-Area des Club Med Gym. Der große Kinopalast UGC Bercy liegt gleich nebenan.

1, rue de Libourne
12. Arrondissement
Metro: Gare de Lyon, Cour St-Emilion
Telefon: +33 (0) 1 44 67 34 51
www.sofitel.com

Novotel Tour Eiffel

☆ An der Seine gelegenes Geschäftshotel neben dem Eiffelturm mit großem Konferenzzentrum, japanischem Restaurant, dem *Tour Eiffel Café* und einer Lounge Bar. Im (kostenpflichtigen) Fitnessclub mit Schwimmbad kann man sich gut entspannen.

61, quai Grenelle
15. Arrondissement
Metro: Charles Michels
Telefon: +33 (0)1 40 58 20 00
www.novotel.com

Hilton Arc de Triomphe

☆ Zentral gelegenes Haus zwischen Rue du Faubourg *St. Honoré* und dem *Monceau*-Park mit Tagungsräumen für 10 bis 800 Personen, Businesscenter und Executive Floor. Schönes Spa und andalusischer Patio.

51/57, rue de Courcelles
8. Arrondissement
Metro: Courcelles
Telefon: +33 (0) 58 36 68 05
www.arcdetriompheparis.hilton.com

Méridien Etoile

☆ Großes, exzellentes Hotel neben dem Kongresszentrum, mit berühmtem Jazzclub, Bar, Boutiquen und Fitnessclub. Nach *La Défense,* dem großen Büroviertel, sind es nur zehn Minuten Metrofahrt. Ebenso schnell ist man am Triumphbogen.

81, boulevard Gouvion St-Cyr
17. Arrondissement
Metro: Neuilly-Porte Maillot
Telefon: +33 (0)1 40 68 34 34
www.starwoodhotels.com

Concorde Lafayette

☆ Eines der besten und größten Geschäftshotels der Stadt in idealer Lage am Kongresszentrum *Palais des Congrès,* am Ende der *Champs-Elysées.* Im Hochhaus mit seinen 33 Etagen wohnen die Gäste mit einem Panoramablick auf die Stadt. Großes Businesscenter mit 50 Versammlungsräumen für bis zu 4.000 Gäste.

3, place du Général Kœnig
17. Arrondissement
Metro: Porte Maillot
Telefon: +33 (0) 1 40 68 50 68

www.concorde-lafayette.com

Rive Gauche Saint-Jacques Hotel & Conference Center

☆ Modernes Hotel mit 757 Zimmern und einem Konferenzzentrum auf dem linken Seineufer. 40 Säle für Meetings und Schulungen, maßgeschneidertes Catering und Besichtigungsprogramme. Restaurant und Bar, Fitnessclub und Kosmetikstudio.

17, boulevard Saint-Jacques
14. Arrondissement
Metro: Glacière
Telefon: +33 (0)1 40 78 78 80
www.marriott.com

Hilton La Défense

☆ Mitten im riesigen Geschäftsviertel von *La Défense* gelegen, bietet das Hilton große Businesszimmer, in denen man gut arbeiten kann. Das Businesscenter unterstützt mit allen klassischen Dienstleistungen und richtet auch Konferenzen aus. Die zwei renommierten Restaurants *Les Communautés* und *L'Echiquier* sind beliebte Treffpunkte für die Angestellten der umliegenden Banken. Neu: die Relaxation-Zimmer mit Hydro-Spa-Bad und Aromatherapie-Produkten.

2, place Défense
Metro: La Défense-Grande Arche
Telefon: +33 (0)1 46 92 10 10
www.hilton.de

Sofitel La Défense

☆ Das Lieblingshotel deutscher Geschäftsleute in der Bürostadt. Die Zimmer sind riesig, die Betten wunderbar und die Bäder gerade renoviert. Fünf Tagungsräume und ein Auditorium, Fitnessstudio. Großartige Architektur.

11, avenue de l'Arche
Metro: La Défense-Grande Arche
Telefon: +33 (0) 1 47 17 5 00 00
www.sofitel.com

Flughafenhotels

Hilton Orly

☆ Praktisches Hotel am Flughafen *Orly Sud* mit 353 Zimmern. Hier können Meetings mit bis zu 380 Gästen organisiert werden. Brasserie und Bar.

Telefon: +33 (0)1 45 12 45 12

www.hilton.de

Sheraton Roissy

Hotel am Flughafen *Roissy-Charles de Gaulle*, das von der Stardesignerin Andrée Putman eingerichtet wurde. Besonders gut ausgestattete Zimmer im Club Floor mit VIP Service. 22 Tagungsräume bieten Platz für bis zu 90 Personen. Vier Restaurants und das Sports Center sorgen für Abwechslung nach einem anstrengenden Tag.

Telefon: +33 (0)1 49 19 70 70
www.starwoodhotels.com

6.4 Restaurants

Die Wirkung eines guten Mittagessens oder *Dîners* darf man in Paris nicht unterschätzen. Je nach Anlass und Geschäftspartner lohnt sich die Investition in einen schönen Abend, denn die gute Küche ist oft ein vollkommenes ästhetisches Erlebnis und wird hier wie ein Opernbesuch genossen. Berufliche Kontakte werden in entspanntem Rahmen intensiviert und bei der Wahl einer guten Adresse zeigt man die Wertschätzung, die man Geschäftspartnern entgegenbringt. Die Ablehnung eines Essens wegen Zeitmangels kann in manchen Fällen sogar als Affront aufgefasst werden, da das Essen Teil des Arbeitslebens ist. Und auch im privaten Kreis gibt es kaum etwas Schöneres, als in einem Pariser Restaurant die Speisekarte aufzuschlagen und bei einem Glas Champagner zu überlegen, ob man Lust auf weiße oder schwarze Trüffel hat, Fischsuppe oder Lammcarré mit Kartoffelgratin bestellen möchte. Die Preise sind so breit gefächert wie das Angebot. In der pyramidenartigen Hierarchie der Restaurants bilden die mit Michelin-Sternen ausgezeichneten Häuser die absolute Spitze. In diesen *Restaurants gastronomiques* kann ein Abendessen leicht mehrere Hundert Euro kosten – pro Person. Doch gerade hier kann man bei den relativ günstigen Mittagsmenüs wunderbare Entdeckungen machen, denn hier ist Spitzenqualität garantiert. Eine Kategorie niedriger sind die klassischen Restaurants und die guten ausländischen Spezialitätenrestaurants anzusiedeln, dann folgen die einfacheren Bistrots und Brasserien. Bei Einladungen kommt es vor allem darauf an, wen Sie einladen und zu welchem Anlass. Kein normaler Geschäftspartner im unteren oder mittleren Management wird von Ihnen erwarten, dass

Sie ihn ohne besonderen Grund in ein Sternerestaurant einladen. Wenn Sie aber nach vielen gemeinsamen Kämpfen einen Millionengewinn gemacht haben oder ein wichtiger Auftrag für die nächsten Jahre die Fertigung Ihres Unternehmens auslastet, dürfen Sie sich das etwas kosten lassen. Apéritif, Entrée, Hauptspeise, Käse, Dessert, Café – freuen Sie sich auf die kultivierte französische Sitte, das Essen ganz selbstverständlich zu zelebrieren.

Die große Klasse – sehr teuer

Alain Ducasse im Plaza Athénée

☆ Alain Ducasse ist der würdige Nachfolger des legendären Paul Bocuse, denn er hat nicht nur die französische Küche revolutioniert, in seinen zahlreichen Restaurants die Höchstzahl an Sternen und Punkten gesammelt und eine ganze Generation an Köchen ausgebildet, die heute auf der ganzen Welt nach seinem Stil kochen. Der detailversessene Chef hat auch in der erbarmungslosen Pariser Szene eine große Popularität erlangt: Wenn man Gourmetkritiker, bekannte Kochkollegen und die fresslustige Prominenz fragt, wo man denn in Paris unbedingt essen müsse, sagen die meisten: »Bei Ducasse natürlich!« In seiner Pariser Staradresse im eleganten Hotel *Plaza Athénée* an der *Avenue Montaigne* speist man beste Produkte in zeitgenössischer Interpretation. Zum Beispiel Bressehuhn in Trüffelsoße, Langustinen mit Kaviar und eine Auswahl roher und gekochter Gemüse mit Tomaten-Trüffelmarmelade. Man sollte lange vor einem Besuch reservieren.

25, avenue Montaigne
8. Arrondissement
Metro: Alma-Marceau
Telefon: +33 (0) 1 53 67 65 00
www.alain-ducasse.com

Le Grand Véfour

☆ Für große Abschlüsse, wichtige Geschäftspartner – oder als Geschenk an sich selbst: Einmal im Leben muss man wie schon Napoleon mit seiner Josephine im schönsten Restaurant der Stadt, unter den Arkaden des *Palais Royal*, ein *Déjeuner* oder *Dîner* zelebriert haben. Als Chefkoch Guy Martin, dessen Gäste in der sagenhaften Pracht der Directoire-Einrichtung tafeln, den dritten Stern im Michelinführer bekam, meldete dies die Zeitung *Le Monde* auf der ersten Seite. Legendär sind die Ravioli mit *Foie Gras* und die Artischockentarte mit Bittermandelsorbet (als Dessert!). Mittagsmenü für 75 Euro, abends muss man mit 250 Euro pro Person rechnen. Unbedingt reservieren!

Palais Royal
17, rue de Beaujolais
1. Arrondissement
Metro: Palais Royal
Telefon: +33 (0)1 42 96 56 27
www.grand-vefour.com

Guy Savoy

☆ »Nehmen Sie einfach Platz – und das Fest beginnt« – ist das Motto des mit drei Sternen ausgezeichneten Kochs Guy Savoy. Dieser Grand Chef schafft es, dass man sich nach *Le festin* – dem großen Degustationsmenü – immer noch leicht und beschwingt fühlt. Selbst Gäste, die um ungewöhnliche Speisen wie Seeigel immer einen Bogen gemacht haben, löffeln diese Meeresfrüchte hier mit Genuss aus, denn Savoy versteht es, aus allen nur irgendwie essbaren Zutaten Köstlichkeiten zu bereiten, die auch dem Auge schmeicheln. Und wer möchte nicht einmal im Leben Vorspeisen mit so geheimnisvollen Namen wie »Zwischen Erde und Meer« oder »Die Farben des Kaviars« probieren? Das intime moderne Restaurant ist mit Kunstwerken eingerichtet und hat kleine Séparées, in denen man ungestört reden kann. Für größere Runden empfiehlt sich der private Speisesaal. Viel Prominenz, um die aber kein großes Tamtam gemacht wird, denn hier wird jeder wie ein VIP behandelt. Höchster Genuss und ebensolche Preise. Tipp: Nur über die Reservierung per Internet gibt es günstige Schnupper-Sonderarrangements!

18, rue Troyon
17. Arrondissement
Metro: Charles de Gaulle-Etoile
Telefon: +33 (0) 1 43 80 40 61
www.guysavoy.com

Restaurant & Boudoir Hélène Darroze

☆ Der neue Star am Pariser Sternehimmel heißt Hélène Darroze. Die junge Köchin aus einer Gastronomenfamilie des Südwestens hat sich in ihrem farbenfrohen Restaurant zwei Sterne erkocht und ist die berühmteste Vertreterin einer neuen Generation von erfolgreichen Köchinnen. Im Erdgeschoss kann man in ihrem *Gourmet-Boudoir* Fingerfood probieren oder im Salon Tapas der Extraklasse essen – ideal für einen entspannten Business-Lunch (ab 35 Euro). Im ersten Stock liegt das intime Sterne-Restaurant, in dem man in aller Vertraulichkeit tafelt und redet. Exzellenter junger Service. Eine große Auswahl von Jahrgangsschnäpsen aus der Brennerei der Familie Darroze bildet den stimmungsvollen Abschluss von außergewöhnlichen Menüs, an die man sich noch lange erinnern wird.

4, rue d'Assas
6. Arrondissement
Metro: Sèvres-Babylone
Telefon: +33 (0)1 42 22 00 11
www.relaischateaux.com

Le Céladon

Das Restaurant des kleinen Luxushotels *Westminster* ist wie eine elegante Bibliothek eingerichtet und ein idealer Ort für Geschäftsessen und private Abende. Hier speist man vortreffliche französische Küche aus regionalen Produkten des Landes, umsorgt von einem besonders aufmerksamen Service. In der gemütlichen *Duke's Bar* nebenan trinkt man abschließend einen Absacker neben Gästen aus der ganzen Welt und schlendert danach über die *Place Vendôme*. Ein echter Geheimtipp im Herzen der Stadt.

13, rue de la Paix
1. Arrondissement
Metro: Opéra
Telefon: +33 (0) 1 42 61 57 46

Unkompliziert und für zwischendurch

Café Guitry

Das Restaurant des Privattheaters *Edouard VII* im Geschäftsviertel zwischen *Boulevard Haussmann* und *Madeleine* ist eine der Adressen, die sich die Pariser heimlich zuflüstern und nur ungern mit Fremden teilen, denn sie ist gut, nicht teuer und exzellent gelegen. Man sucht sich hier Salate, Tartes, Suppen und Schinkenteller aus, wird von freundlichem Personal bedient und trifft vor und nach den Vorstellungen oft berühmte Schauspieler wie Jean Reno oder Pierre Arditi, die hier mit ihren Freunden soupieren. Schöne Terrasse und englische Bar.

10, place Edouard VII
9. Arrondissement
Metro: Madeleine
Telefon: +33 (0) 1 40 07 00 77

La Palette

Eine Institution ist dieses klassische Pariser Bistrot, das Leben in Paris wie auf einer Bühne bietet: Leicht melancholisch blickende Kellner servieren ein Glas Rotwein, man zündet sich eine *Gauloise* an, knabbert Graubrot mit

Schinken (fragen Sie nach *Pain Poilane*), schreibt E-Mails fertig – und wünscht sich einen festen Job in Paris, um diese Adresse zu seiner Stammkneipe zu machen.

43, rue de Seine
6. Arrondissement
Metro: Saint-Germain-des-Prés
Telefon: +33 (0)1 43 26 68 15

Brasserie Publicis Drugstore

Den besten Brunch auf den *Champs-Elysées* zu einem unschlagbaren Preis gibt es Sonntags im verglasten Café der an allen Tagen der Woche geöffneten Design-Einkaufspassage *Publicis Drugstore*. Süße und salzige Buffets biegen sich unter mediterranen Köstlichkeiten, dazu gibt es eine reichhaltige Tee- und Kaffeeauswahl. Der Platz ist ideal, um die Pressestapel aus dem internationalen Zeitungsladen nebenan zu lesen, und auch unter der Woche eine gute Adresse für einen leichten Snack oder eine Tasse Tee. Der Drugstore bietet außerdem einen guten Zigarrenkeller, ein exklusives Weinsortiment und einen exzellent sortierten Buchladen mit einer großen Abteilung über Reise, Fotografie und Gastronomie.

133, avenue des Champs-Elysées
8. Arrondissement
Metro: Charles de Gaulle-Etoile
Telefon: +33 (0) 1 44 43 77 64
www.publicisdrugstore.com

Café Marly

Lebensgenuss pur: Der Blick von der Terrasse auf die Pyramide du Louvre ist ein Muss für jeden Parisbesucher. Man sitzt auf Designerstühlen unter den Arkaden, trinkt Kaffee, arbeitet sich durch die Schichten eines Club-Sandwichs und diskutiert über Börsenkurse, Renaissancegemälde und die aktuelle Rocklänge. Eine der wenigen Adressen, die trotz ihrer Lage an einem Touristenanziehungspunkt nicht aus der Mode kommen und von den Parisern heiß geliebt werden.

93, rue de Rivoli
1. Arrondissement
Metro: Musée du Louvre
Telefon: +33 (0)1 49 26 06 60

Café de Flore

Das mythische Schriftsteller-Café von *Saint-Germain-des-Prés* ist das Herz des *Boulevards Saint-Germain*. Touristen, dichtende Literaturpreisträger, Verlagsmanager und erschöpfte Shopperinnen sitzen hier einträchtig bei

Omelett, heißer Schokolade und Espresso und sind einfach glücklich, dass sich Paris hier genauso anfühlt, aussieht und schmeckt, wie es zu sein hat. Immer rappelvoll und natürlich überteuert.

172, boulevard Saint-Germain
6. Arrondissement
Metro: Saint-Germain-des-Prés
Telefon: +33 (0) 1 45 48 55 26
www.cafe-de-flore.com

A priori thé

☆ Charmanter Salon für eine Teepause zwischen Louvre und Börse. Bei *A priori thé* in der nostalgischen *Galerie Vivienne* gibt es zur Kanne Tee selbst gemachte Kuchen, Brownies, Tartes und knackige Salate. Am Sonntagmittag wird hier ein opulenter Brunch serviert. Viele Gäste aus Mode, Design und Kunst. Die besten Tische stehen vor dem Eingang, mitten in der Galerie.

35–37, Galerie Vivienne, Eingang über: 6, rue Vivienne
2. Arrondissement
Metro: Palais Royal
Telefon: +33 (0)1 42 97 48 75

La Table d'Hédiard

☆ Im ersten Stock des Gourmettempels an der *Madeleine* kann man die Hektik der Stadt vergessen und im Restaurant einen kulinarischen Streifzug durch die verführerischen Regale aller Abteilungen beginnen. Zum Mittagessen sind besonders die großen Hauptspeisenteller gefragt, die ein komplettes Menü ersetzen, zum Beispiel verschiedene Lachssorten mit Soßen. Exotische Gewürze, ungewöhnliche Kombinationen und eine große Teeauswahl machen jeden Besuch zu einer Entdeckung. Von montags bis freitags kann man hier für den Pauschalpreis von 25 Euro hervorragend frühstücken und dabei zusehen, wie der Kaffee frisch gemahlen wird. Als Catering-Spezialist ist Hédiard auch ein unübertroffener Profi bei der Organisation von Geschäftsessen oder bei der Zusammenstellung der *Plateaux-repas,* delikaten Picknicktabletts für das Büro.

21, place de la Madeleine
8. Arrondissement
Metro: Madeleine
Telefon: +33 (0) 1 43 12 88 99
www.hediard.fr

Klassische Brasserieküche – mittlere Preise

Bofinger

☆ Das Traditionshaus an der *Bastille* verkörpert das Genre der *Brasserie* par excellence. Die historische Gaststätte aus dem Jahr 1864 mit Glasmosaiken und Wandmalereien bietet gute, solide Küche mit Meeresfrüchteplatten, Fischsuppen, Sauerkraut und *Profiteroles*. Die gesellige Atmosphäre an engen Tischen und Bänken ist ideal für größere Runden. Wer hier hungrig aufsteht, ist selbst schuld.

5, rue Bastille
3. Arrondissement
Metro: Bastille
Telefon:+33 (0) 1 42 72 87 82
www.bofingerparis.com

Brasserie Lutetia

☆ In der Brasserie des berühmten Hotels *Lutetia* wird verfeinerte französische Küche geboten – dazu die in Paris sonst schwer zu findenden vegetarischen Menüs und exzellente Meeresfrüchte, die man von einer Flasche Pouilly Fumé begleitet genüsslich verzehrt. Die Einrichtung im Art-Deco-Stil stammt von Sonia Rykiel und dem Designer Slavik und verbreitet mit Spiegeln, schwarzen Lederbänken und Kunstwerken Atlantikgefühl im Herzen der Stadt. Gute Menüs zu festen Preisen.

45, boulevard Raspail
6. Arrondissement
Metro: Sèvres-Babylone
Telefon: +33 (0)1 49 54 46 76

Brasserie Stella

☆ Diese Brasserie ist seit Generationen die Kantine des eleganten 16. Arrondissements, in der sich Finanzmagnaten, Großfamilien, alte Paare und Geschäftsfreunde treffen. Köstliche Austernplatten, Fische, *Foie Gras* und klassische Desserts wie *Crème brulée* und *Profiteroles* ziehen viele Stammgäste an. Wer eine lebhafte, lustige, typisch pariserische Atmosphäre sucht, findet sie hier. Große Zigarrenauswahl. Das *Stella* ist das Lieblingsrestaurant des mittlerweile sehr betagten Architekten der Louvre-Pyramide Ieoh Ming Pei.

133, avenue Victor Hugo
16. Arrondissement
Metro: Victor Hugo
Telefon: +33 (0) 1 56 90 56 00

Chic und modern

Pinxo

☆ Der Name ist Programm und bezieht sich auf das Verb *»pincher«:* probieren, vom Nebenteller naschen. Man kann sich die Gerichte der Karte nach dem Baukastensystem zusammenstellen und so großartige Entdeckungen machen, ohne ein großes Menü essen zu müssen. Die zeitgenössische Fusionküche mit französischem Schwerpunkt wird unter der Federführung des Starkochs Alain Dutournier vom *Carré des Feuillants* der Saison folgend konzipiert. Interessante Weine gibt es auch im Glas. An der offenen Küchenbar kann man den Köchen bei ihrer Arbeit zusehen; wer aber mit seinen Kollegen kommunizieren möchte, bestellt lieber Plätze an den Bistrottischen. Ideal ist die günstige *Formule déjeuner,* das aktuelle Mittagsmenü.

9, rue d'Alger
1. Arrondissement
Metro: Tuileries
Telefon: +33 (0) 1 40 20 72 00

L'Avenue

☆ Das im 50er-Jahre-Stil in Gold und Lila eingerichtete Restaurant der Brüder Costes ist das Hauptquartier von ganz in Beige gekleideten Shopperinnen aus aller Welt. Die Herren aus den umliegenden Büros diskutieren bei Champagner die neuen Deals der Werbeszene. Ideal für einen Business-Lunch im 8. Arrondissement. Leichte, gute Küche.

41, avenue Montaigne
8. Arrondissement
Metro: Franklin D. Roosevelt, Alma-Marceau
Telefon: +33 (0) 1 40 70 14 91

Cristal Room Baccarat

☆ Diesen sublimen Ort kann es nur in Paris geben. Im von Philipp Starck geschaffenen neobarocken Ambiente des Schauhauses der Traditionsfirma Baccarat befindet sich eines der schönsten Restaurants der Stadt. Es liegt im ehemaligen Palais der legendären Kunstmäzenin Marie-Laure de Noailles und zeigt heute in seinen restaurierten Prachträumen die kristallenen Kostbarkeiten der lothringischen Glasmanufaktur in einem kleinen Museum. Das Restaurant im ehemaligen Speisesaal von Madame entführt in eine Welt des luxuriösen guten Geschmacks. Ein Rahmen, den kultivierte Geschäftspartner sehr zu schätzen wissen. Gute Weinauswahl. Auf Anfrage Organisation von Firmenevents.

11, place des Etats-Unis
16. Arrondissement
Metro: Iéna
Telefon: +33 (0) 1 40 22 11 10

Ze Kitchen Galerie

☆ Zugegeben: Es ist ein etwas seltsamer Name für ein so tolles Restaurant. Auch wenn die Franzosen damit kokettieren, Schwierigkeiten mit dem englishen »th« zu haben – kochen können sie hier! Denn in der zum Saal verglasten offenen Küche wird beste World Cuisine zubereitet: italienische und chinesische Nudeln mit bunten, verrückt gewürzten Soßen, Salate mit Fisch »à la plancha« und Nachtische, die aussehen wie Picassos Bilder. Die kulinarische Galerie ist außerdem ein Paradies für Vegetarier, die in der Hauptstadt von *Foie Gras*, Schweinsfüßen und Hummern auf der Nahrungssuche manchmal verzweifeln. Gutes Menü für 35 Euro.

4, rue des Grands-Augustins
6. Arrondissement
Metro: Saint-Michel
Telefon: +33 (0) 1 44 32 00 32
www.zekitchengalerie.fr

6.5 Einkaufsmöglichkeiten

Paris ist ein wahres Paradies um einzukaufen. Für Frauen und Männer, für jeden Geschmack und Geldbeutel. Obwohl sich in den vergangenen Jahren auch hier viele internationale Ketten niedergelassen haben, findet man in Kaufhäusern und Boutiquen ausgefallene, wunderschöne Dinge, die es nirgendwo sonst gibt: handgemachte Unterwäsche, kristallisierte Veilchen, Spazierstöcke, alte Manschettenknöpfe, ausgefallene Duftkerzen, durchsichtige Hüte, in Gips gegossene Handabdrücke, alte Bücher und individuell angefertigte Lippenstifte. Das Schöne dabei ist, dass man gar nicht unbedingt kaufen muss, sondern mit dem *Lèche-vitrine*, dem Schaufenstergucken, ein kostenfreies immenses Vergnügen haben kann. Die kreativsten Gestalter des Landes leben hier ihre Fantasie aus, setzen in vielen Bereichen die internationalen Trends – oft sind die Grenzen zwischen Kunst und Kommerz fließend. In den Flagship-Stores der Luxuskonzerne kann man als Beobachter viel über Marketing und Corporate Identity lernen und bei den individualistischen Boutiquenbesitzern im *Marais*-Viertel sieht man erstaunliche Geschäftserfolge durch Charisma und Liebe zum Produkt. Egal, ob Sie ein Budget von 50 oder 5.000 Euro zur Verfügung haben – los geht's!

Die großen Kaufhäuser

Galeries Lafayette

Ein opernhaftes Monument des Kommerzes mit sieben Stockwerken und einer neo-byzantinischen Glaskuppel, das man einmal im Leben gesehen haben muss. Man findet im Erdgeschoss die berühmte Parfümerieabteilung, in den oberen Etagen Damen- und Kindermode von der erschwinglichen Jeans bis zum sündhaft teuren Abendkleid. Gute Herrenmode in allen Preislagen gibt es in der Dependance nebenan. Seit kurzem hat *Lafayette* im ehemaligen Marks & Spencer-Haus gegenüber ein eigenes Geschäft mit Produkten rund um das Thema Wohnen und Haus eröffnet: *Lafayette Maison*. Dort gibt es vom Perlmutt-Eierlöffel über Jacquard-Tischtücher bis zum kompletten Sèvres-Service alles, was eine Wohnung schön und pariserisch macht. Auch eine Vitrine für junges französisches Design – und eine wahre Fundgrube für Geschenke.

40, boulevard Haussmann
9. Arrondissement
Metro: Chaussée d'Antin
Telefon: +33 (0) 1 42 82 34 56
Geöffnet von Montag bis Samstag von 9.30 Uhr bis 19 Uhr, Donnerstag bis 21 Uhr
www.galerieslafayette.com

Printemps Haussmann

Mit seiner Jugendstilkuppel ist das Kaufhaus *Printemps* ein Schmuckstück des Boulevards und lohnt ein paar Stunden Besichtigung. Die Pariser kommen vor allem, um in der riesigen Kosmetikabteilung einzukaufen, die alle In-Produkte des Globus präsentiert. An den Ständen der großen Marken kann man sich schminken lassen (besonders guter Service bei T. Leclerc) und in der Haarabteilung findet man alles vom goldenen Kamm über Wundermittel gegen Haarausfall bis zum Alexandre-Krönchen aus Horn und Strass. Die Luxusabteilung mit ihren Designerkleidern von Celine, Yves Saint Laurent, Gucci und Chanel, Uhren von Cartier, Boucheron, Baume & Mercier und edlen Accessoires ist einzigartig. Wenn man einen guten Überblick über die aktuellen Modetendenzen und Designer bekommen möchte, ohne durch die ganze Stadt zu laufen, ist das Printemps unumgänglich. Während der offiziellen Ausverkäufe im Sommer und Winter verwandeln sich hier coole Pariserinnen in hysterische

Hyänen, wenn es darum geht, ein Paar kristallverzierte Charles-Jourdan-Schuhe zum halben Preis zu ergattern.

64, boulevard Haussmann
9. Arrondissement
Metro: Havre-Caumartin
Telefon: +33 (0) 1 42 82 57 87
Geöffnet von Montag bis Samstag von 9.35 Uhr bis 19 Uhr, Donnerstag bis 22 Uhr
www.printemps.com

Le Bon Marché

Das *Bon Marché* ist für die Pariser das, was *Harvey Nichols* den Londonern ist: Das Edelkaufhaus des linken Seineufers vereint alle wichtigen Designer unter einem Dach und bleibt doch überschaubar. Es bietet eine superschicke Präsentation und Inneneinrichtung der Stardesignerin Andrée Putman, die so fürsorglich war, Le-Corbusier-Sessel für erschöpfte Shopper bereitzustellen. Äußerst beliebt ist die gute, klar geordnete Herrenabteilung im Erdgeschoss mit allen wichtigen französischen und internationalen Marken. Wer wie ein seriöser Latin Lover aussehen möchte, sollte sich in den Regalen der günstigen Hausmarke *Balthazar* umsehen. Für Damen ist die Auswahl an Hüten, Tüchern, Schals und Taschen fast unerträglich schön. Bei Cocktailkleidern und femininen Ensembles für das Büro ist das *Bon Marché* unschlagbar. Kunden, die sich bei der Kleiderwahl unsicher sind, berät der *Styliste privé*, ein Personal Shopper. Nebenan liegt die *Grande Epicerie*, die legendäre Gourmetabteilung des linken Ufers, in der von Kopf bis Fuß in Chanel gekleidete Schönheiten Hipp-Gläser für ihre Babys kaufen.

22, rue de Sèvres
7. Arrondissement
Metro: Sèvres-Babylone
Telefon: +33 (0) 1 44 39 80 00
Geöffnet Montag, Dienstag, Mittwoch und Freitag von 9.30 Uhr bis 19 Uhr, Donnerstag von 10 Uhr bis 21 Uhr und Samstag von 9.30 Uhr bis 20 Uhr.
www.lebonmarche.fr

Französische Kultgeschäfte

Baccarat

Sie lieben schönes Glas? Dann sollten Sie unbedingt die *Baccarat*-Boutique an der *Madeleine* besuchen. Das unter dem Sonnenkönig als Manufaktur gegründete Unternehmen hat es in den vergangenen Jahren geschafft, aus einem gravitätischen Traditionshaus zu einer modernen, sinnlichen Marke des 21. Jahrhunderts zu werden. Man findet hier traditionelle Kristallgläser und Vasen, aber auch zeitgenössische Kreationen junger Designer. Verkaufsschlager sind die von Philippe Starck entworfenen schwarzen Highball-Gläser. Wunderschön – und bezahlbar – sind die funkelnden bunten Ringe, Ohrringe und Glaskreuze aus der Schmucklinie, die auf dem Wunschzettel jeder eleganten Pariserin stehen.

11, place de la Madeleine
8. Arrondissemenet
Metro: Madeleine
Telefon: +33 (0) 1 42 65 36 26
Geöffnet von Montag bis Samstag von 10 Uhr bis 19 Uhr
www.baccarat.fr

Hermès

☆ Mit Geschenken aus dieser Boutique liegt man immer richtig – gerade wenn man sie sich selber macht. Denn ein Stück des traditionellen Sattlerhauses ist eine gute Investition für die nächsten Jahrzehnte. Zeitlose Bestseller sind die bunten Seidentücher (250 Euro), die berühmten *Carrés*, die es nicht nur mit Pferdemotiven, sondern auch mit grafischen, floralen und poppigen Mustern gibt. Herren lieben die hervorragend verarbeiteten Hemden mit raffinierten Details und die schlichten Kaschmirpullover. Die Handtaschen, Aktenkoffer und Sattel sind handgefertigte Meisterstücke, die man zum Großteil nur nach einer Wartefrist bekommt. Geheimtipp für Kellybag-Liebhaberinnen: Wenn die Warteliste im Stammhaus voll ist, probieren Sie es im Hermès-Shop im Hotel Hilton am Eiffelturm! Günstiger als die Taschen sind die hübsch verpackten Seifen und Parfums. Fragen Sie nach der exklusiven *Hermessence*-Serie des Hausparfümeurs Jean-Claude Ellena. So duften Götterboten.

24, rue Faubourg Saint-Honoré
8. Arrondissement
Metro: Madeleine, Concorde
Telefon: +33 (0) 1 40 17 47 17
Geöffnet von Montag bis Samstag von 10.30 Uhr bis 18.30 Uhr
www.hermes.com

Chanel

☆ Hier schlägt das Herz von Chanel: Im Stammhaus von Mademoiselle Chanel in der rue Cambon findet man die gesamte Kollektion vom Schuh bis zum Abendkleid. Ideale Mitbringsel sind die berühmten gequilteten Handtaschen in verschiedenen Größen und Materialien, zweifarbige Schuhe und die auffallenden Modeschmuckketten. Günstiger sind die Ansteckkamelien (220 Euro), die in jeder Saison neu gestaltet werden und selbst ein weißes T-Shirt opernfein machen. Was fast niemand weiß: In diesem Haus sind im zweiten Stock die Privatappartements der großen Modemacherin wie zu ihren Lebzeiten erhalten und eine eigene Kuratorin kümmert sich um die Möbel und Kunstgegenstände. Die Räume sind nicht für die Öffentlichkeit zugänglich – in ihnen werden ab und zu Haute-Couture-Kundinnen, Modehistoriker und Berühmtheiten empfangen.

29–31, rue Cambon
1. Arrondissement
Metro: Madeleine
Telefon: +33 (0) 1 42 86 26 00
Telefon: +33 (0) 1 42 96 83 69
Geöffnet von Montag bis Samstag von 10 Uhr bis 19 Uhr
www.chanel.com

Louis Vuitton

☆ Vor der größten Luxusboutique der Welt stehen täglich endlose Schlangen von Kunden aus aller Welt, die in diesem aufsehenerregend renovierten Art-Deco-Haus Taschen, Koffer und Schuhe kaufen möchten. Der Riesenshop mit seinem Atrium ist mehr als ein Geschäft, denn man kann hier auf 1.800 Quadratmetern auch moderne Kunst entdecken, Bücher kaufen, in den bequemen Lounges ein wenig ausruhen und beim Beobachten der kaufwütigen Asiatinnen eine Live-Lektion in Sachen Luxusmarketing lernen. Neben den hervorragend verarbeiteten Taschen sind vor allem die elegante Prêt-à-Porter-Kollektion und die Schuhabteilung einen Besuch wert. Wer Gepäck nach Maß anfertigen lassen möchte, ist hier an der richtigen Adresse.

101, avenue des Champs-Elysées
8. Arrondissement
Metro: Franklin D. Roosevelt
Telefon: 0810810010
Geöffnet von Montag bis Samstag von 10 Uhr bis 20 Uhr, Sonntag von 11 Uhr bis 13 Uhr und 14 Uhr bis 19 Uhr
www.louisvuitton.com

Köstlichkeiten

Fauchon

☆ Der Gourmettempel von Paris erstrahlt seit Kurzem in zeitgenössischem Design und setzt Kuchen, Wildschweinterrinen, Langusten, exotische Früchte und Käse wie moderne Schmuckstücke in Szene. Der *Christmas Tea* ist ein beliebtes Geschenk in der Adventszeit und hübsch verpackte Gewürze sind auch für kleinere Budgets keine Belastung. Der Tipp: Wer bei schönem Wetter nicht im hauseigenen Teesalon sitzen möchte, findet an den Theken Gerichte für ein Luxuspicknick in den nahen Tuilerien.

24–30, place de la Madeleine
8. Arrondissement
Metro: Madeleine
Telefon: +33 (0) 1 47 42 60 11
Geöffnet von Montag bis Samstag von 8 Uhr bis 21 Uhr
www.fauchon.fr

Hediard

☆ Der Konkurrent von Fauchon mit Kolonialatmosphäre. Ein wahres Schlaraffenparadies: Weine zum Preis eines Kleinwagens, exotische Gewürze, frische Kaffeebohnen, Pralinen mit Blattgold – dieser elegante Feinschmeckerladen verkauft alles, was auf der Welt gut schmeckt und schön aussieht. Teedosen, Marmeladen und Madeleine-Küchlein sind in ihrer schwarz-roten Verpackung heiß geliebte und bezahlbare Mitbringsel. Gutes Restaurant und Teesalon im ersten Stock (siehe Kapitel »Restaurants«).

21, place de la Madeleine
8. Arrondissement
Metro: Madeleine
Telefon: +33 (0) 1 43 12 88 88
Geöffnet von Montag bis Samstag von 9 Uhr bis 21 Uhr
www.hediard.fr

Mariage Frères

☆ Das Kult-Teegeschäft im *Marais*-Viertel. Hier werden selbst überzeugte Kaffeetrinker zu Anhängern von Sorten wie *French Breakfast*, *Eros* und dem legendären *Thé sur le Nil*, der als Eistee besonders gut schmeckt. Viele schöne Geschenke wie Teekannen, Duftkerzen, Gelees und bunte Dosen. Eleganter Teesalon, in dem köstliche kleine Kuchen und mit Tee verfeinerte Gerichte angeboten werden. Ein Muss.

30, rue du Bourg-Tibourg
4. Arrondissement
Metro: Hôtel de Ville
Telefon: +33 (0) 1 42 72 28 11
Geöffnet täglich von 10.30 Uhr bis 19.30 Uhr
www.mariagefreres.com

Pierre Hermé

☆ In Pierre Hermés winziger Boutique gibt es die ausgefallendsten und schönsten Kuchen der Stadt. Jeden Tag warten Stammkunden und Touristen in langen Schlangen vor dem Laden, um die Rosen-Litschi-Himbeer-Kreationen namens Ispahan zu kaufen, windschnittige moderne Torten und mehrlagige Desserts in Gläsern zu erstehen. Für den Flaneur gibt es die frischen *ph3*-Riesenbonbons aus süßen Cremes, Früchten und knackiger Kruste, die man unbeschadet in die Manteltasche stecken kann. Der aus dem Elsass stammende Visionär und Buchautor Hermé bringt zweimal im Jahr veritable Kollektionen heraus und experimentiert mit ungewöhnlichen Zusammenstellungen.

72, rue Bonaparte
6. Arrondissement
Metro: Saint-Sulpice
Telefon: +33 (0) 1 43 54 47 77
Geöffnet von Montag bis Freitag von 10 Uhr bis 19 Uhr, Samstag bis 19.30 Uhr
www.pierreherme.com

La Maison du Chocolat

Wer nun wirklich die beste Schokolade der Stadt verkauft – darüber streiten sich die Pariser mit Hingabe. Unser erster Platz geht an den Altmeister Robert Linxe, dessen subtile Kakaokreationen immer die perfekte Balance zwischen süß und frisch, pfeffrig und bitter, himbeerig und sahnig finden. Er arbeitet als überzeugter Vertreter der französischen Chocolatier-Philosophie mit sehr wenig Zucker und erzählt allen Kunden, die es wissen wollen, dass seine Trüffel nicht dick, sondern fit machen. Er hat recht, denn viele Kunden, die einmal seine feinen Täfelchen und leichten Pralinen voller Aromen gekostet haben, rühren nie wieder industriell hergestellte Schokoladen an. Linxe, der mehrere Läden in der Stadt und Filialen in London, New York und Tokio besitzt, organisiert auch mehrstündige Schokoladendegustationen und bietet in Zusammenarbeit mit dem renommierten Weinkeller *Taillevent* Kurse an, in denen die Zusammenstellung von Wein und Schokolade erklärt wird. Diese sind als Mitarbeiter-Events bei französischen Firmen sehr beliebt.

225, rue du Faubourg St-Honoré
8. Arrondissement
Metro: Ternes
Telefon: +33 (0) 1 42 27 39 44
Geöffnet von Montag bis Samstag von 10 Uhr bis 19 Uhr, Sonntag von 10 Uhr bis 13 Uhr
www.lamaisonduchocolat.com

Ladurée

Der elegante Teesalon in Spitzenlage auf den *Champs-Elysées* ist immer proppenvoll. Man kommt vor allem für die pastellfarbenen Macarons mit Pistazien, Rosen, Schokolade, Karamell und Vanille, die aussehen wie wolkige Kuchenbonbons für Engel. Sie schmecken auch so. Allein die Verpackungen sind so schön, dass man sie als Behältnisse für Visitenkarten, Schmuck oder Accessoires verwenden kann. Bei *Ladurée* kann man außerdem immer exzellente Kuchen und Tees bekommen und ein feines Mittagessen bestellen. Auf der langen Flaniermeile mit ihren überteuerten Sandwichbuden und Kettenrestaurants eine wahre Oase der Qualität.

75, avenue des Champs-Elysées
8. Arrondissement
Metro: George V
Telefon: +33 (0) 1 40 75 08 75
Geöffnet von Montag bis Samstag von 7.30 Uhr bis 23 Uhr, Sonntag von 8.30 Uhr bis 22 Uhr
www.laduree.fr

Le Carré des Simples

☆ Kann Kräutertee sexy sein? In diesem Laden ja! Denn hier gibt es wunderschön verpackte Kräutertees, die denselben Kultstatus besitzen wie ein exzellenter Whisky oder Bordeaux. Die Franzosen trinken nach dem Essen gerne *Infusions* und *Tisanes*, mit Liebe zusammengestellte Mischungen aus klassischen Heilpflanzen wie Eisenkraut, Lindenblüte, Echinacea und Rosenblüten. Hier werden Tees verkauft, die in jeder Lebenslage das Wohlbefinden erhöhen: so gibt es Sorten für schöne Haut, gegen müde Beine, für die Libido, gegen Husten oder ganz einfach gegen schlechte Laune. Außerdem Gewürze, Öle und edle Bio-Kosmetik. Hier glaubt man tatsächlich, dass Schönheit von innen kommt.

22, rue Tronchet
8. Arrondissement
Metro: Madeleine
Telefon: +33 (0) 1 44 56 05 34
Geöffnet von Montag bis Freitag von 10 Uhr bis 19.30 Uhr, Samstag von 11 Uhr bis 19 Uhr
www.lecarredessimples.com

Typische Pariser Mode

Berluti

☆ Die Füße der Mächtigen gehen in Paris in *Les Berluti* über die Parkettböden der Ministerien und Vorstandsetagen. Und auch Robert De Niro, Yves Saint Laurent und Gérard Depardieu schnüren morgens mit Hingabe ihre Schuhe aus dem Traditionshaus in der *Rue Marbeuf*, das von der außergewöhnlichen Schuhmacherin Olga Berluti geleitet wird. Seit dem Jahr 1895 fertigt man in der Familie Berluti Schuhe. Wer Maßschuhe wünscht, vereinbart einen ersten Termin, um die Füße ausmessen zu lassen. Sechs Monate später kommt man wieder, um ein Vormodell (*Maquette*) zu probieren, anhand dessen der perfekte Sitz des künftigen Schuhs überprüft wird. Wieder drei Monate später ist dann das perfekte Paar fertig. Die Farben: von Chinalack-Schwarz über Sienna-Rot und Veilchen-Lila bis Birkenholz-Blond. Die Arasbeskenmotive der *Tätowierungs*-Kollektion geben sowohl eigenwilligen Stadtcowboys als auch konservativen Aufsichtsratsvorsitzenden eine dezente Dandynote. Maßschuhe um 3.000 Euro, Modelle aus der Prêt-à-Porter-Kollektion ab 600 Euro.

26, rue Marbeuf
8. Arrondissement
Metro: Franklin D. Roosevelt
Telefon: +33 (0) 1 53 93 97 97
Geöffnet von Montag bis Samstag von 10 Uhr bis 19 Uhr
www.berluti.com

Colette

☆ Colette ist das Zauberwort der Pariser Modeszene. Was hier präsentiert wird, ist design-korrekt. Dieser minimalistische Concept-Store setzt seit Ende der 1990er Jahre Styling-Maßstäbe für Europa: Hier gibt es Mülltüten von Yves Saint Laurent, Jil-Sander-Latschen, Kiehls-Kosmetik, Fendi-Taschen, Fotobildbände und wunderschönen minimalistischen Schmuck. Die Ausstellung der Alltags- und Konsumgegenstände als Kultobjekte wird von der ganzen Stadt imitiert. Legendär die Mineralwasser- und Snackbar im Untergeschoss, wo man sich zu hartgekochten Eiern mit Salz oder einem Salat trifft.

213, rue Saint-Honoré
1. Arrondissement
Metro: Tuileries, Madeleine
Telefon: +33 (0) 1 55 35 33 90
Geöffnet von Montag bis Samstag von 11 Uhr bis 19 Uhr
www.colette.fr

Alain Figuaret

☆ Das Pariser Hemdenparadies hat einen Namen: *Alain Figuaret*. Hier gibt es die typischen französischen Hemden mit rosafarbenen und hellbauen Karomustern, viele verschiedene Streifenhemden, Krawatten, Fliegen, Einstecktücher und Schals. Die Damenabteilung bietet perfekt geschnittene Blusen und enge Jacken für Powerfrauen, die in jedem Büro, auf jeder Party und vor der Fernsehkamera eine gute Figur machen. Dazu Seidentücher mit Fransen und schicke Accessoires. Es gibt mittlerweile mehrere Figuaret-Geschäfte in der Stadt.

16, rue de Sèvres
7. Arrondissement
Metro: Sèvres-Babylone
Telefon: +33 (0) 1 42 22 03 40
Geöffnet von Montag bis Samstag von 10 Uhr bis 19 Uhr
www.alain-figuaret.fr

Anne Fontaine

☆ Die stets perfekt gekleideten Pariserinnen schwören auf diese Adresse, denn sie ist eine wahre Fundgrube für Damen, die in jeder Saison einen Stapel gut geschnittener weißer Blusen brauchen. Es gibt hier Dutzende todschicke Modelle von romantisch bis streng-elegant. Doch selbst die klassischen Hemdblusen besitzen Schick, betonen die Taille, haben schöne Manschetten, bezogene Knöpfe und geschwungene Krägen. Für den Abend bietet *Anne Fontaine* Wickeltops und durchsichtige Organzablusen, Boleros und Halterneck-Oberteile, die jede schwarze Bürohose in einer Minute ausgehfein machen.

81, rue des Saints-Pères
7. Arrondissement
Metro: Saint-Germain-des-Prés
Telefon: +33 (0) 1 45 48 89 10
Geöffnet von Montag bis Samstag von 10.30 Uhr bis 19 Uhr
www.annefontaine.com

Longchamp

☆ Sie werden auf der Straße sehen, dass viele Pariserinnen sie mit sich herumtragen: die schönen, praktischen Handtaschen und Rucksäcke aus dem Hause *Longchamp*. Die große Farbpalette der zusammenfaltbaren Serie *Les Pliages* verführt in jeder Saison neu: Es gibt Einkaufstaschen für die Marktkundin, Rucksäcke für die vierfache Mutter, Bürotaschen für das Office, große Reisemodelle für das Wochenende auf dem Lande in jeder Nuance und Größe. Auch die teureren Taschen aus Leder sind eine gute Investition, denn sie halten viele Jahre und passen zu jedem Outfit. Dazu bietet eine weitere Abteilung schickes Reisegepäck, Schirme, Handschuhe und Tücher. Ein Muss für Vielflieger mit Stil, die kein Vermögen bei Louis Vuitton lassen wollen.

404, rue St. Honoré
1. Arrondissement
Metro: Tuileries
Telefon: +33 (0) 1 43 10 10 016
Geöffnet von Montag bis Samstag von 10 Uhr bis 19 Uhr
www.longchamp.com

Manfield

☆ Die *Manfield*-Schuhgeschäfte bieten das beste Preis-Leistungs-Verhältnis bei hochwertigen Schuhen für Herren und Damen. Hier gibt es teure englische Klassiker, aber auch ähnliche Modelle der eigenen Hausmarke, die wesentlich günstiger sind. Wer genähte Schuhe liebt, findet hier die Elsässer Modelle von Heschung, die bei guter Pflege ein Jahrzehnt halten – vor allem während des Ausverkaufs eine lohnende Investition! Auch für bequeme Mokassins, Bootsschuhe und Sandalen ist Manfield die Nummer eins. Die Filiale am linken Ufer liegt strategisch günstig umgeben von vielen anderen guten Herrenausstattern.

94, rue du Bac
7. Arrondissement
Metro: Sèvres-Babylone
Telefon: +33 (0) 1 42 84 32 61
Geöffnet von Montag bis Samstag von 10 Uhr bis 19 Uhr

Old England

Wie in anderen Ländern auch gilt der gute englische Stil in Paris als unübertroffen, wenn man Kleider und Accessoires sucht, die Unwetter, lange Reisen und anstregende Tagungen ohne Schäden überstehen. Die treuen Kunden des Hauses suchen sich mit sicherem Geschmack schottische Pullover in Apfelgrün, Bananengelb und Himbeerrot aus, kombinieren sie mit dem typischen *French Touch* zu karierten Hemden von Alain Figuaret und einer alten, gutsitzenden Jeans. Die leicht lilafarben schimmernden Cordanzüge werden mit Vorliebe von den Intellektuellen der *Rive Gauche* getragen. Die perfekte Adresse für Kaschmirpullover, Anzüge, Kostüme und bunte Schals.

12, boulevard des Capucines
9. Arrondissement
Metro: Opéra
Telefon: +33 (0) 1 47 42 81 99
Geöffnet Montag von 10.30 Uhr bis 19 Uhr, Dienstag bis Samstag von 10 Uhr bis 19 Uhr
www.old-england.fr

Sabbia Rosa

Der Zauber des Wortes *Dessous* findet in dieser Boutique seinen vollendeten Ausdruck, denn hier gibt es die schönste Seidenunterwäsche von Paris. Sie ist handgenäht, in allen Farben der Schöpfung sortiert und selbst in der Hauptstadt der passionierten Strumpfhalterträgerinnen eine Top-Adresse. Hollywoodstars, Managerinnen und BH-verrückte Studentinnen stöbern in dieser dezenten Boutique nach Traumstücken für stilvolle Tage und luxuriöse Nächte. Da die meisten Pariser Männer völlig entspannte Dessouskäufer sind, können sich in diesem weiblichen Universum auch Herren sehr wohlfühlen.

73, rue des Saints-Pères
6. Arrondissement
Metro: Saint-Germain-des-Près, Sèvres-Babylone
Telefon: +33 (0)1 45 48 88 37

Geöffnet von Montag bis Samstag von 10 Uhr bis 19 Uhr

Judith Lacroix

☆ Die junge Pariser Stylistin Judith Lacroix entwirft poetische Mode für die *Parisienne* und ihre Kinder. Ihre Minikollektionen haben subtile Muster, ausgefallene Details und schöne Futterstoffe. Gut geschnittene Röcke, Westen aus fuchsiafarbenem Fell mit türkisen Taftschleifen, geblümte Trenchcoats und farbenfrohe Accessoires machen die Marke zu einer der beliebtesten In-Adressen auf dem linken Ufer. Die meisten modebewussten Kundinnen kaufen die Modelle, die ihnen gefallen, gleich noch einmal in ein paar Nummern kleiner für ihre Töchter, denn Judith Lacroix bietet viele Kreationen auch für Kinder an. Ein Zeichen dafür, dass guter Stil in dieser Stadt schon im Kindergarten anfängt.

61, rue Bonaparte
6. Arrondissement
Metro: Saint-Sulpice
Telefon: +33 (0) 1 43 26 02 58
Geöffnet von Montag bis Samstag von 10 bis 19 Uhr

Loulou de La Falaise

☆ Die ehemalige Muse von Yves Saint Laurent und bekannte Schmuckdesignerin verkauft in ihrer eigenen Boutique Kleider und Accessoires für die intellektuelle Pariserin, die zu elegant für ostentative Marken ist. Loulou kombiniert edle schwarze Seidentops mit fliederfarbenen Stretchhosen, entwirft prachtvolle Mäntel und große Schlapphüte. Ihre überdimensionalen Ketten und Taschen sind ideale Geschenke. Und ein Besuch in ihrer Boutique ist eine Lehrstunde über die gelungene Zusammenstellung von Farben. Der wahre *Chic parisien*.

21, rue Cambon
1. Arrondissement
Metro: Madeleine
Telefon: +33 (0) 1 42 60 02 66
www.loulou-de-lafalaise.com

S.T. Dupont

☆ Der berühmte Name *S.T. Dupont* ist vor allem Liebhabern von edlen Füllern und Feuerzeugen bekannt, die die handgemachten, von schimmerndem Chinalack überzogenen Modelle schätzen. Die Besonderheit dieser Pariser Boutique: Hier finden Herren auch die hochmodische Prêt-à-Porter-Kollektion des Hauses und coole Accessoires. Aktentaschen, Rucksäcke und Laptop-Bags von Dupont sind unermüdliche

Begleiter auf Reisen. Ein neuer urbaner Stil der Pariser Herrenmode.

58, avenue Montaigne
8. Arrondissement
Metro: Franklin D. Roosevelt
Telefon: +33 (0) 1 45 61 08 39
Geöffnet von Montag bis Samstag von 10 Uhr bis 19 Uhr
www.st-dupont.com

Charvet

☆ Wenn sich die schöne Pariser Welt bei Pferderennen oder Empfängen im *Elysée*-Palast trifft, kann man sicher sein, dass die meisten Herren Krawatten und Hemden von *Charvet* tragen. Der Haus- und Hofschneider der konservativ-eleganten Franzosen fertigt seit über 160 Jahren klassische Oberhemden mit verschiedenen Kragenformen und Manschetten aus wunderbar gemusterten Stoffen. Die dicken Seidenkrawatten, Hausschuhe und Manschettenknöpfe halten sowohl den kritischen Blicken einer Herzogin als auch der US-Chefin von *Vogue* stand.

28, place Vendôme
1. Arrondissement
Metro: Opéra
Telefon: +33 (0)1 42 60 30 70
Geöffnet von Dienstag bis Samstag von 10.30 Uhr bis 18.30 Uhr

Parfum

Diptyque

☆ Parfums und Duftkerzen von *Diptyque* gehören zu den Kultobjekten der Pariser Szene und stehen mittlerweile in den Salons und Bädern von Rockstars, gekrönten Häuptern und schönheitsliebenden Ästheten auf der ganzen Welt. In der Flut der billigen Massenduftkerzen sind die *Diptyque*-Produkte olfaktorische Meisterstücke, die 60 Stunden lang brennen. Probieren Sie die Duftnoten *Feu de Bois, Vinaigre de Toilette, Figuier, Cannelle* und den Herrenduft *Musc*. Manche Kunden kaufen *Diptyque*-Produkte gleich im Dutzend – und haben damit einen Vorrat idealer Geschenke. Die schwarz-weißen Papiertaschen haben einen Ehrenplatz im häuslichen Badezimmer verdient.

34, boulevard Saint-Germain
5. Arrondissement
Metro: Saint-Michel
Telefon: +33 (0) 1 56 81 17 00
www.diptyqueparis.com

Salons du Palais Royal Shiseido

☆ In seinem Salon im *Palais Royal* präsentiert der Hausparfümeur von *Shiseido*, Serge Lutens, eine Reihe exklusiver, ausgefallener Düfte. Allein der prachtvolle Rahmen in Violett- und Blautönen ist einen Besuch wert. Die Salons sind Räume der Ruhe und Konzentration, in denen man die berauschenden Parfums ausprobieren kann, beraten von charmanten Expertinnen. Fragen Sie nach *Fumerie Turque, Bois & Musc* und *Iris Silver Mist* (75 ml je 100 Euro). Auf Wunsch kann man die Flakons mit seinen Initialen verzieren lassen kann. *Haute Parfumerie* in verzaubertem Rahmen.

142, galeries de Valois
1. Arrondissement
Telefon: +33 (0) 1 49 27 09 09
Geöffnet von Montag bis Samstag von 10 Uhr bis 19 Uhr
www.salons-shiseido.com

Annick Goutal

☆ Ein Einkaufserlebnis wie in der Belle Epoque erwartet Kunden, die die intime Boutique von Annick Goutal betreten. Denn die ausgefallenen Parfums der ehemaligen Pianistin Annick Goutal – deren Tochter die Marke heute führt – werden in einer Boudoir-Boutique präsentiert. Die 17 Damendüfte und 5 Herrendüfte sind eigenwillig und gefallen Menschen, die keine Massenparfums mögen: Legendär sind *Eau d'Hadrien, Sables*, außergewöhnlich *Eau du Ciel* und *Violette*. Die altmodischen Kristallflakons mit ihren kleinen Schleifen machen jedes Bad zum Boudoir. Für *Goutal*-Fans gibt es außerdem eine Kosmetiklinie für Gesicht und Körper.

14, rue Castiglione
1. Arrondissement
Metro: Tuileries
Telefon: +33 (0) 1 45 51 36 13
Geöffnet von Montag bis Samstag von 10 Uhr bis 19 Uhr
www.annick-goutal.fr

Frédéric Malle

☆ Wer einen Überblick über die zeitgenössische französische Parfumwelt und ihre Kreateure, *les nez*, sucht, für den ist ein Besuch in der Boutique von Frédéric Malle ein Muss. Denn hier sind unter dem Label *Editions de Parfums* außergewöhnliche Parfums verschiedener großer »Nasen« versammelt, die ihre Duftphilosophie vorstellen. Jean-Claude Ellena zeigt seine Handschrift mit *L'eau d'Hiver*, Pierre Boudin hat den Duft *Iris Pudre* gemischt und Olivia Giacobetti ist mit *En passant* vertreten. Sehr schöne Schwarz-Weiß-Porträts zeigen die Menschen hinter den ephemeren Düften.

37, rue de Grenelle
7. Arrondissement
Metro: Rue du Bac
Geöffnet Montag von 13 Uhr bis 19 Uhr, Dienstag bis Samstag von 11 Uhr bis 19 Uhr
Telefon: +33 (0) 1 42 22 76 40
www.editionsdeparfums.com

Bücher

Galignani

☆ So und nicht anders muss ein Buchladen sein: groß und hell, mit alter Holzeinrichtung, mehrsprachigem Personal und voll der schönsten Bücher der Welt. *Galignani* ist seit dem Jahr 1810 ein Anziehungspunkt für die Intellektuellen der Stadt und heute spezialisiert auf französische und englische Klassiker, Kunst, Mode und Geschichte. Das ganze Jahr über finden Lesungen und Signierstunden statt, während der Modenschauen stürmen Designer, Redakteure und Models den Laden. Ein Tempel der Kultur in Zeiten, in denen Literatur an vielen Stellen vermarktet wird wie Tomatensoße.

224, rue de Rivoli
1. Arrondissement
Metro: Tuileries
Telefon: +33 (0) 1 42 60 76 07
Geöffnet von Montag bis Samstag von 10 Uhr bis 19 Uhr

Librairie des Jardins

☆ Der Gartenarchitekt Le Nôtre hätte diesen Laden geliebt. Hier, am Eingang zu den Tuilerien, liegt ganz versteckt und unberührt von Touristenmassen die auf Gartenthemen spezialisierte Buchhandlung, in der man Literatur zu allen nur möglichen Facetten des Themas findet: opulente Bildbände über Gartenarchitektur und Gartenbau, Fachliteratur zur Geschichte berühmter Gärten, botanische Lexika und praktische Ratgeber. Dazu wunderschöne Postkarten. Hier ist man unter grünen Experten, die Leiterin Madame Simon und ihre netten Kollegen versuchen, jede noch so ausgefallene Buchsuche zu erleichtern.

Links neben dem Haupteingang der Tuilerien (Zugang Place de la Concorde)
1. Arrondissement
Metro: Concorde
Telefon: +33 (0) 1 42 60 61 61
Geöffnet alle Tage von 10 Uhr bis 19 Uhr

Marissal

Das literarische Schaufenster der deutsch-französischen Achse: In der zentral am *Centre Pompidou* gelegenen deutschen Buchhandlung gibt es alles zum Thema deutsch-französische Beziehungen in Geschichte und Gegenwart, deutsche Literatur und politische Neuerscheinungen sowohl aus Frankreich als auch aus Deutschland. Ein beliebter Treffpunkt der germanophilen Pariser Szene und der deutschen Gemeinde. Die Bedienung ist zweisprachig und mit etwas Glück kommt man mit anderen Kunden ins Gespräch.

42, rue Rambuteau
1. Arrondissement
Metro: Rambuteau
Telefon: +33 (0) 1 42 74 37 47
Geöffnet von Montag bis Samstag von 10. 30 Uhr bis 19.30 Uhr

Pariser Trouvaillen

Deyrolle

In der Pariser Boutique *Deyrolle* sind ausgestopfte Tiere, Schmetterlinge und Gartenutensilien in einem Kabinett des Kuriosen vereint. Auch Muscheln, Insekten, Bären, Kudus und exotische Vögel gehören zum einmaligen Fundus. Deyrolle ist ein Naturkundemuseum zum Nulltarif und eine Bühne für die interessantesten Menschen der Stadt. Das kleine Stadtpalais wird seit einigen Jahren von einem Mann geführt, der es versteht, Tradition mit Marketing und Kultur mit Kommerz zu verbinden: Prinz Louis-Albert de Broglie, der neben Deyrolle unter dem Label *Le Prince Jardinier* einen Handel mit edlen Gartengeräten, Wohnaccessoires und Parfums betreibt. Wegen der scheinbar unbegrenzten Schätze steht der Laden in jeder Scout-Datei von Filmproduzenten und Theaterdekorateuren. Wer gerade kein Zebra mitnehmen möchte, kann die schönen langen Kaminstreichhölzer in einer türkisfarbenen Schachtel erstehen.

46, rue du Bac
7. Arrondissement
Metro: Rue du Bac
Telefon: +33 (0) 1 42 22 30 07
Geöffnet Montag von 10 Uhr bis 13 Uhr und 14 Uhr bis 19 Uhr,
Dienstag bis Samstag von 10 Uhr bis 19 Uhr

Galerie J. Kugel

Der Louvre ist Ihnen zu voll und Sie finden Antiquitätenläden langweilig? Gehen Sie in die Galerie der Brüder Kugel! Die Kunsthändler stellen die schönsten Möbel der Stadt aus, handeln mit Elfenbeinobjekten, Porzellan und königlichem Silber. Ihr prachtvolles Haus neben dem *Musée d'Orsay* ist eine große Galerie, in der man sich wie in einem Privatheim eines sehr reichen und geschmackssicheren Verwandten fühlt, der Möbel von Leo von Klenze und David Roentgen besitzt. Klingeln Sie, streifen Sie in Ruhe durch die Räume. Die sehr gut ausgebildeten Assistenten erklären geduldig die Geschichte von Tuilerien-Stühlen, vergoldeten Bierhumpen und Manikürekissen aus Brokat. Hier kaufen russische Millionäre, Mitglieder des europäischen Hochadels und einfache Liebhaber schöner Dinge. Viele kommen aber einfach nur, um zu schauen und das Auge zu schulen.

25, quai Anatole France
7. Arrondissement
Metro: Assembleé Nationale
Telefon: +33 (0) 1 42 60 86 23
Geöffnet von Montag bis Freitag von 10 Uhr bis 13 Uhr und 14.30 Uhr bis 18.30 Uhr, Samstag nach Vereinbarung
www.galerie-kugel.com

Schirme Alexandra Sojfer

☆ Die junge Stylistin Alexandra Sojfer entwirft in ihrem Atelier *Parapluies et Ombrelles* die robustesten Sonnen- und Regenschirme der Stadt: gestreifte Dandymodelle und Kreationen im englischen Stil für Bankiers, mit Nerz gesäumte Schirme für feine Damen, apfelgrüne Seidenschirmchen als Accessoire für das Hochzeitskostüm in verschiedenen Größen und bei Wunsch auch nach Maß. Star ist der schwarze Abendschirm *Diamond* mit straßbesetztem Knauf. Alle Modelle werden von Couture-Schneiderinnen per Hand genäht und bezogen: unwiderstehlich. Um 300 Euro.

218, boulevard Saint-Germain
7. Arrondissement
Metro: Rue du Bac
Telefon: +33 (0) 1 42 22 17 02
Geöffnet von Montag bis Samstag von 9.30 Uhr bis 19 Uhr.

Spazierstöcke Gilbert Segas

☆ »Früher konnte man einen Mann blitzschnell an seinem Stock einschätzen – er war ein Statussymbol wie heute ein Mercedes oder ein Rolls-Royce«, sagt Gilbert Segas, der in der pittoresken *Passage Jouffroy* mit kostbaren Spazierstöcken aus der Vergangenheit handelt. Auf den beiden Etagen dieses winzigen Geschäftes findet man Spazierstöcke aus Fischgrät, Ebenholz und Elfenbein, mit Juwelen, Gold und eingebauten Uhren verziert. 250 bis 1.500 Euro kostet so ein Einzelstück, das heute meist als Dekorationsobjekt gekauft wird. Segas, ein gefragter Experte, der als offizieller Sachverständiger für das berühmte Auktionshaus Drouot arbeitet, erklärt mit Hingabe Geschichte und Besonderheit seiner Unikate, führt versteckte Messerklingen vor und flirtet mit den Damen. Unique.

34, passage Jouffroy
9. Arrondissement
Metro: Richelieu-Drouot
Telefon: +33 (0)1 47 70 89 65
Geöffnet von Dienstag bis Samstag von 11.30 Uhr bis 18 Uhr

6.6 Ausgehmöglichkeiten

Buddha Bar

☆ Die Kantine der Pariser *People*. Wer es liebt, vor exotischer Kulisse beim Spiel »Sehen und Gesehenwerden« mitzumachen – soweit das in gedämpftem Licht möglich ist –, ist hier richtig. Die exotische Einrichtung mit ihrer riesigen Buddhafigur und die coole Loungemusik entführen in eine entspannte Zen-Welt. Man kann entweder nur einen Drink an der Bar nehmen oder einen Tisch für das Abendessen bestellen. Wir sind eher für den Drink, denn hier geht es mehr um die Atmosphäre als ums Essen.

8, rue Boissy d'Anglas
8. Arrondissement
Metro: Madeleine, Concorde
Telefon: +33 (0) 1 53 05 90 00
www.buddha-bar.com

Olympia

☆ Edith Piaf sang hier ihr herzzerreißendes *»Non, je ne regrette rien«* und das Publikum weinte. Auch heute bringen alle legendären französischen Chansonsänger in diesem Musiktempel die Fans zum Heulen – vor Glück. Außerdem kommen hochinteressante Künstler aus Brasilien, Portugal, Argentinien und den USA zu Gastspielen hierher.

28, boulevard des Capucines
9. Arrondissement
Metro: Madeleine
Telefon: +33 (0) 1 47 42 25 49
Karten über www.olympiahall.com

Hemingway-Bar des Hotel Ritz

☆ Eine der besten – wenn nicht *die* – Bar der Stadt. Man sitzt in luxuriöser Umgebung in tiefen Clubsesseln, probiert Jahrgangs-Porto, Malt Whisky und Dry Martini, knabbert an Tapas und denkt, dass Heminway recht hatte, dass er Paris als Fest für's Leben empfand. Der berühmte Barkeeper Colin

Field organisiert jeden Mittwoch Zigarrenabende und kennt sich wie kein Zweiter mit ausländischen Bieren aus.

15, place Vendôme
2. Arrondissement
Metro: Opéra
Telefon: +33 (0) 1 43 16 30 30
www.ritz.paris

Pershing Lounge

Im Hotel *Pershing Hall* beendet *»le tout Paris«* seinen Abend: Töchter von Rockstars in Jeans, Philosophen, Politiker und Businessmen lassen sich hier ganz in der Nähe der *Champs-Elysées* nieder, um Champagnercocktails zu trinken. Die Designerin Andrée Putman konzipierte für diese Großstadtfauna eine intime rote Bar, in der französische Lounge-Musik läuft. Im altmodischen Innenhof mit seinem hängenden Garten kann man vorzüglich speisen.

49, rue Pierre Charron
8. Arrondissement
Metro: Franklin D. Roosevelt
Telefon: +33 (0) 1 58 36 58 00
www.pershinghall.com

Lido de Paris

Das an den *Champs-Elysées* gelegene *Cabaret* wurde nach dem Strand von Venedig benannt und ist für die aufwendige Show *Bonheur* mit 600 glitzernden Kostümen, Federorgien und Lichtshows berühmt. Die *»Bluebell Girls«* gelten als die schönsten Tänzerinnen der Stadt. Man kann entweder zum Abendessen kommen (Dîner-Revue, von 19 Uhr bis 23 Uhr) oder beim Champagner das Programm ansehen (Champagner-Revue, 21.30 Uhr oder 23.30 Uhr). Spezielle Firmenarrangements.

116, avenue Champs-Elysées
8. Arrondissement
Metro: George V
Telefon: +33 (0)1 40 76 56 10
www.lido.fr

Ice Bar des Hotel Kube

Der neue In-Place der Stadt liegt im 18. Arrondissement: Das Hotel *Kube* bietet als einziges Pariser Haus eine veritable Eisbar bei minus 5 Grad Celsius, die man mit von der Direktion geliehenen Jacken und Handschuhen betritt und in der es verschiedene Wodkasorten gibt (38 Euro). Wem das zu ungemütlich ist, kann in der warmen Lounge lümmeln, Fingerfood und Sandwiches essen, und sitzt ab 21 Uhr in einem coolen Club, denn dann sorgt ein Live-DJ für Stimmung. The place to be.

1–5, passage Ruelle
18. Arrondissement
Metro: Porte de la Chapelle
Telefon: +33 (0) 1 42 05 20 00

Le Fumoir

In der Stadt, in der es jede Woche eine neue Bar gibt, ist das *Fumoir* ein bewährter Klassiker, der von vielen Stammgästen bevölkert wird: Es ist Bar, Café, Bibliothek in einem. Bei Jazzmusik und Drinks kann man einen schönen Abend ausklingen lassen und die elegante Pariser Szene beobachten. Happy Hour von 18 bis 20 Uhr.

6, rue de l'amiral Coligny
1. Arrondissement
Metro: Louvre-Rivoli
Telefon: +33 (0) 1 42 92 00 24
www.lefumoir.com

Barrio Latino

Sie lieben südamerikanische Rhythmen und tanzen gerne Salsa? Dann kommen Sie ins *Barrio Latino* nahe der *Bastille*-Oper. Hier wird auf drei Etagen bei Caipirinhas und Tapas geflirtet, auf bequemen Sofas abgehangen und getanzt, bis das Viertel erbebt. Das Haus ist beliebter Treffpunkt von Exilanten aus Buenos Aires und Rio, die sich nach richtigen Rindersteaks und sexy Frauen sehnen, und der beste Nachtklub für alle Pariser, die ein paar Stunden in der Fantasie verreisen wollen.

46–48, rue du Faubourg St. Antoine
12. Arrondissement
Metro: Ledru-Rollin, Bastille
Telefon: +33 (0) 1 55 78 84 75
Geöffnet von Montag bis Sonntag von 11 Uhr bis 2 Uhr

7. Praktische Informationen von A bis Z

7.1 Apotheken

Apotheken heißen *Pharmacie* und sind an einem grünen Neonkreuz an der Fassade leicht zu erkennen. In Frankreich sind Medikamente teilweise günstiger als in Deutschland, deshalb lohnt es sich, bei gewissen Grundmedikamenten einen größeren Einkauf zu machen. An Wochenenden gibt es die *Pharmacie de Garde*, den Apothekennotdienst, dessen nächste Adresse in jeder Apotheke aushängt. Bei Notfällen kann man sich sonst an das örtliche Krankenhaus wenden. In Paris ist die *Pharmacie des Champs-Elysées* 24 Stunden lang geöffnet (84, avenue des Champs-Elysées, 75008 Paris, Telefon: +33 (0) 1 45 62 02 41).

7.2 Außenhandelskammer

Deutsch-Französische Industrie- und Handelskammer

Die Deutsch-Französische Industrie- und Handelskammer begleitet seit einem halben Jahrhundert die deutsch-französischen Wirtschaftsbeziehungen und ist mit ihren fast 900 Mitgliedern eine der größten deutschen Auslandshandelskammern der Welt. Zu ihrem Dienstleistungsportfolio gehören Rechts- und Steuerberatung, Geschäftspartnersuche, Organisation von Business-to-Business-Veranstaltungen, Beratung zu allgemeinen oder speziellen Fragen über das Geschäft in Frankreich beziehungsweise Deutschland, Messevertretungen, Umweltberatung, Angebote zur Aus- und Weiterbildung mit einer Vielzahl an Seminaren und Kursen, eine deutsch-französische Stellenbörse sowie aktuelle Wirtschaftsinformationen und diverse Publikationen.

Sitz Paris:

18, rue Balard
75015 Paris
Telefon: +33 (0) 1 40 58 35 35
www.francoallemand.com

Sitz Berlin:

Haus der Deutschen Wirtschaft
Breite Straße 29
10178 Berlin
Telefon: +49 (0) 30 20308 4600
www.france-allemagne.fr

7.3 Autofahren

Die zulässige Höchstgeschwindigkeit ist 50 km/h in der Stadt, 80 km/h auf dem Pariser *Boulevard périphérique* (Stadtautobahn), 90 km/h auf Landstraßen, 110 km/h auf Schnellstraßen und 130 km/h auf Autobahnen. An diese Begrenzungen sollte man sich unbedingt halten, denn die Geldbußen können empfindlich hoch sein. Die Benutzung der Fahrspuren für Busse ist verboten. In den beliebten Kreisverkehren *(Ronds Points)* hat derjenige Vorfahrt, der im Kreis fährt. Das Anlegen von Sicherheitsgurten auf Vorder- und Rücksitzen ist vorgeschrieben. Kinder müssen auf speziellen Sitzen reisen: Sitz mit dem Rücken zur Fahrtrichtung für Babys, Kindersitz für Kinder zwischen 9 Monaten und 4 Jahren, Sitzerhöhung für Kinder bis zu 10 Jahren. Wichtig: Der maximal erlaubte Blutalkoholgehalt beträgt 0,5 Promille.

Die meisten Autobahnen des 8.000 Kilometer langen Streckennetzes sind mautpflichtig und werden von Privatunternehmen betrieben. Man kann an Kassenhäuschen oder Zahlautomaten entweder mit Bargeld oder mit Kreditkarte bezahlen. Auf kürzeren Strecken ist es praktisch, dafür immer ein wenig Kleingeld vorrätig zu haben.

Als ausländischer Autofahrer in Frankreich sollte man beachten, dass nicht nur der Verkehrsstrom teilweise einen schnelleren Rhythmus hat als in Deutschland und dass man bei Abfahrten und an Ampeln schnell reagieren muss, sondern auch, dass Fußgänger gerne bei Rot über die Ampel gehen und Motorräder in rasantem Tempo überholen. Außerdem haben viele Franzosen ein weniger inniges Verhältnis zu ihren Autos als Deutsche. Kratzer, Dellen und Schrammen werden häufig als nicht besonders tragisch angesehen und gerade in Paris gibt es immer wieder Fahrer, die nach Gehör einparken. Insgesamt ist das Auto, *la bagnole*, weniger ein Statussymbol als in den deutschsprachigen Ländern.

ADAC in Frankreich

Parc des Tuileries
69760 Limonest
Telefon: +33 (0) 4 72 17 12 22
Fax: +33 (0) 4 72 17 12 51

ADAC in Deutschland

Am Westpark 8
81373 München
Telefon: + 49 (0) 89 76 76 76 (für Ambulanz)
Telefon: +40 (0) 89 22 22 22 (Diebstahl)
Fax: +49 (0) 89 76 76 25 01

7.4 Deutsche Zeitungen

Große deutschsprachige Tages- und Wochenzeitungen, Magazine und Zeitschriften sind in Zeitungsläden (Presse), an Flughäfen, Bahnhöfen und Kiosken zu finden. Man muss teilweise mit einem kräftigen Auslandsaufschlag rechnen.

7.5 Ärzte und Krankenhäuser

Deutschsprachige Ärzte

In Paris gibt es eine Reihe deutschsprachiger Ärzte, deren Adressen man über die Deutsche Botschaft, Telefon: +33 (0) 1 53 83 45 00, erfragen kann.

Hier eine Auswahl:

Allgemeinmediziner	**Zahnärzte**
Dr. Pierre Adler 118, avenue du Général Leclerc 75014 Paris Tel.: +33 (0) 1 45 42 71 09	Dr. Annelies Galera 46, boulevard Barbès 75018 Paris Tel.: +33 (0) 1 53 28 18 78
Dr. François Besson 91, rue du Cherche-Midi 75006 Paris Tel.: +33 (0) 1 42 84 09 20	Dr. Walter Green 68, avenue Iéna 75116 Paris Tel.: +33 (0) 1 47 20 22 22
Dr. Jürgen Tredup 27, rue St. Ambroise 75011 Paris Tel.: +33 (0) 1 43 55 03 21	Dr. Oliver Hanisch 3, rue Torricelli 75017 Paris Tel.: +33 (0) 1 45 74 66 56

Bei *Notfällen* wendet man sich am besten an das nächste Krankenhaus oder ruft den *SAMU*, den Notfallwagen. Allgemeiner Notruf: 112; *Schnelle Medizinische Hilfe in Paris* (*SAMU*) auch unter: +33 (0) 1 45 67 50 50.

S.O.S. Médecins (Nacht- und Wochenenddienst): 01 47 07 77 77 oder 08 20 33 24 24.

Einlieferungen in öffentliche Krankenhäuser in Paris auch unter: +33 (0) 1 40 27 30 00 und 01 40 27 37 81.

Krankenhäuser in Paris

Eine gute Adresse ist das *American Hospital of Paris*, dessen Personal Englisch spricht und Erfahrung mit internationalen Patienten hat (63, boulevard Victor Hugo, 92100 Neuilly-sur-

Seine, Telefon: +33 (0) 1 46 41 25 25). Man sollte bei einer Behandlung in diesem Haus aber seine Auslandsversicherung abklären, da die Tarife hier wesentlich höher als in staatlichen Krankenhäusern sind!

Das *Hôpital Hôtel Dieu* hat eine 24-Stunden-Notfallambulanz und eine gute Augenabteilung (1, place Parvis Notre-Dame, 75004 Paris, Telefon: +33 (0) 1 42 34 82 34).

Mehr Adressen von Krankenhäusern im Raum Paris finden Sie im Internet unter: www.pagesjaunes.fr (Suchbegriffe: *quoi?*: »hôpitaux« und *où?*: »Paris«).

7.6 Diplomatische Vertretungen

Deutsche Botschaft Paris

13/15, avenue Franklin D. Roosevelt
75008 Paris
Telefon: +33 (0) 1 53 83 45 00
Fax: +33 (0) 1 43 59 74 18
Öffnungszeiten:
8.30 bis 16.45 Uhr (Montag bis Donnerstag)
8.30 bis 14.30 Uhr (Freitag)

Botschaft der Französischen Republik in Deutschland

Pariser Platz 5
10117 Berlin
Telefon: +49 (0) 30 590 03 90 00
www.botschaft-frankreich.de

Botschaft der Republik Österreich

6, rue Fabert
75007 Paris
Telefon: +33 (0)1 40 63 30 63
www.amb-autriche.fr

Botschaft der Französischen Republik in Österreich

Technikerstraße 2
A-1040 Wien
Telefon: +32 (0) 1 50 27 50
www.ambafrance-at.org

Botschaft der Schweizer Eidgenossenschaft

142, rue de Grenelle
75007 Paris
Telefon: +33 (0)1 49 55 67 00
www.eda.admin.ch/paris

Botschaft der Französischen Republik in der Schweiz

Schosshaldenstrasse 46
CH-3006 Bern
Telefon: +43 (0) 31 359 21 11
www.ambafrance-ch.org

7.7 Essen und Trinken

Ob Sie nun Gourmand oder Gourmet sind – wer in Frankreich unterwegs ist, sollte die Spezialitäten der Regionen probieren und die vielen Fastfoodketten meiden. Sicher sind die meisten Tipps der aktuellen Führer: *Michelin, Gault Millau, Le Guide du Routard* (auch viele günstigere Adressen).

Im *Café* bekommen Sie ein französisches Frühstück mit Croissants, Baguette, Pain au chocolat und Café crème, im *Salon de thé* Kuchen, Törtchen, Tee und Café. In die *Brasserie* geht man, um ein bodenständiges Essen wie Steak-Frites, gebratenen Lachs oder Meeresfrüchte zu essen. Im *Restaurant* dürfen Sie von klassischer französischer Küche bis zu experimentellen Degustationsmenüs mit zehn Gängen je nach Kategorie alles erwarten.

In der Brasserie und im Restaurant wird erwartet, dass Sie mindestens zwei, besser drei Gänge bestellen. Ein komplettes Menü besteht aus Vorspeise, Hauptspeise, Käse und Dessert – wobei man sich in den preisgünstigen Tagesmenüs oft zwischen Dessert und Käse entscheiden kann. Den Abschluss bildet ein *Café*, ein rabenschwarzer Espresso, und eventuell ein Digestif. Beim Wein hat man meist eine große Auswahl an Flaschen aus den französischen Regionen; die meisten Restaurants bieten auch ein Glas Wein *(au verre)* oder halbe Flaschen *(une demie bouteille)* an. Wenn Ihnen die Weinkarte verwirrend erscheint, gibt es einen einfachen Trick: Entscheiden Sie sich für eine Region wie Burgund, Bordeaux oder die Corbières und lassen Sie sich beraten, was zu den gewählten Gängen passt. Wein trinkt man in Frankreich zum Essen. Wer danach noch munter weiterbestellt, stößt auf außerordentliches Befremden. Wichtig: Im Restaurant wendet man sich bei der Ankunft an den Saalchef oder einen Kellner, um einen Platz zugewiesen zu bekommen. In kleineren Gruppen ist es üblich, um eine Rechnung zu bitten und diese zu teilen. Ein Trinkgeld von 5 bis 10 Prozent ist angemessen.

Lebensmittel sind in Supermärkten und auf offenen Märkten oft etwas teurer als in Deutschland, die Qualität ist aber meist sehr gut. Reformhäuser und Bio-Supermärkte sind rar – Bioprodukte gibt es aber immer öfter in Supermärkten und auf Wochenmärkten zu kaufen.

7.8 Feiertage und Feste

Als Feiertage gelten:

1. Januar (Neujahrstag)
Karfreitag (beweglich, nur im Elsass)
Ostermontag
1. Mai (Maifeiertag)
8. Mai (Tag des Waffenstillstandes 1945)
Christi Himmelfahrt (beweglich)
14. Juli (Nationalfeiertag)
15. August (Mariä Himmelfahrt)
1. November (Allerheiligen)
11. November (Tag des Waffenstillstandes 1918)
25. Dezember (1. Weihnachtsfeiertag)
26. Dezember (2. Weihnachtsfeiertag, nur im Elsass)

An diesen Tagen sind fast alle Geschäfte, Banken und Behörden geschlossen.

7.9 Geld/Geldautomaten

Seit dem 1. Januar 2002 ist das Zahlungsmittel der Euro. Reisende aus Nicht-Euro-Ländern können ihr Geld in den Bankfilialen, Poststellen oder Wechselstuben umtauschen. Bargeld kann man per EC-Karte oder Kreditkarte an allen Geldautomaten mit der PIN-Geheimnummer abheben. In Geschäften wird die EC-Karte nicht immer genommen. In den meisten Geschäften, Restaurants und Hotels werden Kreditkarten akzeptiert, manche Händler weisen im Aushang einen Mindestbetrag bei Einkäufen aus. In Frankreich ist der Gebrauch von französischen Schecks sehr geläufig – die man jedoch nur als Inhaber eines französischen Bankkontos bekommt. Banken sind in der Regel von 10 bis 17 Uhr geöffnet, meist mit einer Mittagspause zwischen 12.30 bis 15 Uhr.

7.10 Mietwagen

Leihwagen können auf allen Flughäfen, großen Bahnhöfen und in den Städten gemietet werden (Sixt, Budget, AVIS, Europcar-Interrent, Hertz und andere).

Man kann auch über die Reservierungsbüros des Heimatlandes im Voraus Wagen zu Sonderkonditionen reservieren. In der Regel muss der Fahrer seit mindestens einem Jahr vor Anmietung im Besitz eines gültigen Führerscheins sein.

- www.hertz.fr
- www.avis.fr
- www.europcar.fr
- www.autoeurope.de
- www.e-sixt.de

7.11 Öffnungszeiten

Die meisten Geschäfte haben in Frankreich von 10 bis 19 Uhr geöffnet. Bäckereien und kleinere Lebensmittelgeschäfte öffnen je nach Lage auch oft schon frühmorgens. Da viele Läden auch samstags bis 19 Uhr, Lebensmittelgeschäfte, Blumenhändler und Zeitungsläden auch am Sonntagvormittag geöffnet haben, bleiben diese oft Montagvormittag geschlossen. Postämter haben je nach Größe und Lage unterschiedlich lange geöffnet, in Großstädten meist von 8 bis 19 Uhr, am Samstag von 8 bis 12 Uhr.

7.12 Sicherheit

Frankreich ist ein sicheres Land, in dem man gut reisen kann. Doch man sollte – wie in allen europäischen Ländern – einige Hinweise beachten: keine Wertgegenstände im Auto liegen lassen, beim Warten an roten Ampeln in der Großstadt Autoschlösser von innen verriegeln, bei Metrofahrten Geld und Wertsachen am Körper tragen. Seit dem 11. September 2001 wurden die Anti-Terrorismus-Aktionen verstärkt. Im Rahmen des *Plan Vigipirate* sind die Zonen vor öffentlichen Gebäuden (auch Schulen) abgesperrt, Mülltonnen wurden durch durchsichtige Plastiktüten ersetzt und die Patrouillen der Sicherheitskräfte auf öffentlichen Plätzen und Bahnhöfen verstärkt. In Museen und manchen großen Geschäften werden Taschen auf gefährliche Gegenstände kontrolliert. Bei Flügen nach Frankreich gelten für die Mitnahme von spitzen Objekten, Flüssigkeiten und Medikamenten die jeweils aktuellen internationalen Bestimmungen.

7.13 Taxifahren

In Paris sind alleine rund 15.000 Taxis auf den Straßen unterwegs, und auch in den Städten der Provinz ist das Angebot gut. Taxistände sind an einem blau-weißen Taxischild gut zu erkennen. Die offiziellen Preise variieren je nach Département, werden regelmäßig neu festgelegt und müssen im Wagen aushängen (die Tarife A, B, C, D und die Zuschläge, *Suppléments*, richten sich nach Uhrzeit, Distanz, Zahl der Passagiere und Gepäckstücke). Der Fahrpreis wird am Ende der Fahrt auf dem Zähler angezeigt. Verlangen Sie eine Rechnung. Ein Trinkgeld von 10 bis 15 Prozent wird gerne gesehen.

Taxiunternehmen in Paris

- Taxi G7: +33 (0)1 47 39 47 39
- Taxis Bleus: +33 (0) 891 70 10 10
- Aéro Taxi (für Flughafenfahrten) +33 (0)1 47 39 01 47
- 01 Taxi: +33 (0) 1 49 17 01 01
- Alpha Taxi: +33 (0) 1 45 85 85 85

7.14 Telefonieren/Notruf

- Vorwahl für Telefonate von Frankreich nach Deutschland: 0049, danach entfällt die erste 0 der deutschen Vorwahl.
- Vorwahl für Telefonate von Deutschland nach Frankreich: 0033, danach entfällt die 0 der französischen Nummer
- Auskunft international: 32 12
- Auskunft national: 12
- Krankenwagen und Notarzt (SAMU): 15
- Polizei: 17
- Feuerwehr: 18

8. Kleiner Sprachführer

Zahlen/Les nombres

0	zéro	20	vingt
1	un	21	vingt et un
2	deux	22	vingt-deux
3	trois	30	trente
4	quatre	40	quarante
5	cinq	50	cinquante
6	six	60	soixante
7	sept	70	soixante-dix
8	huit	71	soixante et onze
9	neuf	72	soixante-douze
10	dix	80	quatre-vingt
11	onze	81	quatre-vingt-un
12	douze	82	quatre-vingt-deux
13	treize	90	quatre-vingt-dix
14	qualorze	91	quatre-vingt-onze
15	quinze	100	cent
16	seize	1.000	mille
17	dix-sept	10.000	dix mille
18	dix-huit	100.000	cent mille
19	dix-neuf	1.000.000	un million

Wochentage/Les jours de la semaine

Montag	lundi
Dienstag	mardi
Mittwoch	mercredi
Donnerstag	jeudi
Freitag	vendredi
Samstag	samedi
Sonntag	dimanche

Monate/Les mois

Januar	janvier	Juli	juillet
Februar	février	August	août
März	mars	September	septembre
April	avril	Oktober	octobre
Mai	mai	November	novembre
Juni	juin	Dezember	décembre

Zeitangaben/L'emploi du temps

Morgens	le matin
Mittags	le midi
Nachmittags	l'après-midi
Abends	le soir
Heute morgen	ce matin
Heute abend	ce soir
Gestern	hier
Heute	aujourd'hui
Morgen	demain
In zwei Tagen	dans deux jours
In zwei Wochen	dans deux semaines
Jede Woche	chaque semaine
Nächste Woche	la semaine prochaine
Letzte Woche	la semaine dernière

Uhrzeit/L'heure

Wie spät ist es?	Quelle heure est-il?
Es ist neun Uhr	Il est neuf heures
Es ist Viertel nach neun	Il est neuf heures et quart
Es ist neun Uhr zwanzig	Il est neuf heures vingt
Es ist halb zehn	Il est neuf heures et demie

Es ist Viertel vor zehn	Il est dix heures moins le quart
Es ist Mittag	Il est midi

Länder und Regionen/Les pays et les régions

Afrika	L'Afrique (f.)	Niederlande	Les Pays-Bas
Algerien	L'Algérie (f.)	Marokko	Le Maroc
Belgien	La Belgique	Österreich	L'Autriche (f.)
Deutschland	L'Allemagne (f.)	Schweiz	La Suisse
Frankreich	La France	Tunesien	La Tunésie
Kanada	Le Canada	USA	Les Etats Unis
Luxemburg	Le Luxembourg	Spanien	L'Espagne (f.)

Konversation/La conversation

Vorstellung	**Présentation**
Guten Tag, ich bin ...	Bonjour, je suis ...
Ich möchte Ihnen meine Kollegin ... vorstellen.	J'aimerais vous présenter ..., ma collègue.
Kennen Sie schon ...?	Vous connaissez ...?
Angenehm, ...	Enchanté, ...
Ich freue mich, Sie kennenzulernen.	Je suis heureux (heureuse) de faire votre connaissance.

Begrüßung und Verabschiedung	**Salutations**
Guten Morgen/Guten Tag.	Bonjour, monsieur/madame.
Wie geht es (Ihnen)?	Comment ça va (allez-vous)?
Danke, gut. Und Ihnen?	Bien, merci. Et vous-même?
Hatten Sie eine angenehme Reise?	Vous avez fait bon voyage?
Auf Wiedersehen.	Au revoir.
Grüßen Sie bitte ...	Mes salutations à ...
Gute Reise!	Bon voyage!
Ich werde mich melden.	Je vous tiens au courant.

Bitten	Demander quelque chose
Können Sie bitte ...?	Pouvez-vous ... s'il vous plaît?
Könnten Sie mir helfen?	Pourriez-vous m'aider?
Entschuldigen Sie, können Sie mir sagen/zeigen, wie ...?	Excusez-moi, monsieur/madame. Pouvez-vous me dire/montrer comment ...?
Ja, natürlich ...	Mais oui ...
Ja, selbstverständlich.	Oui, bien sûr.
Leider nicht.	Malheureusement, non.
Es tut mir leid, aber ...	Je suis désolé(e) mais ...
Würden Sie mir einen Gefallen tun?	Pourriez-vous me rendre un service?
Ich möchte Sie etwas fragen.	Je voudrais vous demander quelque chose.

Dank, Entschuldigung, Bedauern	Remerciements, Excuses, Regrets
Vielen Dank.	Merci beaucoup.
Das ist wirklich nett von Ihnen	C'est vraiment gentil de votre part.
Nichts zu danken.	De rien.
Entschuldigung.	Pardon.
Ich bedauere, aber ...	Je regrette mais ...
Das ist nicht schlimm.	Ce n'est pas grave.
Es ist schade, dass Sie nicht bleiben können.	C'est dommage que vous ne puissiez pas rester.
Dann eben ein anderes Mal.	Ce sera pour une autre fois.

Verständigungsschwierigkeiten	Problèmes de compréhension
Entschuldigung, ich habe nicht verstanden.	Excusez-moi, je n'ai pas bien compris/saisi.
Wie bitte?	Pardon?
Könnten Sie bitte wiederholen?	Pourriez-vous répéter, s'il vous plaît?
Könnten Sie bitte langsamer sprechen?	Pourriez-vous parler plus lentement, s'il vous plaît?
Mein Französisch ist leider nicht so gut.	Je ne parle pas très bien le français.
Was bedeutet das?	Qu'est-ce que ça veut dire?
Wie heißt das auf Französisch?	Comment ça se dit en français?

Meinungsäußerung, Interesse zeigen	**L'opinion, l'enthousiasme**
Ich glaube, dass ...	Je pense/Je crois que ...
Ich bin sicher, dass ...	Je suis sûr(e) que ...
Ich bin überzeugt, dass ...	Je suis convaincu(e) que ...
Ich bin nicht dieser Meinung.	Je ne suis pas de cet avis.
Ich bin einverstanden/nicht einverstanden.	Je suis d'accord/Je ne suis pas d'accord.
Sehr beeindruckend.	Très impressionnant.
Das finde ich sehr gut.	Je trouve ça très bien.

Terminvereinbarung	**Rendez-vous**
Ich möchte einen Termin mit Herrn/Frau ... vereinbaren.	Je voudrais prendre rendez-vous avec monsieur/madame ...
Haben Sie am kommenden Dienstag Zeit?	Vous êtes libre mardi prochain?
Leider nicht, da habe ich schon einen Termin.	Malheureusement, je suis déjà pris(e).
Ich muss gerade mal in meinen Terminkalender schauen.	Je dois regarder dans mon agenda.
Und um wie viel Uhr?	Et à quelle heure?
Wie wäre es mit 10 Uhr?	Ca vous conviendrait à 10 heures?
Ich möchte unseren Termin verschieben.	Je voudrais reporter notre rendez-vous.
Entschuldigen Sie, aber ich muss meinen Termin leider absagen.	Je vous prie de m'excuser mais je dois annuler mon rendez-vous.

Terminbestätigung	**Confirmation**
Ich rufe an, um unseren Termin am ... zu bestätigen.	Je vous appelle pour confirmer notre rendez-vous pour le ...
Sollen wir ein Zimmer für Sie reservieren?	Est-ce que nous réservons une chambre pour vous?
Wie lange werden Sie bleiben?	Combien de temps allez-vous rester?

Am Empfang	**A la réception**
Ich habe einen Termin mit ...	J'ai rendez-vous avec ...
Bitte warten Sie einen Moment.	Voulez-vous patienter s'il vous plaît.
Ich sage ihm/ihr Bescheid.	Je le/la préviens.

Hier ist Ihr Besucherausweis.	Voici votre badge.
Herr ... erwartet Sie in seinem Büro.	Monsieur ... vous attend à son bureau.

Programmgestaltung	**Programme**
Den Ablauf heute morgen habe ich mir folgendermaßen vorgestellt.	Je propose pour ce matin le programme suivant ...
Zuerst möchte ich Ihnen meine Mitarbeiter vorstellen.	Je voudrais tout d'abord vous présenter mes collaborateurs.
Wir haben eine gemeinsame Besprechung für 14 h geplant.	Nous avons prévu une réunion pour 14 heures.
Frau ... wird den Markt, die Tendenzen und die Konkurrenz präsentieren.	Mme ... présentera le marché, les tendances et les compétiteurs.
Ich schlage vor, dass wir nach Ihrer Präsentation essen gehen.	Après votre présentation je vous propose d'aller déjeuner ensemble.
Ist das soweit in Ihrem Sinne?	Ca vous convient?

Verabschiedung	**Prendre congé**
Ich muss jetzt leider gehen.	Malheureusement, il faut que je parte.
Vielen Dank für Ihren Besuch.	Merci de votre visite.
Das war ein sehr interessantes Gespräch.	Notre conversation a été très intéressante.
Ich kontaktiere Sie demnächst.	Je vous contacte bientôt.

Verhandeln	**Négocier**
Wir könnten Ihnen anbieten ...	Nous pourrions vous proposer ...
Ist das Ihr letztes Wort?	C'est votre dernier mot?
Weiter können wir nicht gehen.	Nous ne pouvons pas faire mieux.
Wir werden eine gemeinsame Lösung finden.	Nous allons trouver une solution.
Könnten wir eine Viertelstunde Pause machen?	Pourrions-nous faire une pause d'un quart d'heure?
Ich muss das mit der Unternehmensleitung abklären.	Je dois parler avec la direction.
Würden Sie uns bitte einen Kostenvoranschlag erstellen?	Pourriez-vous nous faire un devis, s'il vous plaît?
Ja, wir werden Ihnen ein Angebot unterbreiten.	Oui, nous allons vous soumettre une offre.

Das entspricht genau unseren Vorstellungen.	Cela correspond exactement à ce que nous désirons.
Sie können sich auf mich verlassen.	Vous pouvez compter sur moi.
Fassen wir also noch einmal zusammen: ...	Encore une fois, pour résumer: ...

Besprechung	**Réunion**
Willkommen. Ich freue mich, Sie zu sehen.	Bienvenue. Je suis heureux/euse de vous voir.
Wir haben fünf Tagesordnungspunkte.	Nous avons cinq points à l'ordre du jour.
Das Ziel der Besprechung ist ...	Le but de notre réunion est ...
Zunächst wird Frau ... uns einen Überblick geben.	D'abord, Madame ... nous donnera une vue d'ensemble.
Was ist Ihre Meinung?	Quel est votre avis?
Sind Sie damit einverstanden?	Vous êtes d'accord?
Meiner Meinung nach ...	A mon avis ...
Ich frage mich, ob ...	Je me demande si ...
Ich bin überzeugt, dass ...	Je suis convaincu(e) que ...
Sie haben recht.	Vous avez raison.
Ich kann dem nicht zustimmen.	Je ne partage pas cet avis.
Können Sie das bitte erläutern?	Pouvez-vous expliquer cela, s'il vous plaît?
Offen gesagt, ...	Franchement, ...
Mit anderen Worten, ...	Autrement dit, ...
Erlauben Sie mir, dazu etwas zu sagen.	Permettez-moi de prendre la parole.
Kommen wir zum nächsten Punkt.	Passons au point suivant.
Leider haben wir keine Zeit mehr.	Nous n'avons malheureusement plus le temps.
Können wir uns darauf einigen?	Pouvons-nous nous mettre d'accord?

Präsentationen	**Présentations**
Das Thema dieser Präsentation ist ...	Le sujet de cette présentation est ...
Zu Beginn ...	Pour commencer ...
Es freut mich, Ihnen eine Studie über ... vorlegen zu können.	Je suis heureux/euse de vous présenter une étude sur ...
Wie Sie wissen ...	Comme vous le savez ...

Dieses Schema zeigt ...	Ce schéma représente ...
Die Zahlen zeigen ...	Les chiffres montrent que ...
Das bedeutet ...	Cela signifie que ...
Zusammenfassend ...	Pour résumer ...
Danke für Ihre Aufmerksamkeit.	Merci de votre attention.

Geschäftsessen	**Repas d'affaires**
Ich möchte Sie gerne zum Mittagessen einladen.	J'aimerais vous inviter à déjeuner.
Das ist sehr freundlich von Ihnen.	C'est très aimable de votre part.
Was würden Sie empfehlen?	Qu'est-ce que vous me recommandez?
Was möchten Sie trinken?	Qu'est-ce que vous aimeriez boire?
Zum Wohl!	A votre santé !
Der Wein ist ausgezeichnet.	Le vin est excellent.
Es ist köstlich.	C'est délicieux.
Das hatte ich nicht bestellt.	Je n'ai pas commandé cela.
Die Rechnung bitte.	L'addition, s'il vous plaît.
Ich lade Sie ein.	Je vous invite.
Danke, das ist nett von Ihnen.	Merci, c'est gentil.

Small Talk	**Small Talk**
Wie ist das Wetter in Lyon?	Quel est le temps à Lyon?
Sind Sie geschäftlich hier?	Vous êtes ici pour les affaires?
In welcher Branche sind Sie tätig?	Vous travaillez dans quelle branche?
Sind Sie zum ersten Mal hier?	C'est votre premier séjour ici?
Woher kommen Sie?	Vous êtes d'où?
Haben Sie Kinder?	Vous avez des enfants?
Wie alt ist Ihre Tochter?	Quel âge à votre fille?
Treiben Sie Sport?	Vous pratiquez du sport?
Ich spiele Golf	Je fais du golf.
Sie sprechen aber sehr gut deutsch.	Vous parlez très bien l'allemand.
Herzlichen Glückwunsch!	Félicitations!

Anhang

Literatur

Ammon, Günter: *Der französische Wirtschaftsstil*. München 1989.

Barmeyer, Christoph: *Interkulturelles Management und Lernstile. Studierende und Führungskräfte in Frankreich, Deutschland und Québec*. Frankfurt/New York 2000.

Barmeyer, Christoph/Schlierer, Hans-Jörg/Seidel, Fred: *Wirtschaftsmodell Frankreich*. Frankfurt/New York 2007.

Borne, Dominique: *Histoire de la société française depuis 1945*. Paris 1990.

Breuer, Jochen P./de Bartha, Pierre: *Deutsch-Französische Geschäftsbeziehungen erfolgreich managen*. Köln 2002.

Chadych, Danielle/Leborgne, Dominique: *Atlas de Paris. Evolution d'un paysage urbain*. Paris 1999.

Davoine, Eric: *Zeitmanagement deutscher und französischer Führungskräfte*. Wiesbaden 2002.

Demangeat, Isabelle/Molz, Markus: *Frankreich*. In: Kinast, Eva-Ulrike et al. (Hg.): *Handbuch Interkulturelle Kommunikation und Kooperation*. Band II, Göttingen 2003, S. 24–52.

Deyon, Pierre: *Die Raumordnung – historisch betrachtet*. In: *Frankreich-Info*, Juni 2002. Über: www.botschaft-frankreich.de.

D'Iribarne, Philippe: *Ehre, Vertrag, Konsens. Unternehmensmanagement und Nationalkulturen*. Frankfurt/New York 2001.

Große, Ernst Ulrich/Lüger, Heinz-Helmut: *Frankreich verstehen. Eine Einführung mit Vergleichen zu Deutschland*. Darmstadt 2000.

Hall, Edward Twitchell/Hall, Mildred Reed: *Verborgene Signale. Studien zur internationalen Kommunikation*. Hamburg 1984.

Haupt, Heinz-Gerhard: *Kleine Geschichte Frankreichs*. Stuttgart 2006.

Hildenbrand, Gunter: *Geschäftspartner Frankreich im Wandel*. Frankfurt 2002.

Kimmel, Adolf/Uterwedde, Henrik (Hg.): *Länderbericht Frankreich. Geschichte, Politik, Wirtschaft, Gesellschaft.* Wiesbaden 2005.

Loth, Wilfried: *Frankreich-PLOETZ.* Freiburg 1988.

Lüsebrink, Hans-Jürgen: *Einführung in die Landeskunde Frankreichs.* Stuttgart 2003.

Mermet, Gérard: *Francoscopie 2007.* Paris 2006.

Moog, Pierre-Emmanuel: *L'annuaire des clubs de réflexion et d'influence.* Paris 2007.

Pitte, Jean-Robert: *La France.* Paris 2006

Schild, Joachim/Uterwedde, Henrik: *Frankreich: Politik, Wirtschaft, Gesellschaft.* Wiesbaden 2006.

Schmidt, Bernard et al. (Hg.): *Frankreich-Lexikon.* Berlin 2005.

Tümmers, Hans J.: *Das politische System Frankreichs.* München 2006.

Internetadressen

Im Internet finden sich zahlreiche Webseiten mit Frankreich-Informationen, allerdings sind viele privat beziehungsweise kommerziell und geben nicht immer aktuelle Informationen – schlimmer noch: Teilweise veröffentlichen sie falsche Informationen. Vorsicht ist also geboten. Am zuverlässigsten sind die offiziellen Internetseiten.

Allgemeine Frankreich-Informationen

www.france-allemagne.fr
Internetportal der deutsch-französischen Beziehung

www.botschaft-frankreich.de
Internetseiten der französischen Botschaft mit Informationen zu Politik, Wirtschaft und Kultur. Gute Presseschau

www.insee.fr
Die Webseite des bekannten französischen Statistikinstituts mit vielen Daten und Informationen zu Frankreich

www.quid.fr
Auch in Buchform existierendes französisches Nachschlagewerk

www.dfi.de
Deutsch-Französisches Institut; zentrale Anlaufstelle für Frankreichforschung

www.france-blog.info
Frankreich-Blog mit vielen aktuellen Informationen und Links

www.frankreich.de
Informations- und Reiseportal für Frankreich

www.frankreich-heute.de
»Alles über Frankreich«

www.frankreich-forum.de
Frankreich-Nachrichten und Hintergrundinformationen

www.ratgeber-frankreich.de
Informationen zum Thema Frankreich

Informationen zu Wirtschaft und Unternehmen

www.industrie.gouv.fr/portail/chiffres/index_som.html
Französisches Wirtschaftsministerium

www.boursorama.com/infos/statistiques
Statistiken zur Wirtschaft und Unternehmensinformationen

www.frankreich-business.de
Praxisbezogene Informationen zur Französischen Wirtschaft

www.euridile.com
Französisches Handelsregister mit über drei Millionen registrierten Unternehmen

www.apec.fr
Arbeitsinformationen und -vermittlung für Führungskräfte *(Cadres)*

www.bottin.fr
Adressenverzeichnis französischer Unternehmen nach Branchen

Informationen zur deutsch-französischen Zusammenarbeit

www.deutschland-und-frankreich.de
Internetportal des deutschen und des französischen Außenministeriums

www.francoallemand.com
Deutsch-Französische Industrie- und Handelskammer in Paris

www.arte.tv
Der europäische deutsch-französische Fernsehsender *Arte* mit tollem Internetauftritt. Unbedingt anschauen: »Karambolage« jeden Sonntag: zehn Minuten deutsch-französische Eigenarten!

www.romanistik.info
Informationen zu Literatur, Kulturwissenschaft und deutsch-französischen Beziehungen

www.zeitschrift-dokumente.de
Zeitschrift für den deutsch-französischen Dialog. Wie schon der Name sagt: fundierte und aktuelle Artikel zu deutsch-französischen Themen in Politik, Gesellschaft, Wirtschaft und Kultur

www.ofaj.org
Deutsch-französisches Jugendwerk

www.dfh-ufa.org
Deutsch-französische Hochschule, die Doppelstudiengänge finanziert

Deutsch-französische Management und Unternehmensberater

www.culturebridge.de
www.eurotriade.com
www.fit-for-culture.com
www.hildenbrand-consulting.com
www.jpb.fr
www.pateauconsultants.com
www.tandem-consulting.com

Wichtige Abkürzungen

Wie in anderen Ländern gibt es in Frankreich viele Abkürzungen und die Franzosen lieben es, sie zu verwenden. Auf jeden Fall werden Sie als Gast im Land viele Buchstabenkürzel sehen oder hören. Immer häufiger kürzen Franzosen bei informellen Gesprächen lange Wörter ab: Aus *Professeur* (Lehrer) wird *Prof*, aus *Baccalauréat* (Abitur) *Bac*, aus *Publicité* (Werbung) *Pub*, aus *Apéritif* wird *Apéro*.

AC Appélation Contrôlé	Qualitätskriterium für Wein
AFP Agence France Presse	Französische Nachrichtenagentur
ANPE Agence Nationale pour l'Emploi	Arbeitsamt
Av Avenue	Straße
Bac Baccalauréat	Abitur
Bd Boulevard	Boulevard
BD Bande Déssinée	Comic
BP Boîte Postale	Postfach
CE Comité d'entreprise	Betriebsausschuss
CV Curriculum Vitae	Lebenslauf
DG Directeur Général	Unternehmensleiter
DOMTOM Départements d'Outre-Mer, Territoire d'Outre-Mer,	Übersee-Départements und Territorien
EDF Electricité de France	Französischer Stromerzeuger
ENA Ecole Nationale d'Administration	Elite-Verwaltungsschule
FN Front National	Rechtspartei von Jean-Marie Le Pen
HEC Ecole des Hautes Etudes Commerciales	Elite-Wirtschaftshochschule
HLM Habitation à Loyer Modéré	Sozialwohnungen
HT Hors Taxe	ohne Steuer
JO Journal Officiel	Französischer Bundesanzeiger
OPA Offre public d'achat	»unfreundliches« Übernahmenangebot
OTAN Organisation du Traité de l'Atlantique Nord	NATO
ONU Organisation des Nations Unies	Vereinte Nationen (UNO)
PACS Pacte Civile de Solidarité	Vertrag, der unverheiratete Paare eheähnlich behandelt
PC Parti Communiste	Kommunistische Partei
PDG Président Directeur Général	Vorstandsvorsitzender; Verwaltungsratspräsident

PIB Produit Intérieur Brut	Bruttolinlandsprodukt
PME Petite et moyenne entreprise	Kleiner und mittelständischer Betrieb
PMU Pari Mutuel Urbain	Pferdewette
PS Parti Socialiste	Sozialistische Partei
PV Procès verbal	Strafzettel
RATP Régie Autonome des Transports Parisiens	Pariser Metro
RER Réseau Express Régional	Pariser Schnellbahnsystem
RFA République Fédérale d'Allemagne	Bundesrepublik Deutschland
RIB Relevé d'Identité Bancaire	Kontennachweis/Bankverbindung
RMI Revenu Minimum d'Insertion	Staatliche Unterstützung zur Wiedereingliederung ins Arbeitsleben
SDF Sans domicile fixe	Obdachlose
SIDA Syndrôme Immunodéficitaire	AIDS
SMIC Salaire Minimum Interprofessionel de Croissance	Mindestlohn
SNCF Société Nationale des Chemins de Fer	Eisenbahn
TGV Train à Grande Vitesse	Hochgeschwindigkeitszug
TTC Toutes Taxes Comprises	Inklusive Steuern
TVA Taxe sur la valeur ajoutée	Mehrwertsteuer
VRP Voyageur-Représenant-Placier	Handelsvertreter
VTT Vélo Tout Terrain	Mountainbike
ZI Zone Industrielle	Industriegebiet
ZUP Zone à urbaniser en priorité	Städtisches Sanierungsgebiet
X Ecole Polytechnique	Elite-Ingenieurschule

Autoren

Dr. Christoph Barmeyer ist Leiter des Bereichs interkulturelles Personalmanagement an der französischen Business School IECS Strasbourg sowie Berater für deutsch-französisches Management.

Stefanie von Wietersheim ist freie Journalistin mit Schwerpunkt Frankreich und arbeitet als Autorin für verschiedene Zeitungen und Zeitschriften.

Beide arbeiten und leben sowohl in Frankreich als auch in Deutschland.

Stichwortverzeichnis

Plymouth
Torquay
Poole
Wey-mouth
Bourne-mouth
Portsmouth
Isle of Wight
Brighton
South Downs
Folkestone
Hastings
Eastbourne
54
Boulogne-s
Le Tou
Paris-
Berck-
Der Kanal
172
122
Cap de la Hague
Guernsey
Kanalinseln (UK)
Jersey
Cherbourg-Octeville
Valognes
Dieppe
Fécamp
Yvetot
Le Havre
Trouville-sur-Mer
Haute-Normandie
Rouen
Carentan
Bayeux
Saint-Lô
Ouistreham
Caen
Lisieux
Louviers
Vernon
Bernay
Évreux
Coutances
Granville
Golfe de Saint Malo
Lannion
Morlaix
Brest
Landerneau
Guingamp
St-Malo
St-Brieuc
Dinard
Avranches
Vire
Basse-Normandie
Flers
Argentan
L'Aigle
Douarnenez
Lamballe
Dinan
Loudéac
Quimper
Bretagne
Quimperlé
Pontivy
Concarneau
Lorient
Hennebont
Ploërmel
Rennes
Fougères
Vitré
Mayenne
Alençon
Maine
Mamers
Dreux
Rambouillet
Chartres
Mantes-la-Jolie
Auray
Vannes
Redon
Laval
Château-briant
Château-Gontier
Sablé-sur-Sarthe
Le Mans
La Ferté-Bernard
Nogent-le-Rotrou
Châteaudun
Pontchâteau
Segré
La Flèche
Château-du-Loir
Vendôme
Guérande
St-Nazaire
Trignac
Pays de la Loire
Ancenis
Angers
Château-Renault
Orléanais
Centre
Pornic
Nantes
Chemillé
Anjou
Loire
Saumur
Tours
Amboise
Blois
Challans
Cholet
Vendée
Touraine
Thouars
Loudun
Vierzon
Mauléon
Bressuire
La Roche-sur-Yon
FRANK
Les Sables-d'Olonne
Parthenay
Châtellerault
Issoudun
135
Luçon
Fontenay-le-Comte
Poitiers
Châteauroux
Niort
La Rochelle
Poitou-
Atlantischer Ozean
Rochefort
St-Jean-d'Angely
Vienne
Creuse
Guéret
Royan
Saintes
Cognac
Angoulême
St-Junien
Limoges
Charente
Limousin
Gironde
Médoc
Ussel
Périgueux
Brive-la-Gaillarde
Tulle
Dordogne
Libourne
Auvergne
Arcachon
Bordeaux
Aquitaine
Bergerac
Périgord
Sarlat-la-Canéda
Golf von Biscaya
Marmande
Guyenne
Figeac
Cantal
Aurillac
Villeneuve-s.-L.
Cahors
Lot
Landes
Agen
Moissac
Villefranche-de-Rouergue
Rodez
Bermeo
Gernika
Donostia/S.Sebastián
Bayonne
Dax
Mont-de-Marsan
Castel-sarrasin
Montauban
Irun
Biarritz
Midi-Pyrénées
Baskenland
Orthez
Gascogne
Garonne
Albi
Tolosa
Pau
Auch
Toulouse
Castres
Vitoria/Gasteiz
Pamplona (Iruñea)
Tarbes
Estella
Lourdes
Castelnaudary
Navarra
Carcassonne
Languedoc
Logroño
P.N. des Pyrénées
Aude
Tafalla
Bagnères-de-Luchon
Foix
Roussillon
Arnedo
Calahorra
Jaca
P.N. de Ordesa y Monte Perdido
P.N. de Aigüestortes
Pyrenäen
ANDORRA
Andorra la Vella
Tudela
Ejea de los Caballeros
Huesca
Ebro
Perpig
Tarazona
SPANIEN
Barbastro

Dunkerque
Blankenberge
Oostende
Brugge
Nord-Pas-de-Calais
St-Omer
Torhout
Flandern
Kortrijk
Ieper
Hazebrouck
FRANKREICH
Roubaix
Béthune
Lille
Lens
Douai
Valenciennes
Cambrai
Albert
Amiens
Caudry
Maubeuge
Picardie
St-Quentin
Noyon
Chauny
Laon
Compiègne
Soissons
Senlis
Château-Thierry
Champagne-
Marne
Épernay
PARIS
Coulommiers
Melun
Provins
Nemours
Montereau
Sens
Joigny
Montargis
Auxerre
Cosne-Cours-s.-L.
Burgund
Nevers
Loire
Autun
Le Creusot
Gueugnon
Digoin
Paray-le-Monial
Vichy
Thiers
Roanne
Clermont-Auvergne
Allier
Montbrison
St-Etienne
Annonay
Puy-en-Velay
Mende
Lozère
1699
Privas
Aubenas
Alès
Nîmes
Tarascon
Arles
Istres
Fos-s.-M.
Martigues
Marseille
Aubagne
La Ciotat
Toulon
Hyères
Iles d'Hyères
Mittelmeer
Golfe du Lion
Antwerpen
Gent
BELGIEN
Mechelen
Turnhout
Tilburg
Eindhoven
Geel
Roermond
Overpelt
Bruxelles/Brussel
(Brüssel)
Ath
Mons
Leuven
Wavre
Hasselt
Maastricht
Liège
(Lüttich)
Namur
Charleroi
Dinant
Ciney
Spa
Hohes Venn
Malmedy
Monschau
Heerlen
Aachen
Sedan
Charleville-Mézières
Rethel
Reims
Ardennen
Bastogne
LUXEMBURG
Arlon
Luxemburg
Longwy
Thionville
Dudelange
Verdun
Metz
Pont-à-Mousson
Bar-le-Duc
Lothringen
Meuse
Châlons-en-Champagne
Vitry-le-François
Romilly-s.-S.
St-Dizier
Troyes
Seine
Chaumont
Langres
Toul
Nancy
Lunéville
Épinal
Moselle
Remiremont
Vogesen
Luxeuil-les-Bains
Vesoul
Lure
Dijon
Beaune
Dole
Franche-Comté
Besançon
Chalon-s.-Saône
Lons-le-Saunier
Champagnole
Mâcon
Bourg-en-Bresse
Villefranche-sur-Saône
Oyonnax
St-Claude
Rhône-Alpes
Lyon
Givors
Vienne
Roussillon
Bourgoin-Jallieu
Ambérieu-en-Bugey
Tournon-s.-Rhône
Valence
Romans-s.-Isère
Isère
Grenoble
Voiron
Chambéry
Dauphiné
Montélimar
Valréas
Pierrelatte
Orange
Mt. Ventoux
1912
Carpentras
Avignon
Salon-de-Provence
Aix-en-Provence
Manosque
Pertuis
Provence-Alpes-Côte d'Azur
Digne-les-Bains
Gap
P.N. des Écrins
3914
Briançon
Brignoles
Draguignan
Fréjus
St-Raphaël
Ste-Maxime
Grasse
Cannes
Nice
Monaco
Côte d'Azur
Alpes Maritimes
P.N. du Mercantour
Ventimiglia
Cúneo
Fossano
Saluzzo
M. Viso
3841
Pinerolo
3051
Bocholt
Boxmeer
Helmond
Venlo
Wesel
Bottrop
Recklinghausen
Hamm
Oberhsn.
Duisburg
Dortmund
Bochum
Essen
Düsseldorf
Hagen
Wuppertal
Arnsberg
Meschede
Warstein
Winterberg
841
Mönchengladbach
Neuss
Westfalen
Leverkusen
Gummersbach
KÖLN
Euskirchen
Siegen
Siegburg
Bonn
Frankenberg
Biedenkopf
Dillenburg
Herborn
Wetzlar
N.P. Eifel
747
Neuwied
Koblenz
DEUTSCHLAND
Rheinland-Pfalz
Bitburg
Wittlich
Frankfurt(M.)
Wiesbaden
Rhein
Bingen
Mainz
Darmstadt
Trier
Hunsrück
818
Bad Kreuznach
Idar-Oberstein
Alzey
Mettlach
Saarland
Worms
Bensheim
Saarlouis
Kaiserslautern
Ludwigshafen
Mannheim
Heidelberg
Saarbrücken
Neustadt(W.)
Pirmasens
St-Avold
Sarreguemines
Speyer
Sinsheim
Landau
Baden
Heilbronn
Karlsruhe
Haguenau
Pforzheim
Sarrebourg
(Straßburg)
Strasbourg
Kehl
Baden-Baden
Calw
Elsass
Offenburg
St-Dié-d.-V.
Sélestat
Lahr
Schwarzwald
Balingen
Rottweil
Colmar
Württemberg
1426
Freiburg
Villingen-Schwenningen
Sigmaringen
Cernay
Titisee-Neustadt
1493
Tuttlingen
Singen
Mulhouse
Müllheim
Schaffhausen
Belfort
Lörrach
Konstanz
Montbéliard
Basel
Liestal
Winterthur
Porrentruy
Delémont
Aarau
Zürich
St.Gallen
Solothurn
Wädenswil
2502
Jura
Schweizer Jura
Pontarlier
Biel/Bienne
Bern
Luzern
Zug
Neuchâtel
Schwyz
Yverdon
Fribourg
Thun
Altdorf
3614
1679
Lausanne
Nyon
SCHWEIZ
Genfer See
Montreux
Berner Alpen
4274
Genève
(Genf)
Monthey
Sion
Rhône
Brig
Chiavenna
Cluses
Martigny
Domodossola
Locarno
Bellinzona
Rumilly
Annecy
Savoie
Chamonix-Mont-Blanc
4478
Matterhorn
P.N.della Val Grande
Lugano
Aix-les-Bains
4807
Mont Blanc
4637
M.Rosa
Verbania
L.Maggiore
Lecco
Aosta
Albertville
Aostatal
Borgomanero
Varese
Como
4061
P.N. del Gran Paradiso
Monza
P.N. de la Vanoise
Ivrea
Novara
MILANO
(MAILAND)
Cuorgnè
Vercelli
ITALIEN
TORINO
(TURIN)
Casale Monferrato
Pavia
Cap Corse
Ísola di Capraia
Bastia
Calvi
Korsika
(Frankreich)
Monte Cinto
2706
Capu Rossu
Korsika
2622
Ajaccio
Capu di Muru
Porto Vecchio
Bonifacio
Bocche di Bonifacio

Beauchamp
St-Prix
Éragny
Franconville
Conflans
Ste-Honorine
Herblay
Ermont
Montigny-
les-Cormeilles
St-Gratien
Champ de Tir
St-Germain
Maisons-
Laffitte
Forêt de
Sartrouville
ARGENTEUIL
Houilles
Blvd. Joffre
Blvd. Henri Barbusse
Gennevilliers
Colombes
Château
du Val
Montesson
Chatou
Neuilly-
s.-Seine
ST-GERMAIN-
EN-LAYE
NANTERRE
Croissy-
sur-Seine
Av. Napoléon Bonaparte
Av. Charles de Gaulle
Fort du
Mont Valérien
Marly-
le-Roi
Château de
Malmaison
Rueil-
Malmaison
Bois de
Boulogne
St-Cloud
Parc des
Princes
BOULOGNE-
BILLANCOURT
Parc de
St-Cloud
VERSAILLES
Sèvres
le Petit
Trianon
le Grand
Trianon
Grand Park
Château
de Versailles
Meudon
Clamart
Forêt de Meudon
Viroflay
Velizy-
Villacoublay
Sceaux
Camp de
Satory
Musée de
l'Ile de France
Aérodrome de
Toussus-le-Noble
Bièvres
Forêt de
Verrières
ANTONY
Toussus-
le-Noble
Massy
Saclay
Abbaye de
St Louis
du Temple
Igny
A15
A115
N 14
N 192
N 184
D 308
N 311
A86
A14
N 13
D 7
N 185
D 1
N 186
E 5
A13
D 985
D 10
N 118
D 906
N 12
D 36

FRANCE
Sarcelles
Gonesse
le Thillay
Arnouville-lès-Gonesse
Groslay
Aéroport de Paris-le-Bourget
Stains
ST-DENIS
Villeneuve-la-Garenne
Stade de France
Aubervilliers
Drancy
BOBIGNY
Aulnay-sous-Bois
Livry-Gargan
Bondy
Romainville
Rosny-sous-Bois
MONTREUIL
Neuilly-Plaisance
Vincennes
NOGENT-SUR-MARNE
Bry-sur-Marne
Bois de Vincennes
PARIS
Gare du Nord
Gare de l'Est
Gare St-Lazare
Gare de Lyon
Gare d'Austerlitz
Place de la Nation
Bd. Périphérique
Av. Jean Lolive
Blvd. St-Martin
Av. Daumesnil
Blvd. Sébastopol
IVRY-SUR-SEINE
Alfortville
St-Maur-des-Fossés
Maisons-Alfort
Le-Kremlin-Bicêtre
VITRY-SUR-SEINE
CRÉTEIL
Chennevières-sur-Marne
Chevily-Larue
Thiais
Bonneuil-sur-Marne
Sucy-en
Boissy-St-Léger
Valenton
ORLY
Aéroport de Paris-Orly
Rue de Paris
Av. du Général Leclerc
la Grange Château
A1
A3
A4
A6
A86
A103
A104
A106
A1086
N 1
N 2
N 3
N 4
N 6
N 7
N 16
N 17
N 19
N 186
N 305
N 370
D 29
D 47
D 118
D 170
D 370
E 5
E 15
E 19
E 50

PARIS
Seine
PARC DE MONCEAU
CHAILLOT
PARC DU CHAMP DE MARS
JARDIN DE L'INTENDANT
Place des Ternes
Boulevard de Courcelles
Avenue des Ternes
Avenue de Wagram
Avenue Mac Mahon
Avenue Carnot
Avenue Hoche
Avenue de Friedland
Boulevard Haussmann
Rue du Faubourg St-Honoré
Avenue des Champs-Élysées
Avenue Marceau
Avenue d'Iéna
Avenue George V
Avenue Montaigne
Av. Franklin-D.-Roosevelt
Avenue de New York
Avenue du Président Wilson
Cours Albert 1er
Quai Branly
Quai d'Orsay
Pont de l'Alma
Pont d'Iéna
Avenue Bosquet
Avenue de La Bourdonnais
Avenue de Suffren
Avenue de Tourville
Avenue de Lowendal
Avenue de la Motte-Picquet
Avenue Duquesne
Avenue de Ségur
Boulevard de Grenelle
Rue de Grenelle
Rue Saint Dominique
Rue de l'Université
Hôpital Marmottan
Ste-Germaine
Espace Wagram
St-Alexandre Nevsky
Salle Pleyel
N.D. d'Annonciation
Conservatoire Municipal
Musée Nissim de Camondo
Place de Rio de Janeiro
Diection E.D.F.
Musée Jacquemart André
St-Joseph
Centre National de la Photographie
St-Sacrement
Arc de Triomphe
Place Charles de Gaulle
CH. DE GAULLE ETOILE
Office du Tourisme
Air France
Chambre de Commerce
Lido
St-Philippe du Roule
Centre de Confér. Internat.
Coudenhove Kalergi, Pl.
Place des États Unis
St-Pierre de Chaillot
Pl. Amiral de Grasse
Lycée
Clin. Bizet
St-Étienne
Place Rochambeau
Galeries du Panthéon Bouddhique
Musée Guimet
Palais Galliera
Mus. Galliera
Place d'Iéna
American Cathedral in Paris
Crazy Horse
Th. des Champs Élysées
Pl. de l'Alma
Rd.-Pt. des Champs-Élysées-Marcel Dassault
Th. du Rond-Point
Palais de la Découverte
N.D. de Consolation
Église Arménienne
Palais de Tokyo
Musée de la Création Contemporaine
Musée d'Art Moderne
Union de l'Europe Occidentale
Conseil Économique et Social
PONT DE L'ALMA
Pl. de la Résistance
Météo France
Musée du Quai Branly (Musée des Arts premiers)
St-Jean
Bibliothèque du Champ de Mars
St-Pierre du Gros Caillou
Tour Eiffel
Place du Général Gouraud
Place Jacques Rueff
Place Joffre
St-Louis
École Sup. de Guerre
École Militaire
Secr. d'État à la Santé
Place de Fontenoy
Min. de l'Aménagement du Territoire et de l'Environnement
Direction Journaux Officiels
St-Léon
Place Dupleix
Musée de l'Ordre de la Libération
Stade Émile Anthoine

Th. Tristan Bernard
Place de l'Europe
Rue de Londres
Rue de Milan
Th. de Paris
Casino de Paris
Rue Pigalle
Musée Gustave Moreau
Madrid
Lisbonne
Mairie du 8e Arr.
Gare Saint-Lazare
Place de Budapest
Rue d'Athènes
S.N.C.F.
Ste-Trinité
Place d'Estienne d'Orves
TRINITÉ
Rue de Châteaudun
Place du Guatemala
Rue de La Bienfaisance
St-Augustin
Place H. Bergson
Lycée Racine
Rue de Rome
Secrétariat Général S.N.C.F.
Concorde St-Lazare
Th. Mogador
Rue de Laborde
Caserne
Place G. Péri
ST-LAZARE
Rue St-Lazare
HAUSSMANN ST-LAZARE
Boulevard
Place St-Augustin
R. de la Pépinière
St-Louis d'Antin
Lycée Condorcet
Rue Joubert
la Victoire
Rue de Provence
Haussmann
Rue La Boétie
AUGUSTIN
Rue Lavoisier
Th. Michel
Magasins du Printemps
Galeries Lafayette
CHAUSSÉE D'ANTIN LA FAYETTE
Rue de Miromesnil
Rue Roquépine
Rue des Mathurins
Hyatt Regency
Th. des Mathurins
HAVRE CAUMARTIN
Place Diaghilev
Paris Story
Boulevard Haussmann
Ambassador
Penthièvre
Rue Cambacérès
Sofitel Astor
Archevêché de Paris
Boulevard Malesherbes
Rue Pasquier
Rue de l'Arcade
Rue de Castellane
Rue Tronchet
St-Pétersbourg
Rue Boudreau
Palais Garnier Opéra
Place Jacques Rouché
Min. de l'Intérieur
Rue de la Ville l'Évêque
Bedford
Rue Caumartin
Comédie Caumartin
AUBER
Th. Ed. VII
Place Édouard VII
Place Beauvau
Chauveau Lagarde
Vignon
Rue Godot de Mauroy
Place de l'Opéra
Capucines
Bd. des
St Michael's English Church
Th. de la Madeleine
Rue de Surène
Pl. de la Madeleine
Olympia
OPÉRA
Palais de l'Élysée
Ste-Marie Madeleine
Bd. de la Madeleine
Bd. des
Rue de Sèze
Rue Daunou
Rue de la Michodière
Rue de Choiseul
Rue du Faubourg Saint Honoré
R. de l'Élysée
MADELEINE
Trois Quartiers
Crédit Foncier de France
Th. Daunou
Gal. Vendôme
Th. de la Michodière
Rue des Capucines
Rue de la Paix
Avenue Gabriel
Rue Boissy d'Anglas
Rue Royale
Rue Saint Honoré
Sofitel Castille
Rue Duphot
Rue Cambon
Ministère de la Justice
La Colonne
Th. la Pépinière-Opéra
Rue D. Casanova
Th. des Bouffes Parisiens
Passage Choiseul
des Champs-Élysées
Th. Espace Pierre Cardin
Crillon
Minist. de la Marine
Cour des Comptes
Place M. Barrès
Place Vendôme
Stendhal
Rue des Petits Champs
Avenue de l'Opéra
N. D. de l'Assomption
Vendôme
Place du Marché St-Honoré
PYRAMIDES
Washington Opéra
CONCORDE
Cambon
Royal
Rue du Mont Thabor
Carrée des Champs-Élysées
Place de la Concorde
Jeu de Paume
Lotti
Inter-Continental
R. de Castiglione
Costes
Rue d'Alger
Rue du 29 Juillet
St-Roch
Av. Edward Tuck
Obélisque
Meurice
Rue de Rivoli
Terrasse des Feuillants
Normandy
Comédie Française
Richelieu
Cours de la Reine
TUILERIES
Regina
Musée de l'Orangerie
JARDIN DES TUILERIES
Place des Pyramides
Bibl. des Arts Décoratifs
Place A. Malraux
Louvre
Pt. de la Concorde
Quai des Tuileries
Terrasse du Bord de l'Eau
Musée de la Mode et du Textile
Musée des Arts Décoratifs
Place Colette
Palais Royal
Quai d'Orsay
Ministère des Affaires Étrangères
Assemblée Nationale
ASSEMBLÉE NATIONALE
Quai Anatole France
Pont Solférino
Avenue du Gén. Lemonnier
JARDIN DU CARROUSEL
PALAIS ROYAL MUSÉE DU LOUVRE
Palais Bourbon
Min. des Affaires Europ.
Place du Prés. E. Herriot
C.N.R.S.
Palais de la Légion d'Honneur
MUSÉE D'ORSAY
Place du Carrousel
Paris Expo Carrousel du Louvre
Pyramide
Cour Napoléon
Rue de l'Université
INVALIDES
Place du Palais Bourbon
Rue de Lille
Rue de Solférino
Rue de Bellechasse
Musée d'Orsay
Pont Royal
Quai François Mitterand
Rue Saint Dominique
Ministère de la Défense
Boulevard Saint Germain
Caisse des Dépôts et Consignations
Pont du Carrousel
Quai Voltaire
Seine
Basilique Ste-Clotilde
Institut Géographique National
Rue Las Cases
SOLFÉRINO
Rue de Verneuil
Rue du Bac
Rue de Beaune
Inst. Univ.
Quai Malaquais
Rue de Grenelle
Min.
Ministère de l'Éducation Nationale
Rue de Bourgogne
Rue de Martignac
Rue C. Périer
Ministère de l'Équipement, des Transports et du Logement
Rue des Saints Pères
École Nat. Sup. des Beaux Arts
VARENNE
Secr. d'État aux Anciens Combattants
Rue de l'Université
St-Th. d'Aquin
E.N.A.
Institut d'Anatomie Delmas-Orfila-Rouvière
Rue des Beaux Arts
Min. de l'Industrie
Duc de Saint-Simon
RUE DU BAC
Place St-Th. d'Aquin
Ministère de la Défense
Rue Jacob
Angleterre
L'Hôtel
Rue Visconti
Rue de Varenne
Ministère de l'Agriculture
ST-GERMAIN DES PRÉS
École Nat. Ponts et Chaussées
Faculté de Médecine
Millésime Hôtel
Musée Rodin
Cayré
Lycée St-Thomas d'Aquin
Villa
Bel Ami
Boulevard
Place J. P. Sartre et S. de Beauvoir
Mus. National Eugène Delacroix
Hôtel Matignon
Musée Maillol
Institut d'Études Politiques
Rue du Dragon
Boulevard Raspail
Sq. de La Rochefoucauld
Rue de Varenne
Madison
ST-GERMAIN DES PRÉS
St-Germain des Prés
Place J. Copeau
Rue Barbet de Jouy
Rue de Chanaleilles
Lycée Victor Duruy
Rue Vaneau
Lycée
Rue de la Chaise
Espace EDF Electra
Rue de Grenelle
Rue Bonaparte
Four
Place Clément
Le Marché St-Germain
Préfecture d'Ile de France
Rue de Babylone
Rue Chomel
Sèvres
Rue du Vieux Colombier
ST-SULPICE
Rue Lobineau
Rue St-Sulpice
FRANÇOIS XAVIER
JARDIN C. LABOURÉ
Notre-Dame de la Médaille Miraculeuse
SÈVRES BABYLONE
Place Le Corbusier
Lutétia
Cherche Midi
Th. du Vieux Colombier
St-Sulpice
Pl. St-Sulpice
Univ. Paris VII
Rue Monsieur
Hôpital Laennec
Bon Marché
St-Ignace
Place A. Deville
Rue de Rennes
Madame
Mairie du 6e Arr.

PARIS
JARDIN DES TUILERIES
JARDIN DU CARROUSEL
JARDIN DU LUXEMBOURG
JARDIN DU PALAIS ROYAL
QUARTIER
Seine
Quai François Mitterand
Quai du Louvre
Quai Voltaire
Quai Malaquais
Quai de Conti
Quai des Grands Augustins
Quai de la Mégisserie
Rue de Rivoli
Terrasse des Feuillants
Boulevard Saint Germain
Boulevard Raspail
Boulevard Saint Michel
Boulevard du Montparnasse
Rue Soufflot
Rue de Vaugirard
Avenue de l'Opéra
Rue des Petits Champs
Rue du Quatre Septembre
Rue Étienne Marcel
Rue Saint Honoré
Place Vendôme
Place du Carrousel
Musée du Louvre
Pyramide
Cour Napoléon
Cour Carrée
Palais Royal
Comédie Française Richelieu
Bibliothèque Nationale
Banque de France
Palais de la Bourse
Place de la Bourse
Place des Victoires
St-Eustache
Musée d'Orsay
Palais de la Légion d'Honneur
Institut de France
Pont des Arts
Pont Neuf
Île de la Cité
Conciergerie
Palais de Justice
Ste-Chapelle
Châtelet
St-Germain des Prés
St-Sulpice
Place St-Sulpice
Odéon
Th. de l'Europe
Palais du Luxembourg
Petit Luxembourg
Sénat
Fontaine de Médicis
Place Ed. Rostand
Sorbonne
Musée Nat. du Moyen-Age et des Thermes de Cluny
Lycée St-Louis
Lycée Louis Le Grand
Lycée Montaigne
Musée Zadkine
École Nat. Supérieure des Mines
Institut Catholique
Musée Maillol
Ministère de la Défense
École Normale Supérieure
Place de l'Estrapade

Bd. St-Denis
Boulevard St-Martin
Th. de la Renaissance
Bourse du Travail
FREDERICK LEMAÎTRE
RÉPUBLIQUE
Rue de la Fontaine au Roi
Rue Notre Dame de Nazareth
Caveau de la République
Théâtre de la Gaîté Lyrique
Mus. des Arts et Métiers
Th. du Marais
Lycée Turgot
Place de la République
Avenue de la République
Bd Jules Ferry
Rue de la Folie Méricourt
Rue de la Pierre Levée
TEMPLE
Holiday Inn
Th.Dejazet
Mus. Nat. des Techniques
Rue Réaumur
Rue de Turbigo
Rue du Temple
Boulevard du Temple
OBERKAMPF
Bd Richard
ARTS ET MÉTIERS
Boulevard de Sébastopol
SQUARE DU TEMPLE
Carreau du Temple
Mairie du 3e Arr.
Rue de Crussol
Cirque d'Hiver
Rue Oberkampf
Maison de Nicolas Flamel
Rue Beaubourg
Rue Chapon
Gymnase Montmorency
Le Comte
MARAIS
Rue de Bretagne
Marché des Enfants Rouges
FILLES DU CALVAIRE
Th. du Bataclan
Boulevard Voltaire
Mus. de la Poupée
RAMBUTEAU
Mus. de la Chasse et de la Nature
Rue de Saintonge
R. de Poitou
Lycée tech.
Rue de Turenne
Pass. St-Pierre Amelot
Passage St-Sébastien
Rue Saint Sébastien
Centre National et de Culture Georges Pompidou
Mus. d'Art et d'Histoire du Judaïsme
Musée de l'Histoire de France
Archives Nationales
Cathédrale Ste-Croix
Musée Picasso
Rue du Pont aux Choux
ST-SÉBASTIEN FROISSART
Rue Amelot
Rue A. Baudin
Place G. Pompidou
Th. Essaïon
Crédit Municipal
Hôtel de Rohan
Hôtel Salé
R. St-Claude
St-Denys du St-Sacrement
Villa Beaumarchais
Rue Pelée
Allée Verte
Pass. St-Popincourt
Rue du Renard
Ste-Marie
Th. des Blancs-Manteaux
Rue des Francs Bourgeois
Mus. Cognacq-Jay
Place de Thorigny
Rue du Parc Royal
Musée Carnavalet
Rue Saint Gilles
Rue des Tournelles
Boulevard des Filles du Calvaire
Th. du Renard
B.H.V.
Rue de la Verrerie
Rue des Rosiers
Lycée V. Hugo
Rue de Sévigné
Rue des Minimes
Rue du Foin
Pavillon de la Reine
CHEMIN VERT
SQUARE BRÉGUET SABIN
BRÉGUET SABIN
Place de l'Hôtel de Ville
Hôtel de Ville
Rue de Rivoli
Mairie du 4e Arr.
Rue du Roi de Sicile
Bibl. Historique
R. du Pas de la Mule
Place des Vosges
Bd Beaumarchais
Bd Richard Lenoir
Quai de Gesvres
Place St-Gervais
Rue Fr. Miron
ST-PAUL
Place du Marché Ste-Catherine
Mémorial du Martyr Juif Inconnu
Lycée S. Germain
Rue des Nonnains d'Hyères
St-Paul St-Louis
Lycée
Rue Saint Antoine
Maison de V. Hugo
BASTILLE
Quai de l'Hôtel de Ville
Rue Charlemagne
Village St-Paul
Mus. de la Curiosité et de la Magie
Espace Marais
Colonne de Juillet
Place de la Bastille
Pass. du Cheval Blanc
PONT MARIE
Quai des Célestins
Voie Georges Pompidou
Rue Charles V
Rue des Lions St-Paul
Rue du Petit Musc
École
Rue Castex
Rue J. Cœur
Opéra Bastille
Rue de Charenton
Quai de Bourbon
Jeu de Paume
Quai d'Anjou
Quai d'Orléans
Rue des Deux Ponts
Île Saint Louis
St-Louis-en-l'Île
Hôtel Lambert
École Massillon
Boulevard Henri IV
Caserne des Célestins
Rue de l'Arsenal
Rue de Lyon
Centre National d'Ophtalmologie des Quinze Vingts
Mémorial de la Déportation
Mus. de l'Assistance publ.
Quai de la Tournelle
Quai de Béthune
SULLY MORLAND
Pont de Sully
Bibl. de l'Arsenal
Boulevard Bourdon
Port de Plaisance de Paris Arsenal
Rue Biscornet
Rue Lacuée
Boulevard Saint Germain
Préfect. de Paris
Boulevard Morland
Rue Mornay
Rue Jules César
Institut du Monde Arabe
Musée de Sculpture en plein Air
Paradis Latin
Rue du Cardinal Lemoine
Rue des Fossés St-Bernard
Inst. de Phys. du Globe de Paris
Lycée Prof. Chennevière Malezieux
St-Antoine Quinze-Vingts
Avenue Ledru Rollin
Rue des Écoles
Musée de Minéralogie
Universités Paris VI Pierre et Marie Curie Paris VII Denis Diderot
Quai Saint Bernard
SQUARE TINO ROSSI
Pont Morland
Rue de Bercy
Holiday Inn Bastille
CARDINAL LEMOINE
Place Jussieu
JUSSIEU
QUAI DE LA RAPÉE
Rue des Boulangers
Square des Arènes de Lutèce
Arènes de Lutèce
Rue Linné
Rue Cuvier
Vivarium
Faculté des Sciences
Ménageries
Place Mazas
Pont d'Austerlitz
Place des Combattants en Afrique du Nord
Institut Médico-Légal
Place É. Mâle
Rue Monge
Rue Lacépède
JARDIN DES PLANTES
Jardin d'Hiver
Place Valhubert
Rue Van Gogh
Place Monge
Institut Musulman et Mosquée
Rue Quatrefages
Rue Larrey
Rue Daubenton
Muséum National d'Histoire Naturelle
Grande Galerie de l'Évolution
Rue Buffon
GARE D'AUSTERLITZ
Gare d'Austerlitz
Pt Charles de Gaulle
Seine
Quai de la Rapée
Rue Geoffroy Saint Hilaire
Rue Censier
Annexe du Jardin Plantes
Lycée
Boulevard de l'Hôpital
Magasins Généraux
Quai d'Austerlitz
CENSIER DAUBENTON
Rue Poliveau
SNCF

Notizen

Notizen

Notizen